JN434154

포렌식 탐정의 화이트칼라 범죄 제거전략

- 횡령 · 탈세 · 분식회계 탐지법 -

최영곤 · 지현미

교육과학사

머/리/말

국내에서는 화이트칼라 범죄자(white-collar crime)에게 징역 150년의 중형이 선고되었다거나, 횡령된 거액이 제대로 회수되었다는 소식이 이제껏 들린 바 없다. 그렇다면 자금횡령과 분식회계, 폰지방식의 다단계 투자사기, 사이버범죄, 로비성 뇌물 수수, 탈세 등 이러한 불법행위의 억제 및 피해의 최소화 방안은 무엇일까? 본서는 화이트칼라 범죄의 예방 · 추적조사 · 적발에 관련된 제반 절차 · 전략을 포렌식 탐정의 눈을 통해 전개하고 있다.

미국은 국가 안보 차원에서 화이트칼라 범죄를 제거대상 1순위로 정하여, 엄벌에 처하고 있다. 특히 미국연방수사국(FBI)은 2009년 조직 내에 '포렌식 탐정(**FA**: Forensic Accountant)'이라는 명칭의 전문수사지원 직제를 신설하여 화이트칼라 범죄에 강력 대응하고 있다. 포렌식 탐정이란 회계(accounting)를 포함한 다양한 학문적 지식과 실전경험을 갖추고 화이트칼라 범죄의 제거에 역량을 집중하는 포렌식 조사관을 말한다.

데이터 조작이나 파괴 · 횡령 · 탈세 · 정부보조금의 유용 등 화이트칼라 범죄는 국내에서도 끊임없이 발생되고 있다. 불법범죄행위를 규제하는 개별 법규(law & regulation)의 수가 증가하고 법규의 내용도 점차 정교화되고 있다. 과연 국내에서 화이트칼라 범죄에 대응하는 포렌식 탐정업무가 현재 제대로 수행되고 있을까?

조직의 내부감사인이나 외부의 회계감사인에게 이런 역할을 기대하는 것은 현실적으로 무리라 할 수 있다. 국내의 대기업 · 회계법인 · 로펌 등 민간조직에서 전문적인 포렌식 역량을 갖춘 자는 극히 소수이기 때문이다. 현재 국세청 · 검찰 · 금융감독원 등 일부 공공기관에서 포렌식 기능을 수행하고 있지만, 전문인력 규모는 극히 제한적이다. 포렌식 전문가를 양성할 필요성이 공공부문과 민간부문 양쪽에서 제기되고 있는 셈이다. 미국의 포렌식 관련 민간기구(AICPA, ACFE, 제5장 제4절)의 활동은 포렌식 전문가 양성을 위한 국내 교육프로그램의 개발에 참고가 될 만하다.

인터넷의 확산과 더불어 컴퓨터기술은 대다수 범죄활동에 악용되고 있다. 디지털 정보가 여러 목적에 유익하게 이용되기도 하지만, 다른 한편으로 불법행위(금융범죄나 테러)를 부추기는 데 악용되기도 한다. IT 관련 부정과 사이버범죄(제5장)의 증가에 따라 디지털 지식 · 기법에 정통한 사이버 포렌식(**CF**: Cyber Forensics) 전문가의 역할도 점점 증대되고 있다. 앞으로는 포렌식 탐정도 사이버 포렌식에 관련된 지식을 어느 정도 갖추어야만 한다.

본서는 포렌식 탐정을 다룬 국내 최초의 안내서이다. 독자들의 이해를 돕기 위해 관련 70개의 사례 · 일화 · 삽화 · 사진들도 함께 수록하였으며, 최근 국내에서 주요 이슈가 되고 있는 분식회계 사건들에 대한 사례들도 소개하고 있다.

포렌식 탐정과 화이트칼라 범죄를 소재로 한 본서는 많은 분들의 도움과 지원의 결과로 이제서야 빛을 보게 되었다. 특히 본서는 포렌식 실무계 및 학계에서 활동해온 Albrecht · Wernz · Williams, Bolonga and Lindquist, Crumbley · Heitger · Smith, Davis · Coggins · Wideman · Kastantin, Gilbert, Golden · Sklak · Clayton, Hess and Weiner, Manning, Krancher · Riley · Wells, Rufus · Miller · Hahn, Thornhill, Vanasco, Wells 등과 같은 선구자들의 전문적 연구성과물에 크게 의존하였다.

본서는 최근 분식회계로 몸살을 앓고 있는 국내의 현실에 비추어, 독자들이 화이트칼라 범죄 예방을 위한 전반적인 내용들을 이해하는 데 도움이 되도록 집필되었다. 이러한 저자들의 노력에도 불구하고 미흡한 점이 있으리라 생각되며, 앞으로 개선점을 찾아 보완해 나갈 것을 약속드린다.

본서의 발간을 위해 저자들을 도와주신 도서출판 교육과학사 임직원 여러분들께 감사를 드린다.

2016년 8월

계명대학교 성서캠퍼스에서

최영곤 · 지현미 드림

Contents

Contents

Contents

Chapter_ 1

화이트칼라 범죄와의 전쟁

Chapter_ 1

화이트칼라 범죄와의 전쟁

제1절 화이트칼라 범죄자와 은행 권총강도의 형량(刑量) 차이

"정장(코트와 넥타이)으로 차려입은 범인 모두가 바(bar)에서 자유로이 칵테일을 마시고, 떠오르는 태양을 바라보고 있지."라는 밥 딜런(Bob Dylan)의 노랫말은 다음과 같은 화이트칼라 범죄자들에게는 아마도 통하지 않을 것이다.

1. "징역 150년, 845년…" 화이트칼라 범죄자의 말로(末路)

미국의 주요 화이트칼라 범죄자들에게 내려진 선고형량은 다음과 같다.

뉴욕 브루클린 출신의 사업가인 솔램 와이스(Sholam Weiss)는 헤리티지 보험회사(the National Heritage Life Insurance Company)를 상대로 벌인 4억 5천만 달러 규모의 사기죄로 지난 2000년 징역 845년을 선고받고, 현재 펜실베이니아주의 연방 교도소에서 복역 중이다. 솔램 와이스가 이 보험회사의 소유권을 속임수로 장악한 1년 후, 회사는 빈껍데기 상태로 1994년 파산했다. 이 회사는 주로 은퇴자들을 대상으로 연금증서를 판매해왔으며, 이 증서의 보유자들은 플로리다에 거주하는 노인들이 대다수였다. 솔램 와이스에게 선고된 징역 845년은 화이트칼라 범죄자에 선고된 미국 역사상 가장 긴 형량으로 기록된다. 와이스와 공범관계인 케이스 파운드(Keith Pound)도 같은 사건으로 740년형을 선고받은 뒤 복역 중에 사망했다.

역사상 최대규모의 폰지형 다단계 금융사기죄(the world's most infamous Ponzi schemer)를 범한 버나드 매도프(Bernard Madoff)는 징역 150년을 선고받았다.

[버나드 매도프, 출처: 구글]

[알렌 스탠포드, 출처: 구글]

1990년대 이후 벌어진 미국 내 최대 금융사기사건 10건(포브스지 선정) 중 2위에 오른 매도프, 그는 누군가? 한때 나스닥증권거래소 회장을 역임했던 매도프는 폰지사기로 최소 500억 달러(약 58조 원)를 벌어들이고 투자자에게 194억 달러(약 23조 원)의 손해를 입힌 혐의로 2009년 6월 징역 150년형을 선고받았다. 희대의 금융사기꾼 버나드 매도프는 2008년 12월 11일 뉴욕 맨해튼의 고급 펜트하우스에서 FBI 요원에게 체포되었다. 그는 고수익을 미끼로 투자자를 유인한 뒤 투자자의 원금을 이전 투자자의 수익으로 지급하는 다단계 수법인 '폰지사기'로 2008년 신용위기로 휘청대던 월가를 쑥대밭으로 만들었다. 현재 미국 노스캐롤라이나주 소도시 버트너의 연방교도소에서 수감생활 중이다.

폰지사기 랭킹 2위에 오른 알렌 스탠포드(Allen Stanford)는 시장평균보다 금리를 더 쳐주는 방식으로 투자자를 모았다. 하지만 지급된 이자는 사실 투자자 스스로 넣은 원금이었다. 이후 그는 2009년 초부터 투자자에게 약속한 고수익 지급이 가능한지에 대해 증권거래위원회(SEC)의 의혹을 받았다. FBI가 스탠포드 은행을 2009년 2월 급습하여 수색하던 중에, 간부가 직원들에게 서류에 지문을 남기지 말도록 지시하는 의심쩍은 장면도 목격되었다. 같은 해 2월 17일 SEC가 스탠포드에 대한 수사의뢰를 FBI에 하기 직전까지, 그가 유치한 예금자의 자산은 85억 달러, 직접 투자자는 2만 8천여 명(버나드 매도프 사건 피해자수의 10배)에 달했다고 한다.

알렌 스탠포드는 자신의 금융제국 건설의 초석이 된 스탠포드은행(Stanford International Bank)을 1991년 Antigua(카리브해 동부에 위치한 섬)에 설립하였다. 2008년 무렵 그는 미국 최고 부자의 반열에 합류했다. 전 스탠포드금융그룹[Stanford Financial Group: Antigua 섬에 본사를 둔 역외은행(offshore bank)]의 CEO였던 그는 역사상 두 번째로 큰 70억 달러 규모의 폰지투자사기(Convicted Ponzi schemer), 돈세탁 및 조세포탈 등의 범죄로 2012년 3월 징역 110년을 선고받고, 플로리다주의 콜맨 연방교도소(Coleman II federal prison in Sumterville, Florida)에 수감되었다.

그는 20년에 걸쳐 은행을 자신의 개인용 ATM처럼 이용하여 고객 돈(예금증서의 판매액)을 빼내다 호화판 삶을 누려왔다고 한다. 예금증서(CD)를 구입한 투자자들(대부분은 은퇴한 노인, 정유회사의 노동자들)의 돈은 허공으로 사라졌다.

1억 1천만 달러 폰지사기를 벌인 프레데릭 브란도(Frederick Brandau)는 55년 징역형, 110억 달러 회계부정사건으로 장거리 통신회사 월드컴

(WorldCom)을 파산으로 몰고 간 전 CEO 버나드 에버스(Bernard Ebbers)는 25년 징역형, 에너지 대기업인 엔론(Enron)의 회계부정사건에 연루된 제프리 스킬링(Jeffrey Skilling)은 24년 3개월 징역형을 선고받았다.

2. 미국의 중형판결이 주는 교훈

미국 법원은 중요 화이트칼라 범죄자들에게 종신형에 버금가는 매우 긴 형량(예: 매도프-150년형, 와이스-845년형)을 선고하는 경향성을 보이고 있다. 이것은 테러리스트, 반역자 또는 흉악범에 대한 처벌수준과 유사하다. 이렇게 장기형량을 선고하는 이유는 미국사회가 추구해온 법치주의(Rule of law)의 가치를 수호하기 위함이다.

우리나라는 부패나 중요범죄를 근절하기 위하여 견고하게 확립된 미국의 재판 · 판결 시스템에서 다음과 같은 교훈을 얻을 수 있다.

- 중요범죄 유형별로 최저형량 등 선고형량기준을 표준화한다.
- 관련 처벌법규를 강화[1]하여 솜방망이 처벌이 되지 않게 한다. 회계부정이나 횡령 범죄 전력자의 경영복귀 허용여부, 가석방제도의 폐지여부(미국 사베인스-옥슬리법 참조), 집행유예제도, 과징금수준 등에 대한 논의가 필요하다.
- 실효성 있는 비리신고 보상금제도를 통해 사회적 감시 수준을 높인다. 미국 증권거래위원회(SEC)는 기업의 회계부정 적발로 추징한 금액의 10%~30%를 내부고발자에게 인센티브로 지급하고 있다.
- 범죄의 조사 · 수사과정 및 재판 과정에 로비가 개입될 여지가 없도록 제도적 장치를 구축한다.

---

1) 김상조 경제개혁연대 소장, "회계부정은 감시망을 잘 구축해도 적발이 쉽지 않다. 일벌백계로 예방효과를 높여야 한다."(세계일보, 2016. 07. 14.)

[참고] 분식회계 처벌 수위

	분식회계 내용	처벌 내용
엔론 (미국)	2001년 15억 달러(약 1조 7000억 원) 회계부정	엔론 CEO 징역 24년형, 엔론은 그해 말 파산, 회계법인 아서앤더슨 폐업
대우그룹	1990년대 말 20조 원대 분식회계	2006년 김우중 전 회장 징역 8년 6개월, 추징금 약 18조 원 ⇨ 건강상 이유로 형집행정지, 2008년 특별사면
대우건설	2013년 3,896억 원 분식회계	법인 과징금 20억 원, CEO(연봉 10억원) 과징금 1,200만 원, 삼일회계법인 과징금 10억 6,000만 원
도시바 (일본)	2012~2013년 1,300억 엔 (약 1조 4,000억 원) 순익 과다계상	약 74억 엔(약 800억 원) 과징금 부과

(출처: 세계일보, 2016.07.14.)

3. 선고 형량기준의 설정

복면을 한 은행 강도는 총을 사용한다. 밤도둑(야간절도범)들은 검은색 옷을 걸치고 쇠파이프를 사용한다. 화이트칼라 범죄자들은 넥타이에 정장을 하고 다녔던 자들이다. 밤도둑들 중 징역 25년을 받은 자는 거의 없었다.

총이나 쇠파이프는 타인에게 물리적인 폭력을 가하는 도구이며, 이는 남을 속이는 것(사기 · 기만)과는 질적으로 다른 문제임에도 불구하고 어째서 폭력범에 비하여 화이트칼라 범죄가 더 엄한 처벌을 받아야만 하는가?

화이트칼라 범죄를 엄벌에 처하도록 하는 효율적이고도 극적인 한 가지 방법은 법원선고에 적용될 형량기준을 미리 마련해두는 것이다. 물론 이 방식이 항상 공정하다거나 적용상의 일관성을 합리적으로 보장해 준다고 볼 수는 없을 것이다.

화이트칼라 범죄자를 엄벌에 처하도록 규정한 미국연방 형량지침(sentencing guidelines)은 1984년부터 판결에 의무적으로 적용되기 시작하였다. 이 강행 적용지침은 선고를 할 때 공정성 · 일관성 · 처벌 · 자격박탈 · 억제 개념의 적용을 강조하였다. 2004년과 2005년에 미국 대법원은 이 지침의 성격을 의무적용이 아닌 권장적용 지침으로 바꾸는 결정을 내렸다.

〈밥딜런(Bob Dylan)의 자작곡, 허리케인(Hurricane) 가사의 한 구절〉

1966년 뉴저지주 무더운 어느 여름밤, 친구들과 드라이브 중 불심검문으로 입건된 루빈카터가 일급 살인죄의 누명을 뒤집어쓰고 억울한 옥살이를 하게 된 사건을 묘사한 노래이다.

'…… 코트를 입고 넥타이를 맨 범인 모두가 자유로이 바에서 칵테일을 마시고 떠오르는 태양을 바라보는 동안, 루빈카터(별명 허리케인)는 10피트짜리 감방에서 부처(Buddha)처럼 앉아 있네. 생지옥 속의 무죄(無罪)인간이라니, 이것이 허리케인의 이야기 ……'

[밥 딜런의 허리케인, 출처: 구글]

밥 딜런(Bob Dylan, 1941년~)은 미국의 싱어송라이터(한 사람에 의해 작곡·작사·노래·연주가 더불어 행해지는 것)다. 대중음악 역사상 가장 영향력 있는 음악가 중 한 명으로 꼽힌다.

[밥 딜런과 오바마 대통령, 출처: 구글]

1982년 작곡가 명예의 전당에, 1988년 로큰롤 명예의 전당에 입성했다. 국내의 학생운동에도 영향을 준 'Blowin' in the Wind(1962)' 그리고 'The Times They Are a-Changin'과 같은 노래들은 사회상을 잘 보여주는 저항적 노랫말로 흑인 민권운동의 주제가가 되었으며 베트남 전쟁에 대한 저항의 표상도 되었다. 1999년 타임지는 20세기 가장 영향력 있는 인물 100인에 밥 딜런을 선정했다. 2012년 5월 오바마 대통령부터 자유훈장(Medal of Freedom: 민간인의 특정한 공적에 대해 수여되는 미국 최고훈장)을 수여받았다.

[참고] 매도프의 사기행각에 대한 인지실패 이유

베이저만 교수는 그의 책에서 인지의 실패와 이로 인한 부실한 개인적 결정 및 조직적 위기, 사회적 재난으로 이어지는 실패를 다룬다. 각 사례를 자세히 제시하며 사람들이 간과하는 정보의 인식에 대한 최신 연구 결과를 살핀다. 이를 통해 눈가리개를 쓴 채 한정된 정보에만 집중하는 인간적 경향과 이런 경향 때문에 우리가 주위에서 쉽게 구할 수 있는 정보를 얼마나 많이 인지하지 못하는지를 설명한다.

이런 '무주의 맹시(inattentional blindness)'를 보여주는 유명한 실험이 있다. 32초짜리 고릴라 영상 비디오다. 비디오에선 흰 옷을 입은 팀과 검은 옷을 입은 팀이 계속 움직이며 농구공을 앞뒤로 패스한다. 시청자들에겐 흰색 팀의 패스 횟수를 맞히라는 과제가 주어진다. 비디오 중간쯤에 고릴라 의상을 입은 여성이 화면 한가운데 등장해 가슴을 두드리며 퇴장한다. 실험 결과 상당수의 시청자가 패스 횟수를 세는 데 집중하느라 고릴라의 등장을 알아채지 못했다.

매도프의 사기는 수많은 의혹과 소문이 제기됐음에도 많은 사람이 인지하지 못했다. 베이저만 교수에 따르면 많은 사람이 인지하기를 원치 않았다. 그들은 바라는 대로 세상을 보는 긍정적 착각 내지 경향에 사로잡혔다. 사기가 장기간에 걸쳐 '미끄러운 비탈'에서 점진적으로 이뤄지면 매도프가 거둔 불가능한 실적은 인지되지 않을 가능성이 높다. 불가능성보다는 해마다 20%에 달하는 수익만 보고 무작정 달려드는 사람이 많았다.

다양한 종류의 '맹시'에 대한 연구는 우리가 얼마나 놀라울 정도로 주변에 있는 정보를 인지하지 못하는지 보여준다. 안타깝게도 우리가 놓치는 일부 정보는 중요하고, 심지어 핵심적이기까지 하다. 그중 대다수는 눈으로 볼 수 없는 경제적 여건, 건강 상태 등의 변화다.

성공한 사람들은 맹시를 극복하고 인지력을 발휘해 올바른 선택을 이끌어낸다. 베이저만 교수는 인지력을 키울 수 있는 방법으로 △잘못된 직관을 극복하고 연관된 데이터를 긴밀하게 살필 것 △외부에서 주어진 정보를 수집해 내부자의 관점을 개선할 것 △양자택일에서 벗어나 다양한 조건을 제시할 상상력을 발휘할 것 등을 제시한다. 《무엇을 놓치고 있는가》 맥스 베이저만(하버드대 경영대학원 교수) 지음/김태훈 옮김

(출처: 한국경제, 2016.06.16.)

[참고] 유전감형(有錢減刑)… 양형기준도 소용없었다.

2015년 법원 양형기준 준수율 분석

뇌물-증권-선거 등 화이트칼라 범죄… 양형기준 미준수율 21~22% 달해

폭행-교통 등 일반 범죄의 4배 이상… 판사, 감경사유 남발해 고무줄 판결

대법원이 김진태 새누리당 의원에게 제출한 '양형기준 제도 시행 이후 연도별 준수율 현황'에 따르면 2015년 주요 화이트칼라 범죄의 양형기준 미준수율은 뇌물 범죄 22.1%, 증권 · 금융 범죄 21.8%, 선거 범죄 22.0% 등으로 집계됐다. 이는 전체 범죄의 양형기준 미준수율 평균(10.3%)의 두 배 이상에 이르는 수치다. 특히 폭행 범죄(3.7%), 교통 범죄(4.9%) 등 일반 범죄와 비교하면 화이트칼라 범죄의 양형기준 미준수율은 확연히 높아 '유전무죄 무전유죄(有錢無罪 無錢有罪)' 논란이 줄지 않고 있다. 대법원이 2009년 양형기준 제도를 시행한 지 7년이 넘었지만 고위 공직자, 기업인과 이른바 '화이트칼라' 범죄에 대한 솜방망이 처벌은 여전한 것으로 보인다.

법원조직법에 따르면 판사는 피고인의 형량을 정할 때 양형기준(법관이 형을 정할 때 참고할 수 있는 기준)을 참고해야 한다. 대법원 산하 양형위원회가 양형기준안을 마련하고 의견 수렴을 거쳐 확정한다. 구속력이 없는 권고기준이지만 이를 벗어나 판결할 때에는 판결문에 그 이유를 명시해야 한다. 대법원은 사법부에 대한 국민의 신뢰를 높이기 위해 2009년 7월 양형기준 제도를 도입했다. 살인, 뇌물, 성범죄, 강도, 횡령 · 배임, 위증, 무고 범죄 등 7개 유형을 시작으로 점차 확대해 현재 32개 유형의 양형기준이 마련돼 있다.

그러나 양형기준 제도 시행 후에도 돈과 권력이 있는 범죄자에 대한 법원의 '고무줄 양형' 의혹은 계속돼 왔다. 하창우 대한변호사협회 회장은 "고위공무원 등 사회적 신분이 높은 사람들과 관련된 범죄일수록 양형기준을 더 엄격하게 준수해야 법 집행이 공평하다고 생각할 것"이라며 "수긍할 수 없는 사유로 양형기준을 무시하면 국민의 신뢰를 높이려는 제도의 취지가 무색해질 수밖에 없다"고 지적했다.

'화이트칼라 범죄 '솜방망이 양형'
양형기준 도입 7년

뇌물범죄 기준 未준수 매년 늘어… 판사 재량이라지만…
"지도층 봐주기, 판결 신뢰 훼손… 양형기준도 현실 맞게 재조정을"

국회 법제사법위원회 여당 간사인 김진태 새누리당 의원은 "판사들의 재량에만 맡겨 두기엔 국민이 납득하지 못할 판결이 많이 이뤄지고 있다"며 "처벌의 일관성과 예측 가능성을 높이기 위해 양형 기준을 철저히 관리해야 한다"라고 지적했다.

대법원 양형위원회는 양형 기준 제도의 취지에 대해 양형의 균등성과 적정성을 높이고 '고무줄 양형'이나 '불공정 양형'을 줄여 사법에 대한 국민의 신뢰를 증진하는 것이라고 밝혀 왔다. 하지만 뇌물, 증권 · 금융 등 화이트칼라 범죄에서는 양형 기준 미준수율이 여전히 평균치를 크게 웃도는 상황은 양형 기준과 실제 판결 간의 괴리가 여전하다는 점을 보여 준다. 양형 기준이 모든 사례에 예외 없이 동일하게 적용되어야 하는 것은 아니다. 사건마다 서로 다른 양형 인자나 참작 사유를 반영하는 건 판사의 재량권 범위에 속한다. 다만 양형 기준을 벗어난 사건이 지나치게 많아질 경우 양형 기준 제도를 도입한 취지를 해칠 수 있다는 우려의 목소리가 작지 않다.

대법원 양형위 관계자는 "일부 범죄 유형의 준수율이 80%대로 다른 범죄에 비해 떨어지는 것은 사실이지만 80%가 결코 낮다고는 할 수 없다"라며 "특히 뇌물 범죄는 사회 정서를 반영하고 법정형 자체가 높다 보니 다른 범죄에 비해 기준이 엄격하게 설정됐다"라고 설명했다. 대법원 양형위 측은 현재까지 미준수율이 높은 범죄 유형에 대해 특별한 원인 분석이나 대안을 논의한 바는 없다고 밝혔다.

전문가들은 양형 기준 제도의 시행 상황을 지속적으로 분석할 필요가 있다고 강조했다. 양형 기준이 절대적일 수 없기 때문에 실제 양형과 어떤 차이를 보이는지 실증적 자료 분석을 강화해야 한다는 것이다. 강동욱 동국대 법학과 교수는 "화이트칼라 범죄는 범죄 실체가 명확한 일반 사범에 비해 범죄 입증이 어려워 재판부에서 여러 감경 요소를 더 수용하는 경향이 있다"라며 "사회 상황이 변화된 만큼 양형 기준도 현실에 맞게 만들어야 한다"라고 지적했다.

(출처: 동아일보, 2016.08.03.)

제2절 화이트칼라 범죄의 과거와 현재

1. 초창기의 화이트칼라 범죄

20세기 초엽 당대 탁월한 범죄학자였던 에드윈 서터랜드(Edwin Sutherland)는 1939년 '화이트칼라 범죄(white-collar crime)'라는 명칭의 신조어를 처음 만들어서 다음과 같은 상위계층에 위치한 자들의 범죄라는 의미로 사용하기 시작하였다.

〈화이트칼라 범죄〉

조직의 임원·산업계의 리더·비즈니스나 전문 직종에서 존경받을 만한 또는 적어도 높이 평가되어온 사람이 저지른 범죄, 사회적 신분이 높은 자 또는 조직의 상위계층에 위치한 자들이 저지른 범죄

2. 화이트칼라 범죄의 현대적 의미

1979년 미국 의회의 범죄분과소위원회에서는 화이트칼라 범죄를 비물리적 수단과 은닉 · 교활한 방법으로 금전 · 재산을 취득하거나 또는 금전 · 재산의 지급이나 손실을 회피하는 일련의 불법행위로 규정하였다.

1989년 미국의 연방수사국(FBI)은 화이트칼라 범죄를 사기 · 은닉 또는 신뢰관계의 파괴로 특징지어지는 불법행위로서 물리적 힘이나 폭력을 수반하지 않는 범죄로 규정하였다. 즉 개인 또는 단체가 개인적 이득을 확보하기 위해 금전 · 재산 · 서비스를 취득하거나 이의 지급을 회피하는 행위를 화이트칼라 범죄로 규정하였다.

1996년 미국 공인부정조사자협회(ACFE)는 부정(occupational fraud)을 다음 4가지 핵심요소로 구성된 활동으로 규정하였다.

① 은밀함
② 고용인이 자신이 속한 조직에 대한 충실의무를 위반함
③ 직접 또는 간접적으로 고용인 자신의 재무적 이득을 위한 목적으로 범행함
④ 조직의 자산 · 수익이나 유보금을 축내는 활동

여기서 고용인 또는 종사자(employee)는 정규직으로 보수를 받는 하위직뿐 아니라 중간관리층, 임원 및 최고경영층까지 포괄하는 개념이다. 그러므로 현대적 의미의 화이트칼라 범죄는 조직의 상위계층뿐 아니라 하위계층에 의한 비폭력적 수단의 불법행위도 포괄한다.

이렇듯 현대적 의미의 화이트칼라 범죄는 사기, 은닉 및 신뢰관계의 파괴(violation of trust)로 특징지어지는 불법행위이다. 물리적인 힘이나 폭력(violence)에 의존하지 않고 자신의 개인적 이익을 위하여 금품을 취득하거나, 금전이나 서비스의 지급을 회피하는 불법행위를 말한다.

3. 레드 칼라 범죄(폭력범죄)와의 구분

화이트칼라 범죄는 우리 사회의 많은 분야에서 발생되고 있다. 비록 그 공통적인 특성이 비폭력성이지만, 금전 관련 범죄를 둘러싼 환경은 조심스럽게 평가되어야 한다. 압박감은 개인을 부정행위로 몰아가는 동인이 되며, 압박감에 몇 가지 요인이 겹쳐지면 그 압박감은 배로 늘어난다. 그 경우 범죄자들은 적발 · 처벌을 피하려고 극단적 조치(폭력)를 선택할 수도 있다. 부정 적발의 징후나 위협은 범죄자에게 폭행 · 상해 또는 그

이상의 극단적 행위의 동기로 작용하기도 한다.

인명살상행위와 연계된 화이트칼라 범죄를 별도로 세분류하여 '레드 칼라 범죄(red-collar crime)'로 분류하는 학자도 있다. 그러나 기본적으로 화이트칼라 범죄는 '신뢰의 파괴'의 개념 및 권한의 남용과 밀접한 관련성이 있으며, 금융범죄 또는 경제범죄라는 별칭으로 불리기도 한다. 그런데 마약거래 · 강도 · 절도 · 살인 등의 범죄도 범행 동기가 돈이라는 점에서, 이런 범죄와 화이트칼라 범죄의 구분이 애매하다는 문제점이 있다.

브로디와 키에(Brody and Kieh, 2010)[2]의 연구에 의하면 비폭력적 화이트칼라 범죄는 일순간 레드 칼라 범죄(폭력범죄)로 점프할 가능성이 있다고 한다. 또한 심리적 압박감(실제적 또는 주관적인 느낌)이 강화될수록 폭력성도 강화되므로, 모든 범죄자에게는 압박감의 어떤 분기점이 존재한다고 한다. 실제로 돈세탁, 약 처방전 관련 부정, 보험사기, 명의도용 등의 경제범죄는 조직범죄 또는 묻지마 폭력범죄(street crime)와 종종 연계되는 것으로 알려져 있다. 그러므로 우리는 화이트칼라 범죄를 겉보기와는 달리 좀 더 복잡한 사회현상으로 접근할 필요가 있다.

[참고] 포브스, 美 최악 금융사기 10건 선정

회계부정 '엔론파산'… 매도프의 '폰지사기'… 금융위기 '리먼사태'

월가의 탐욕은 '살찐 고양이' 수준을 벗어나 금융사기로까지 이어진다. 금융 사기로 몸살을 앓고 있는 미국, 지금껏 드러난 최악의 금융사기는 무엇일까? 미국의 경제전문지 포브스가 1일(현지시간) 투자자 손실 규모, 미 증권거래위원회(SEC)와 법무부의 사법 처벌 수위, 개인 소송과 사회적 영향 등을 고려해 1990년대 이후 벌어진 미국 내 최대 금융사기사건 10건을 정리했다.

2) From white-collar crime to red-collar crime, Journal of Financial Crime 17(3).

최대의 사기 사건으로 꼽힌 것은 지난 2001년 있었던 엔론 사태다. 회계 부정의 실체는 에너지기업 엔론이 파산에 이르러서야 세상에 알려졌다. 이 사건으로 주식시장에서는 780억 달러(약 87조 6000억 원)가 사라졌다. 또한 1913년에 설립된 유서 깊은 다국적 컨설팅 전문회사 아서앤더슨은 2002년 발효된 사베인스 옥슬리 법에 의해 71억 8500만 달러라는 역사상 최고의 합의금을 물며 몰락했다. 엔론의 전 사장 제프 스킬링은 징역 24년형을 선고받았다.

두 번째로 큰 금융사기로는 뉴욕의 개인투자자이자 희대의 사기꾼 버너드 매도프의 650억 달러 규모 '폰지 사기'가 꼽혔다. 폰지사기는 신규 투자자의 돈으로 기존 투자자에게 이자나 배당금을 지급하는 방식의 다단계 금융사기를 일컫는다. 매도프는 1960년 자신의 이름을 딴 증권사 버나드 매도프 LLC를 설립하고 수십년간 사기 행각을 벌였으나 2008년에야 꼬리가 잡혔다. 그는 현재 150년 징역형을 받고 수감 중이다.

그 뒤를 잇는 사건은 2008년 전 세계 금융위기를 몰고 온 리먼 브라더스 사태다. 파산 평가를 위해 참가한 언스트앤영은 보고서에서 최고경영진과 회계담당자들의 '그럴듯한' 사기 혐의를 제기했지만 SEC나 법무부 모두 기소하지 않았다.

이밖에 ▷1997년 CUC인터내셔널과 HFS 합병과정에서 있었던 센던트의 190억달러 규모 회계부정 사건(합의금 30억 달러) ▷투자자들의 부실 투자를 이끈 패니메이 사건(합의금 4억 달러) ▷14명의 전직 경영진과 5명의 현직 최고재무책임자(CFO)가 유죄 판결을 받은 헬스사우스 회계부정 사건(부당이득 14억 달러) ▷재무책임자가 보너스로만 1억 5000만 달러를 삼킨 타이코 인터내셔널 사건 등도 희대의 금융사기로 꼽혔다.

(출처: 헤럴드경제, 2013.08.02.)

4. 화이트칼라 범죄의 6가지 속성

화이트칼라 범죄의 주요 속성으로 다음의 6가지 항목을 들 수 있다.

① 속임수 – 사실을 왜곡표시하거나 숨긴다.

② 의도 – 부정행위가 우연히 발생되지는 않는다.
③ 신뢰의 파괴 – 신뢰받는 위치에서 부정행위로 신뢰를 손상시킨다.
④ 피해 – 불법적으로 타인의 재산을 취득한다.
⑤ 은닉 – 범죄가 몇 년 동안 발각되지 않는다.
⑥ 외견적으로 존경받을 만함 – 겉보기로는 나무랄 데 없는 훌륭한 사람이 화이트칼라 범죄자이다.

5. 화이트칼라 범죄의 유형

화이트칼라층은 사무직원, 전문직 종사자, 두뇌업무 종사자, 비즈니스맨, 조직의 임원이나 최고경영층까지 포함하는 개념이다. 육체노동자를 블루칼라(blue–collar worker)라고 한다. 배임 · 횡령 · 유용 · 착복 · 탈세 · 뇌물수수 등의 범죄는 화이트칼라 범죄 유형에 속한다.

6. 부정과 화이트칼라 범죄

부정과 화이트칼라 범죄는 상호 호환적인 용어로 사용된다. 남의 재산이나 돈을 불법적으로 취득하는 방법은 강도짓과 부정행위의 두 가지 유형이 있다. 강도는 위협을 통해 강제로 빼앗는 것이고, 부정행위는 속임수(사기)로 취득하는 것이다.

화이트칼라 범죄는 부정(fraud)의 하위개념(subset)이다. 그렇지만 부정 · 화이트칼라 범죄 · 경제범죄 · 금융범죄 · 재무범죄(financial crime)는 유사용어에 속하므로 본서에서는 이들 용어를 호환적으로 사용하고 있다.

7. 화이트칼라 범죄의 감시 · 단속기관

국내의 경우 검찰 · 경찰조직에서 화이트칼라 범죄를 수사한다. 미국의 경우 화이트칼라 범죄의 관할권은 헌법에 의해 연방정부에 부여되어 있다. 그래서 FBI(연방수사국), IRS(국세청), SEC(증권거래위원회), U.S. Customs(미국 관세청) 등 연방정부 기관들이 화이트칼라 범죄를 규제하는 연방 법률의 시행에 관여하고 있다.

8. 화이트칼라 범죄자들의 특징

사기나 횡령사건이 발생하는 이유는 범죄자들의 특성을 살펴봄으로써 어느 정도 알 수 있다. 이들은 흔히 화이트칼라 범죄자이며, 폭력범과 구분된다. 이 분야의 미국 연구자들은 화이트칼라 범죄자, 폭력범, 일반 대중이라는 3개의 집단에 대해 심리학적 · 인구 통계학적 특징을 비교 연구하였다. 연구 결과 폭력범과 화이트칼라 범죄자 사이에서는 중대한 차이점을 발견했지만 화이트칼라 범죄자와 일반 대중 간에는 차이점을 거의 발견하지 못했다.

화이트칼라 범죄자들은 교육, 나이, 종교, 근무기간의 길이, 심리적 기질에 있어서 일반 대중의 특성을 반영하는 경향이 있다. 그 특성들 몇 가지는 다음과 같다.

- 기혼자일 것이다.
- 아마도 피부에 문신은 없는 것 같다.
- 고교수준을 넘는 교육을 받았다.
- 연령층은 10대에서부터 60대를 넘는 자도 있다.

- 근무기간이 1년에서부터 20년 넘는 자도 있다.
- 이혼은 하지 않을 것 같다.
- 종교단체의 신도이다.
- 과거에 체포되거나 구금된 전력이 없다.
- 사회에 순응하는 타입이다.
- 보통 단독으로 행동한다(사건의 70% 정도).

이 범죄행위자들은 이 외에도 일반적인 특징을 많이 공유한다. 대다수가 발생된 불법 수입을 투자하거나 저축하기보다는 소비해 버린다. 일단 비리행위를 시작하면 중단하기가 매우 어렵다. 일반적으로 그들은 특별 수입에 의존하기 시작한다. 범행을 시작한 후 금방 잡히지 않으면, 이들은 전형적으로 뻔뻔스러워지고 훨씬 더 많은 돈에 욕심을 낸다. 시간이 지날수록 많은 이들이 부주의해지고 자만에 차거나 탐욕스러워진다. 그 결과 대부분 실수를 저지르고 결국 체포되는 단계를 거치게 된다.

이 중에는 자신의 일에 불만을 가지고 언짢아하며 심지어 고용주에게 보복하려는 자가 있는가 하면, 열심히 일하고 신뢰받는 지위에 있는 이상적인 직원으로 여겨지는 자도 있다. 이들은 대개 전과 기록이 없다.

범행이 탄로 날 때까지 이들은 소속 공동체에서 존경받는 정직한 시민이었다. 공교롭게도 조직 내의 상급 관리직에 있는 자, 근속년수가 오래된 자 및 존경과 신망을 받는 자들이 가장 큰 비행을 저지르는 수가 있다. 결국 이들은 지시를 내릴 권한과 통제절차를 무시해버릴 힘을 이용하여 거액의 금전을 손에 넣는 자들이다.

다음은 최근 분식회계로 세상을 떠들썩하게 한 대우조선해양의 한 차장급 직원이 8년간 180억 원이라는 횡령을 저지른 것과 관련한 언론보도이다.

[참고] 대우조선 180억 횡령, 윗선 셋 수사

거제경찰서가 15일 임모 전 대우조선해양 차장이 은신처로 사용한 부산 해운대 한 아파트에서 이들 물품을 압수했다고 밝혔다. 최근 조선 산업의 위기를 맞고 있는 대우조선해양의 직원이 회삿돈 180억가량을 빼돌린 사실이 드러나 세간에 충격을 주고 있다.

15일 거제경찰서에 따르면 임모(46) 전 차장은 2012년 1월부터 지난해 10월까지 선주사와 기술자들에게 공급하는 비품 구매를 담당하면서 허위 거래명세서를 만드는 방법으로 2천 734차례에 걸쳐 169억 1천 300만 원을 빼돌렸다. 또 시추선 건조 기술자 숙소를 마련하는 과정에서 친인척 명의를 도용해 허위 계약을 하는 수법으로 2008년 5월부터 2015년 11월까지 245회에 걸쳐 9억 4천만 원을 빼돌린 혐의도 받고 있다.

임씨는 이러한 수법으로 8년간 빼돌린 회삿돈이 180억 원에 이르는 것으로 나타났다. (중략)

경찰은 임씨가 재직하는 동안 임원 등 책임자가 3번이나 바뀌었지만 8년 동안 한 자리에 있었고 오랫동안 비리를 저지르는 동안 단 한 차례도 감사를 받지 않은 사실에 주목, 상급자의 묵인이 있었을 것으로 보고 임원과 부서장 등 3명에 대해서도 수사에 나설 방침이다.

경찰은 임 전 차장과 그와 공모해 범행에 가담한 문구류 납품업자 백모(34) 씨를 특정경제범죄 가중처벌법상 업무상 배임 혐의로 각각 구속하고 임씨의 도피를 도운 내연녀 김씨도 범인은닉 혐의로 불구속 입건했다. ……

(출처: 경남매일신문, 2016. 06. 15.)

[참고] 강도/사기/업무상의 배임횡령 등 범죄처벌 법규정

「특정경제범죄 가중처벌법」

제3조(특정재산범죄의 가중처벌)

① 「형법」 제347조(사기), 제350조(공갈), 제350조의2(특수공갈), 제351조(제347조, 제350조 및 제350조의2의 상습범만 해당), 제355조(횡령·배임) 또는 제356조(업무상의 횡령과 배임)의 죄를 범한 사람은 그 범죄행위로 인하여 취득하거나 제3자로 하여금 취득하게 한 재물 또는 재산상 이익의

가액("이득액")이 5억 원 이상일 때에는 다음 각 호의 구분에 따라 가중처벌한다.

1. 이득액이 50억원 이상일 때: 무기 또는 5년 이상의 징역

2. 이득액이 5억원 이상 50억원 미만일 때: 3년 이상의 유기징역

② 제1항의 경우 이득액 이하에 상당하는 벌금을 병과(倂科)할 수 있다.

「형　법」

제41조(형의 종류)

1. 사형 2. 징역 3. 금고 4. 자격상실 5. 자격정지 6. 벌금 7. 구류 8. 과료 9. 몰수

제42조(징역 또는 금고의 기간)

징역 또는 금고는 무기 또는 유기로 하고 유기는 1개월 이상 30년 이하로 한다. 단, 유기징역 또는 유기금고에 대하여 형을 가중하는 때에는 50년까지로 한다.

제329조(절도)

타인의 재물을 절취한 자는 6년 이하의 징역 또는 1천만 원 이하의 벌금에 처한다.

제330조(야간주거침입절도)

야간에 사람의 주거, 간수하는 저택, 건조물이나 선박 또는 점유하는 방실에 침입하여 타인의 재물을 절취한 자는 10년 이하의 징역에 처한다.

제331조(특수절도)

① 야간에 문호 또는 장벽 기타 건조물의 일부를 손괴하고 전조의 장소에 침입하여 타인의 재물을 절취한 자는 1년 이상 10년 이하의 징역에 처한다.

② 흉기를 휴대하거나 2인 이상이 합동하여 타인의 재물을 절취한 자도 전항의 형과 같다.

제333조(강도)

폭행 또는 협박으로 타인의 재물을 강취하거나 기타 재산상의 이익을 취득하거나 제삼자로 하여금 이를 취득하게 한 자는 3년 이상의 유기징역에 처한다.

제334조(특수강도)

① 야간에 사람의 주거, 관리하는 건조물, 선박이나 항공기 또는 점유하는 방실에 침입하여 제333조의 죄를 범한 자는 무기 또는 5년 이상의 징역에 처한다.

② 흉기를 휴대하거나 2인 이상이 합동하여 전조의 죄를 범한 자도 전항의 형과 같다.

제347조(사기)

① 사람을 기망하여 재물의 교부를 받거나 재산상의 이익을 취득한 자는 10년 이하의 징역 또는 2천만 원 이하의 벌금에 처한다.

② 전항의 방법으로 제삼자로 하여금 재물의 교부를 받게 하거나 재산상의 이익을 취득하게 한 때에도 전항의 형과 같다.

제355조(횡령, 배임)

① 타인의 재물을 보관하는 자가 그 재물을 횡령하거나 그 반환을 거부한 때에는 5년 이하의 징역 또는 1천 500만 원 이하의 벌금에 처한다.

② 타인의 사무를 처리하는 자가 그 임무에 위배하는 행위로써 재산상의 이익을 취득하거나 제삼자로 하여금 이를 취득하게 하여 본인에게 손해를 가한 때에도 전항의 형과 같다.

제356조(업무상의 횡령과 배임)

업무상의 임무에 위배하여 제355조의 죄를 범한 자는 10년 이하의 징역 또는 3천만 원 이하의 벌금에 처한다.

그러면 왜 이들은 부정을 저지름으로써 모든 것을 위험에 빠뜨릴까? 부정이 일어나려면 압박이나 동기, 기회 그리고 합리화의 세 가지 조건이 필요하다. 이 세 가지 조건은 제6장에서 자세하게 다루기로 한다.

제3절 부정의 유형과 분류

1. 부정의 대분류

부정의 유형에는 여러 가지가 있으며 부정을 범주화 내지 분류하는 방식도 다양하다. 골든 외 2인(Golden, Sklak, Clayton)은 부정을 다음과 같이 분류하면서 이러한 구분이 포렌식 조사관이나 회계감사인에게 가장 유용하다고 주장한다.

① 자산의 횡령

② 분식회계(재무보고 부정)

부정(fraud)이란 의도적으로 조직의 자금을 절취하거나 횡령하는 것 또는 재무제표 계정을 고의로 왜곡표시하는 행위를 말한다. 회사의 경영자가 자기 회사가 실제보다 더 잘 하고 있다는 인식을 이해관계자들에게 심어주기 위하여 재무제표 수치를 조작하는 경우도 발생한다.

모든 부정의 공통분모는 남을 속이기 위한 의도성(고의성, intent)이라고 할 수 있다. 의도성의 여부는 오류(error)와 부정을 구분하는 개념이 된다. 대부분의 감사인은 피감사회사(client)의 장부에서 재무적인 오류를 흔히 발견하지만, 그러한 오류는 누군가의 고의가 아닌 실수로 또는 우연히 발생된 것이라는 점에서 부정과 구분된다.

(1) 횡령

횡령은 사적(私的) 용도로 조직의 자산을 절취하는 부정의 한 유형이다. 현금이나 재고자산의 절취 또는 금전이체(money transfer)의 조작을 그 예로 들 수 있다. 연구자들은 횡령을 부패로 인한 횡령과 자산 오용으로 인한 횡령의 두 가지로 세분하기도 한다.

부패로 인한 횡령의 경우, 횡령이 발생하는 이유는 다음과 같다.

- 어떤 위치에서 이해관계의 충돌(conflict of interest) 현상이 나타남
- 뇌물이 수뢰자의 행위에 영향을 미칠 수 있는 상황
- 불법적인 선물이 수뢰자의 행위에 영향을 미칠 수 있는 상황
- 경제적 착취가 자행될 수 있는 상황

조직에서 자산의 절취 또는 자산의 그릇된 이용으로 자산 오용의 비리가 발생한다. 흔히 발생되는 자산 오용의 유형은 다음과 같다.

- 금전절취 행위를 은폐하려고 계정을 조작한 다음, 금전에 접근함
- 가짜 회사나 가짜 종업원 앞으로 현금을 지급한 것으로 조작한 다음, 현금에 접근함
- 재고자산 등을 훔친 다음, 재무기록을 조작하여 부정행위를 은폐함

자산의 횡령은 주로 종업원들에 의하여 발생된다. 종업원이란 조직계층구조상 경영관리층(최고경영진, 중간관리자, 하위관리자)에 속하지 않는 일반직원을 말한다. 횡령사건의 약 85%는 현금의 취급과 관련된 것이고, 나머지 15%는 재고자산의 절취 및 기타자산과 관련되어 있다는 미국의 연구(2008년)도 있다.

제4장에서 현금과 재고자산에 대한 보호 및 통제방안에 대해 보다 자세히 다룰 것이지만, 여기서는 현금자산에 관련된 오용이 다음과 같이 범주화될 수 있음을 제시하고자 한다.

- 거래가 기록된 후에 현금을 절취함(기록 후 절취)
- 거래가 장부에 기록되기 전에 현금을 가로챔(기록 전 절취)
- 부정범죄자의 통제하에 있는 어떤 실체에 돈이 잘못 지급됨(부당지급)

횡령부정의 예는 다음과 같다.

- 허위 납품업체를 만든 다음 가짜 물품에 대한 대금 지급을 청구함
- 급여대장에 가공의 종업원을 끼워 넣음
- 비용지급액을 과다하게 청구함

- 수표의 수취인이나 지급액을 변조함

앞서 살펴본 바와 같이 대우조선해양에서 발생한 180억 원의 횡령사건에서도 해당 직원은 허위 납품업체를 만든 후 제공받지도 않은 가짜 물품에 대한 지급을 청구하여 가로챘었고, 존재하지도 않는 가공의 기술자들을 위한 주택 임대차계약을 하여 회사로부터 임차료를 과다하게 청구하여 직원이 착복하였다.

(2) 분식회계(재무보고 부정)

재무제표 상에 보고된 재무성과를 의도적으로 조작하면 결과적으로 기업의 경제적 실질이 왜곡표시된다. 이를 재무보고 부정이라고 한다. 이런 부정을 저지르는 자는 일반적으로 주가상승을 통하여 이득을 추구하며, 거기에 상응하는 개인적인 부의 증대를 기대한다. 때로는 개인적인 이득 대신에 회사의 파산을 막거나, 부정적 재무성과를 피할 의도로 재무보고 부정을 활용하기도 한다. 재무보고 부정은 다음과 같은 세 가지 형태로 나타난다.

- 회계기록이나 증빙서류의 조작, 허위작성 또는 변조
- 사건, 거래, 기타 중요 정보의 누락 또는 왜곡표시
- 회계원칙의 의도적인 잘못된 적용

2. 부정의 소분류

부정을 분류하는 목적은 부정의 특징과 동기를 파악하여 조직 내에서 발생할 수 있는 부정을 예방 · 적발하고, 부정의 재발방지 대책을 세우는데 있다.

부정의 주체가 누구인가, 부정의 수단은 무엇인가, 또 부정의 희생자는 누구인가 등에 따라 부정의 유형은 다양하게 분류된다. 부정에는 다양한 종류와 동기가 있다. 부정범죄자의 목표는 의도적인 부정으로 경제적 이익을 얻는 것이다.

(1) 경영자 부정(management fraud)과 종업원 부정(non-management fraud)

조직 내부의 부정은 모든 직위의 조직 구성원들이 저지를 수 있다. 비록 부정을 저지르는 동기와 수단, 조직환경 내에서의 기회 등에 차이가 있을 수는 있지만, 고위경영층으로부터 중간관리층, 하위관리자 및 일반 직원에 이르기까지 모든 사람이 부정을 저지를 수 있다.

심지어 양호한 내부통제시스템이 설계되어 있어도 조직의 최고경영자가 권한을 남용하여 내부통제를 우회하거나 회피한다면, 시스템이나 규정은 부정의 예방에 도움이 되지 않는다.

(2) 내부 부정(internal fraud)과 외부 부정(external fraud)

부정비리는 조직의 경영자나 직원과 같은 내부 구성원에 의해 발생되는 내부 부정과, 납품업자나 고객 등과 같은 조직의 외부인으로부터 발생되는 외부 부정이 있다. 대우조선해양 차장의 횡령사건에서와 같이, 내부 구성원과 외부 납품업자가 서로 공모하여 내부 부정과 외부 부정이 동시에 발생하는 경우도 있다.

(3) 재무제표 부정(statement fraud)과 거래 부정(transaction fraud)

재무제표 부정은 재무보고 부정, 분식회계, 분식결산 및 허위재무보고와 유사 동의어로 사용한다. 재무제표 부정은 주주와 채권자 등을 속이고 수익성을 과대표시하는 등 고의적으로 재무제표 상의 수치를 조작하는 것이다. 기업의 임원들은 승진, 연봉의 인상 또는 보너스 등을 노리고 재무제표 부정을 저지르는 경우가 많다.

거래 부정이란 조직의 자산을 개인이 절취하거나 변환하여 사용할 목적으로 거래에 대한 회계처리를 조작하는 것이다. 하위관리자나 일반직원들은 절도나 횡령 사실을 감추기 위하여 거래 부정을 저지르기 쉽다. 가장 일반적인 거래 부정은 가공의 외상매입금에 대한 현금지급이나 재고자산의 개인적 사용이다.

(4) 지급거래시스템의 부정(payment system fraud)과 수취거래시스템의 부정(receipt system fraud)

전산화된 환경에서의 조직은 일반적으로 회계시스템을 지급거래시스템(payment system)과 수취거래시스템(receipt system)으로 나누어 운영한다. 지급거래시스템에는 임금, 매입, 외상매입금, 미지급금 등의 계정이 포함된다. 수입거래시스템에는 매출, 외상매출금, 선수금 등의 계정이 포함된다.

지급거래시스템에서 가장 흔히 일어나는 부정은 외상매입금, 미지급임금, 미지급금 등의 조작이다. 예를 들면, 가공의 종업원이나 공급자를 만들어 마스터파일에 추가하고, 공급받지도 않은 물품이나 서비스에 대한 대가를 지불하는 것이다. 수입거래시스템의 부정을 예로 들면, 매출상품을 반환받지 않고서 매출환입으로 기록한 다음 그 대금을 지급하는 것이다.

(5) 장부상 분식회계(on-book accounting)와 장부 외 분식회계(off-book accounting)

공식적인 회계시스템을 이용하여 부정을 저지르는 경우 장부의 조작이 필수적인 경우가 많다. 재무제표 부정이나 지급거래시스템 또는 수입 거래시스템의 부정은 회계장부를 이용한 부정이다.

반면에 장부 외 분식회계는 회계시스템 또는 회계장부상에 공식적으로 드러나지 않는 거래를 이용하여 부정을 저지르는 것이다. 따라서 부정의 증거를 발견하기가 쉽지 않다. 예를 들면, 뇌물이나 리베이트 등이다.

[참고] 비자금 조성 다른 유형은…

갑질형, 내부갈취형, 묻지마투자형

'장부조작'은 비자금 조성 방식의 고전이다. 기업은 실제 나간 돈보다 비용을 부풀려 장부에 기재한 뒤 차액을 비자금으로 빼돌린다. 대표적인 유형이 하도급업체에 대금을 많이 지급한 뒤 일부 되돌려 받는 '갑(甲)질형'이다. 현실적으로 일감을 주는 원도급업체가 갑의 지위를 갖는 만큼 하도급업체들은 이 같은 요구를 거부하기 어렵다. 특히 하도급 구조가 일반화된 건설업체들은 유혹에 노출되기 쉽다.

포스코건설의 박 모 전 상무(53)는 베트남 고속도로 건설 과정에서 하도급업체에 공사비를 많이 지불한 뒤 이를 되돌려 받아 40억 원대 비자금을 조성한 혐의(특정경제범죄가중처벌법상 횡령) 등으로 기소돼 지난해 9월 1심에서 유죄 판결을 받았다. 같은 원리로 장부에 수익을 실제보다 적게 기재하고 차액을 비자금으로 빼돌리기도 한다.

또 다른 유형은 계열사 임직원의 급여통장을 이용하는 '내부갈취형'이다. 겉으로는 임직원의 급여나 상여금을 많이 준 것처럼 하고, 실제로는 적게 지급해 회사 돈을 가로채는 방식이다.

SK는 2012년 횡령 혐의 등으로 기소된 최태원 회장(56)의 재판에서 회사가 임원들의 추가 상여금을 초과 지급했다가 일부 되돌려 받는 방식으로 부외자금을 조성한 사실이 드러났다.

태광 역시 이호진 회장(54)의 1 · 2심 재판에서 직원 급여를 허위로 신고하거나 직원들에게 작업복 대금을 받고도 무상으로 지원한 것처럼 꾸며 수십억 원을 빼돌린 혐의가 쟁점이 됐다.

부동산 시세가 불분명한 점을 악용해 장부에 매매 가격을 실제와 다르게 적고 차액을 챙기는 '묻지마 투자형'도 있다. 부동산 매매가격이 시세보다 확연히 낮거나 높게 이뤄지지 않은 이상 횡령 혐의를 입증하기는 쉽지 않다.

아예 '위장계열사'를 만들어 회사 돈을 횡령하기도 한다. 담철곤 오리온그룹 회장(61)은 위장계열사를 만들어 법인 자금을 빼돌리는 등의 수법으로 비자금을 조성한 혐의로 기소돼 2013년 집행유예가 확정됐다.

(출처: 매일경제, 2016. 04. 20.)

제4절 부정의 빙산이론

세상에 드러나는 부정은 [그림 1-1]에서 보는 바와 같이 빙산의 일각에 불과하다고 한다. 비즈니스 조직에서 일어나는 부정이나 비리의 전체 규모(fraud universe)를 확실하게 말할 수 있는 사람은 아무도 없다. 왜냐하면 실체적인 진실의 대부분이 가려져 있기 때문이다. 그렇지만 연역적인 추론과정 및 이제까지의 검찰이나 사정기관 등의 실무경험 자료, 기타 정보 등을 바탕으로 다음과 같은 가설이 성립된다고 해보자.

제1유형: 검찰에 기소된 부정 – 25%
제2유형: 발견되었지만 기소 안 된 부정 – 35%
제3유형: 발견조차 안 된 부정 – 40%

세 가지 유형 중에서 비교적 확실하게 일반인에게 알려지는 것은 제1유형뿐이다. 재판절차가 진행되면서 사건의 자세한 내용이 언론에 보도되기 때문이다. 보도를 통하여 우리는 이 유형에 속한 부정사건에 대하여 지식을 습득하고 사건의 내용을 파악할 수 있게 된다.

그러나 제2유형과 제3유형의 부정사건에 대해서는 관찰 연구할 수 있는 기회가 우리 일반인에게는 주어지지 않는다. 전 세계에서 일어난 수많은 부정사건의 피해자(기업과 개인)들은 제2유형의 부정사건을 영원한 비밀에 부치는 경향이 있다. 그중 아주 우연하게 세상에 알려지는 것을 제외하면 일반인은 이와 같은 부정의 내역을 알 수 없는 것이다.

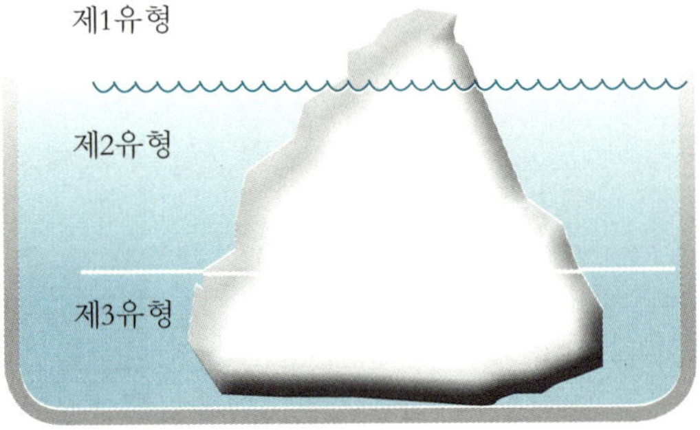

[그림 1-1] 빙산모델

제3유형도 적발이 안 된 채 영원한 비밀로 남겨진 부정이다. 위의 추정적 통계가 만약 사실에 가깝다고 한다면 이는 다음과 같은 의미를 시사한다.

- 제3유형에서 발생한 부정(총 부정의 40%)의 피해자들은 자신들이 부정의 피해자란 사실을 전혀 모른다.
- 따라서 손실을 막기 위한 조치의 필요성을 인식하지 못한다.
- 손실의 발생 사실을 모르기 때문에 손해배상을 통한 원상회복의 의지도 없다.

제2유형(총 부정의 35%)의 경우, 많은 기업들이 발견한 부정사건에 대하여 검찰에 고발하지 않는 이유는 조직 내의 부정이나 비리가 외부에 알려지면 고객이나 이해관계자의 신뢰를 잃지 않을까 두려워하기 때문이라고 알려져 있다. 그렇지만 그보다 더 근본적인 이유는 기소에 충분한 증거를 확보하기가 어렵기 때문이라고 한다.

제1유형의 부정(총 부정의 25%) 중 일부만 법정에서 손해배상 판결이 나오며, 그중에서 일부만 피해금액의 회수가 가능하다. 부정의 빙산이론을 표현한 [그림 1-1]은 세상에 드러난 부정은 전체 규모 중 극히 일부분에 지나지 않음을 상징적으로 보여준다.

조직 내부의 부정은 종업원에 의한 자산의 횡령(유용)과 분식회계(경영자에 의한 허위재무보고)로 분류될 수 있다. 또한 장부상의 부정(on-the-book fraud)과 장부 외 부정(off-the-book fraud)으로 분류되기도 한다. 장부에 다른 거래와 함께 기록되어 있는 부정은 비교적 적발이 용이하지만, 장부 기록이 누락된 부정을 적발해내기는 어렵다. 장부 외 부정의 단서를 찾아내기 위해 자금의 지급처 및 수령처 양쪽을 감사하는 방법이 있다.

[그림 1-2]에서는 부정의 구조적 요소와 행동과학적 요소가 빙산에 비유되어 있다(Bologna and Lindquist, 1995). 구조적 요소는 수면의 위쪽에 있어 누구라도 관찰할 수 있으나, 행동과학적 요소는 수면 아래에 잠겨 있어 순진하거나 경험이 부족한 감사인은 그 위험을 과소평가하기 쉽다. 수면 위에 드러난 부분은 모두 중요한 요소이다. 그러나 수면 아래 감추어져 있는 부분에도 면밀한 주의를 기울여야 한다.

재무제표 감사인의 경우 통제의 구조적 측면을 더 강조하는 경향이 있다. 예를 들면, 적합한 내부통제제도가 설계 운영되고 있으며, 운영상황에 대한 모니터 활동이 적절한지 등의 질문을 하게 된다.

반면에 포렌식 감사인은 통제의 행동과학적 측면을 더 중시한다. 따라서 통제가 누구에 의해서, 어떤 경우에, 위배될 가능성이 있는가 하는 질문을 하게 된다.

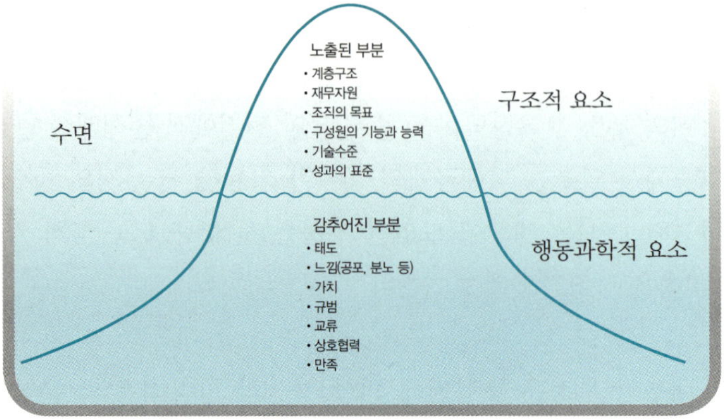

[그림 1-2] 부정의 빙산이론

부정행위는 절취(theft), 은닉(concealment), 변환(conversion)이라는 세 가지 형태를 포함한다. 절취행위, 은닉행위 및 변환행위는 각기 부정의 한 면을 차지하므로 이들 세 가지는 부정의 삼각형을 구성한다.

제5절 부정의 예방과 적발 전략

부정은 조직에 중대한 영향을 미칠 수 있다. 따라서 여러 조직은 그 생존과 정보시스템을 보호하기 위해서 모든 예방책을 강구해야 한다. 적절한 방안을 마련하여 실시한다면 부정과 그로 인한 잠재적 손실을 크게 줄일 수 있기 때문이다.

예를 들어, 기업은 다음과 같은 노력을 할 수 있다. 즉 부정이 쉽게 일어날 수 없는 환경을 만들고, 부정행위의 실행을 어렵도록 하고, 부정이 발생하게 되는 경우라도 그때 부담하게 될 손실액을 최소화시킬 방안을 마련한다. 또 부정적발의 가능성 및 범법자의 기소 가능성을 높일 수 있는 시스템을 마련하고 범행에 대한 처벌 강도를 높이도록 한다.

1. 부정발생 가능성 최소화

현실적으로 부정행위를 완벽하게 예방하기란 쉬운 일이 아니다. 그러므로 조직 구성원의 성실성에 의존하는 것은 부정 예방을 위한 최선의 전략이 될 수도 있다. 대부분의 부정은 현직 및 전직 구성원에 의해 저질러진다. 따라서 조직구성원들은 통제상 가장 큰 강점인 동시에 취약점이 된다. 조직 구성원의 성실성을 높이는 조치를 취함으로써 조직 구성원에 의한 부정발생 가능성을 감소시킬 수 있다.

(1) 채용과 해고 업무

경영자의 가장 중요한 책임 중의 하나는 정직한 사람을 채용해서 유지하는 것이다. 이와 비슷하게 회사는 직원을 해고할 때 매우 신중해야 한다. 해고된 직원들이 회사를 떠나기 전에 기밀데이터를 파괴한다거나 복사하는 행위를 방지하기 위해, 그들을 민감한 업무에서 즉시 물러나게 하고 컴퓨터 시스템에 접근하지 못하게 해야 한다. 회사 자산을 횡령한 부정행위자는 해고시켜야 하며, 그들은 대개 검찰에 기소된다. 기소된 경험이 있는 자의 재범률은 낮지만, 기소가 안 된 자의 재범률은 높은 것으로 알려져 있다.

(2) 직장에서의 압박감 관리

부정을 저지르는 많은 직원들은 불의(不義)라고 생각되는 것에 대한 복수나 나름대로의 '정의'를 추구한다고 생각한다. 그래서 회사에는 이런 구성원들을 식별해내어 그들의 부정적 감정을 풀도록 돕는 체제나 그들이 주요 시스템에 접근할 수 없도록 업무를 제한시키는 절차가 필요하다. 금전적인 문제나 혹은 어떤 압박감에 시달리는 직원들의 고민을 함께 나눌 수 있는 상담원제도를 운영하는 것도 유용한 방법이라 할 수 있다.

고충처리 채널 및 카운슬링 등 종업원 지원프로그램(employee assistance program: EAP)을 마련 · 실시하는 것은 직원의 불만을 없애고 회사 전체의 사기를 높이 유지하기 위한 한 가지 방법이다. 직원들은 회사에 대한 불만과 문제를 털어놓기 위해 조직 내 정규 명령계통 외의 누군가를 필요로 한다. 그들의 말을 들어주고 문제를 해결하도록 도와주는 사람이 있다면 불만족스러운 직원의 수는 크게 감소될 수 있다. 그러나 이것도 쉬운 방법이라 할 수 없다. 왜냐하면 대부분의 직원은 자신의 기분을 떠벌리는 것이 본인의 경력관리에 부정적인 결과를 초래할 수 있다고 염려하기 때문이다.

(3) 직원교육

부정 억제를 위한 이상적인 기업 문화는 직원들이 자기 회사를 자랑스럽게 여기고 회사의 자산을 보호할 때 형성된다. 그들은 회사에 해가 되는 것은 자기에게도 해가 되는 것이기 때문에, 부정을 신고할 책임이 있다고 생각한다. 이러한 문화는 저절로 생기지 않는다. 즉 이러한 문화를 적극적으로 만들어 내어서, 가르치고, 실천해야 한다. 이런 형태의 문화를 발전시키기 위해서 회사는 다음 분야에서 직원들을 교육하고 훈련시켜야 한다.

- 부정에 대한 경각심: 직원들은 부정, 부정의 만연 및 부정의 위험에 대하여 잘 알고 있어야 한다. 또한 사람들이 부정을 저지르는 원인과 부정의 억제 및 적발방법에 대해서도 배워야 한다.
- 윤리적인 고려사항: 2000년도에 실시한 우리나라 반부패국민연대의 조사에 의하면 국내 30대 그룹 중 기업윤리강령을 준비한 기업이 8개로 나타났다고 한다. 회사는 사내 간행물을 통해 업무에 관련된 윤리적인 기준을 제시하고 준수를 장려해야 한다. 수용할 수 있거나 수용할 수 없는 행위를 정의해 둠으로써 문제 발생 시 적용된 윤리기준(윤리에 대한 회사의 입장)을 직원들이 숙지하게 해야 한다.

- 비윤리적인 행위에 대한 처벌: 직원들에게 비윤리적인 행위의 결과(징계, 해고, 구속 등)가 무엇인지를 알려야 한다. 이런 정보는 단순한 위협이 아니라 비윤리적인 행동을 선택하는 경우 필연적 결과임을 확실히 인지시켜야 한다. 예를 들면, 직원들은 절도나 부정을 저지르기 위해 컴퓨터를 이용하는 것은 범죄이고 그렇게 하는 사람은 누구나 즉시 해고 및 구속된다는 사실을 알아야 한다. 또한 회사는 프로그램 및 데이터 소유권을 공시하고 그것을 악용할 경우의 처벌 내용을 직원들에게 알려야 한다.

부정에 대한 경각심, 윤리적인 고려사항, 비윤리적인 행동의 선택시 초래될 결과 등에 대해 직원들을 교육시킨다면 회사는 상당한 효과를 얻을 수 있다. 이러한 교육은 비공식적인 논의와 공식미팅, 정기적인 부서별 공지, 직업윤리 규정과 지침의 배포, 보안위반 및 그 결과를 요약한 보고서 회람, 보안과 부정방지 훈련 프로그램의 장려를 통해 이루어질 수 있다.

2. 내부통제제도의 강화대책

충분한 통제기능을 갖춘 시스템은 부정의 발생을 억제하는 데 도움이 된다. 효율적인 통제수단은 시스템 자원의 정확성, 무결성 및 안전성을 보장해줄 수 있다.

(1) 내부통제의 중요성

기업의 허위재무보고 문제는 시공간적으로 한정된 현상이 아니다. 미국의 회계전문직업계는 1970년대 초부터 재무보고상의 경영자 관련 부정문제(즉, 경영자에 의한 재무제표의 고의적인 왜곡표시 등)의 심각성을 인식하기 시작하였다.

1970년대 미국 의회에서 제정된 해외부정거래방지법(Foreign Corrupt Practices Act: FCPA)에 의하면, 증권거래위원회(SEC)에 등록된 모든 회사는 부정을 예방 · 적발해낼 수 있는 내부회계통제제도를 설계 · 운영하도록 되어있다. 미국공인회계사회가 발족시킨 소위 내부통제위원회(Treadway Commission)의 1980년대의 보고서에서도 부정을 효과적으로 적발 · 방지하기 위한 내부통제의 역할이 재차 강조된 바 있다.

1992년 미국의 COSO기구(미국 공인회계사회 등 5개 민간조직으로 구성)에서 발표한 COSO 보고서(내부통제의 포괄적 프레임)는 부정을 효과적으로 적발 · 방지하기 위한 내부통제의 중요성을 강조하고 있다.

2001년 말 미국 엔론(Enron), 2002년 월드컴(Worldcom)[3] 등의 대규모 회계 부정 사건을 계기로, 미국 의회가 제정한 '상장기업 회계개혁 및 투자자 보호법(Sarbanes-Oxley Act)'4)이 2002년 7월 발효되었다. 이 법의 핵심은 기업의 내부회계관리를 강화한 것이다. 동법 제404조는 각 회사의 재무보고에 관한 내부통제(internal control over financial reporting)를 구축 · 운영할 책임이 경영진에게 있고, 각 연도말 회사의 재무보고 내부통제에 대한 효과성을 경영진이 직접 평가하도록 요구하고 있다. 외부 감사인은 이러한 경영자의 내부통제 관련 활동에 대한 검증(attestation)을 하도록 규정하고 있다. 또한 대표이사(CEO)와 재무담당이사(CFO)가 재무

---

3) 월드컴은 1990년대 '성공신화'로 불리며 미국의 대형 장거리통신 회사로 급부상했지만 110억 달러 규모의 분식회계사건으로 2002년 파산했다. 2005년 7월, 미국 맨해튼 연방법원은 월드컴 前 회장 겸 CEO 에버스(Ebbers)에 대해 징역 25년의 중형을 선고했다. 에너지 기업 엔론(Enron)사는 2001년 12월 파산신청 전까지 연매출액 1,010억 달러에 종업원수 2만 2,000명으로 미국 7대 기업에 속했다. 그러나 2001년 말 대규모 분식회계가 발각되어 결국 몰락했다. 2006년 미국 법원은 엔론의 대표이사(CEO)였던 제프리 스킬링에게 24년 4개월의 중형을 선고하였다. 엔론의 회계감사를 수행한 아더 앤더슨(Arthur Andersen) 회계법인도 2002년 해체되었다. 이러한 회계스캔들은 '사베인스 옥슬리법(Sarbanes-Oxley Act)'의 제정에 결정적 영향을 미쳤다.

4) The Public Company Accounting Reform and Investor Protection Act of 2002, 일명 사베인스 옥슬리법(Sarbanes-Oxley Act: SOX법)

제표 작성 시 동시 서명을 하도록 하여 회계부정이나 횡령 · 배임에 대해 연대책임을 지도록 하고, 사외이사의 권한을 확대하는 등 기업의 내부통제시스템을 강화하였다.

[www.slideshare.net]

한국의 경우 자본시장과 금융투자업에 관한 법률(자본시장법) 제159조(사업보고서 등의 제출)와 동법 시행령 제169조(사업보고서에 대한 대표이사 등의 확인 · 검토)에 의하여 대표이사(CEO) 및 재무담당이사(CFO)는 유가증권신고서 또는 사업보고서(반기 · 분기 보고서 포함)를 제출할 때 주식회사의 외부감사에 관한 법률(외감법)에 따라 내부회계관리제도가 운영되고 있다는 사실 등 일정사항을 확인 · 검토 · 서명해야 한다.

내부회계관리제도는 주식회사의 외부감사에 관한 법률 제2조2(내부회계관리제도의 운영 등)에 의거 법제화되어 있다. 동법은 외부감사인에게 내부회계관리제도의 운영실태에 대한 종합의견 제시를 요구함으로써 이행여부에 대한 실질적 점검을 강화하고 있다. 내부회계관리제도는 회사의 재무제표가 일반적으로 인정되는 회계처리기준에 따라 작성 · 공시되었는지 여부에 대한 합리적 확신을 제공하기 위해 설계 · 운영되는 내부통제제도의 일부분으로서 회사의 이사회, 경영진 등 모든 조직구성원들에 의해 지속적으로 실행되는 과정을 의미한다.

양호한 내부통제는 숙련된 감사인이 적발해 낼 수 있는 것보다 훨씬 많은 횡령사건을 미연에 방지해준다. 여기서는 강력한 내부통제제도의 개발방법과 부정방지를 위한 몇 가지 통제절차들을 논의하기로 한다.

(2) 강력한 내부통제제도의 개발과 운용

적절히 통제된, 안전시스템의 설계 및 운용에 대한 총괄적 책임은 최고경영진에 있다. 경영자들은 전형적으로 시스템분석가, 시스템설계자, 최종사용자에게 적합한 통제시스템의 개발업무를 위임한다. 효율적이고 비용효과적인 통제(기능, 장치)를 개발하기 위해서 설계자는 위험평가 전략을 따라야 한다. 사후책으로서보다는 시스템 개발 단계에서 이러한 통제를 편입시키는 것이 훨씬 더 효율적이라고 할 수 있다.

경영진 역시 제반 통제가 준수 · 이행되도록 하기 위한 절차를 마련해야 한다. 중요한 통제절차 중 몇 가지를 다음에 논의한다.

- 직무의 분리: 조직구성원 중 누군가가 자산을 훔친 경우 그 흔적을 감출 수 없도록 적절한 업무분담이 필요하다. 그러나 전산화로 인하여 기능상 분장되었던 업무가 집중화되는 현상이 발생된다. 따라서 여기에 대처하기 위한 보완적인 통제수단이 필요하다.
- 명령휴가제의 실시와 직무교대: 래핑(lapping)과 카이팅(kiting)과 같은 부정을 저지르는 자는 자신의 범행이 탄로되지 않도록 지속적으로 신경을 써야 한다. 명령휴가제와 일시적 직무교대를 결합시킨다면 이런 식의 지속적인 부정 술책이 맥을 못 쓰게 될 수 있다.

3. 부정의 포착 · 적발 방안

조직이 자체적으로 모든 부정을 예방할 수는 없기 때문에, 외부감사인, 포렌식 조사관, 보안담당요원이 부정적발 기법을 숙지하고 있어야 한다. 부정은 세 단계, 즉 부정행위 그 자체, 개인적 용도를 위한 자산의 변환 및 은폐라는 단계를 거친다. 부정행위자를 범행 현장에서 잡는 것은 어려울 뿐 아니라 흔한 일이 아니다. 변환행위 역시 비밀리에 이루어지므로 이를 직접 관찰하기는 어렵다.

(1) 징후의 포착

부정에 대한 조사는 대개 부정의 잠재가능성을 나타내는 신호 내지 징후의 포착시점에 개시된다. 분실서류, 중복된 서류 혹은 가짜서류 등의 증거를 통하여 회계기록 은폐 사실을 추적하는 것이다. 신호나 징후를 포착해내기 위해서는 일정한 경험 · 숙련이 요구된다. 실제로 많은 회사에서 현재 부정이 발생되고 있지만 이를 발견하지 못한다. 부정을 신속하게 탐지 · 적발해 내기 위해서는 다음과 같은 조치를 취할 수 있다.

(2) 수시감사의 실시

부정적발 가능성을 높이는 한 가지 방법은 정기적인 외부 및 내부 감사를 실시하는 것이다. 감사인은 위에서 예시된 부정의 신호와 징후들을 파악해야 한다. 또한 규칙적으로 내부통제를 테스트하고 수상한 활동을 찾아내기 위하여 데이터 파일을 살펴보아야 한다. 그러나 이때 조직 구성원들의 프라이버시 권리가 침해되지 않도록 주의해야 한다. 조직구성원들에게 감사인이 무작위 감사를 할 것이라고 알려 주는 것은 프라이버시 문제를 해결하는 데 도움이 될 뿐만 아니라 범죄를 억제하는 효과가 크다.

(3) 부정신고 직통전화 설치

조직 내의 문제와 비리는 실상 그 안에 있는 사람이 가장 잘 알 수 있기 때문에 내부고발자에 대한 우대제도가 도입될 필요가 있다. 따라서 내부고발자를 배반자나 이탈자로 보는 잘못된 시각을 없애고 오히려 조직 전체의 이익을 수호한 용기 있는 사람으로 포상하고 우대하는 제도를 도입, 조직사회의 의식을 바꾸어야 한다.

미국 월스트리트에 있는 세계적 투자전문회사의 한 경영자는 항시 전체 사원들로 하여금 직장동료의 의심스러운 행동을 자신에게 직접 보고하도록 해 왔다고 한다. 고발이 사실이면 회사를 위해 큰 기여를 한 것이고 반대로 사실이 아닐 경우에도 회사를 위해 주의를 기울인 점을 높이 평가한다는 것이다.

부정행위의 목격자들은 종종 두 가지 상충하는 감정 사이에서 고심하게 된다. 그들은 회사자산을 보호하기 위하여 범법자를 신고해야 할 의무감을 느끼지만 한편으로는 밀고자 역할을 하는 것이 편치 않으니 가만히 있는 것이 낫겠다는 생각을 하게 된다. 이런 신고거부 반응은 과거에 배척 혹은 박대당하거나 경력에 손상을 입은 적이 있는 밀고자를 상기하는 경우 훨씬 더 강하게 작용한다.

조직구성원이 익명으로 누군가를 신고할 수 있는 시스템이 있으면 이런 문제는 대개 쉽게 해결된다. 그러므로 익명의 부정신고 직통전화는 부정을 밝혀내는 효과적인 방법이라 할 수 있다. 외국의 한 연구에 의하면 조사대상이 된 212건의 부정 중 33%가 익명의 제보로 밝혀졌다고 한다.

직통전화는 아주 효과적인 경우가 많다. 예를 들어, 미국의 보험업계에서 시험적으로 직통 전화를 설치하여 한 해에 약 170억 달러의 사기성 보험 청구를 통제한 사례가 있다. 그들은 시행 첫 달에 받은 2,250통 이상의 전화 중 약 15%에 대해 정밀 조사에 들어갔다. 그러나 직통전화로 신고된 내용 중에는 조사가치가 없거나 상대방을 헐뜯기 위한 것 혹은 비행의 유형이 애매모호한 것도 많다는 단점도 있었다.

직통전화는 또 다른 잠재적인 문제를 안고 있다. 즉 직통전화를 이용하는 사람이 누구인지가 부정에 연루된 최고경영층에게 보고되는 상황이 발생한다는 점이다. 이와 같은 경우를 방지하기 위해 비리신고처리 대행 전문업체에서 설치한 부정신고 직통전화를 이용하는 것이 하나의 대안이라 할 수 있다. 경영자 부정에 관한 신고는 이런 전문업체에 의해서 해당 회사의 이사회에 직접 전달될 수 있다.

[참고] 직장 비리신고 받아 처리 대행

미국에서는 직장동료의 비행(非行), 비리(非理)에 대한 신고를 받아 처리해 주는 내부 고발 대행 전문회사가 짭짤한 재미를 보고 있다. 직장 동료의 횡령, 뇌물상납, 성폭력 등의 사실을 알게 됐을 때 회사에 직접 알리기 꺼려하는 사원들에게 제3자 격인 이 대행회사에 신고토록 하는 것이다. 사원 신분증이나 출입카드에 대행회사의 24시간 접수 전화번호를 인쇄, 쉽게 전화 수화기를 들도록 하고 있다. 익명 신고도 가능하다.

신고를 받은 대행회사에서는 사안에 따라 『우리 부장이 책상서랍에 권총을 넣어 두고 있다』 같은 제보는 사실 확인 절차를 거쳐 수사기관에 알려 주고, 단순한 직무상의 불만에 관련된 내용은 인사담당부서에 통보해 준다. 이 분야 전문 업체 핑커튼(Pinkerton)*사는 현재 모두 8백여 개 회사와 계약 중이며, 포천지 선정 5백대 기업의 상당수가 고객 리스트에 들어 있다. 『회사 내 고충처리 창구보다 심리적으로 부담이 없다』는 것이 이용자들의 반응. 이용 회사들 사이에서는 『비리 예방 효과가 더 큰 것 같다』는 평가도 나오고 있다.

(출처: 조선일보 1998.1.22.)

*핑커튼(Pinkerton)사는 1850년 미국의 앨런 핑커튼이 창립한 사설 경비 및 사립탐정 업체(pinkerton detective agency)이다. 1999년에 스웨덴 보안 업체 SECURITAS AB가 핑커튼을 인수, 자회사로 편입하였다.

4. 부정으로 인한 피해 최소화 대책

회사에서 아무리 부정 방지를 위하여 애쓰더라도 부정이 발생될 가능성은 있다. 그러므로 최선의 전략은 잠재적인 손실이 최소화되도록 모든 준비를 하는 것이다.

우선, 적절한 보험에 가입하도록 하는 것이 한 가지 방법이다. 임원은 임원책임 배상보험에, 그리고 위험성이 높은 자산을 취급하는 종업원은 보증보험에 가입시키는 것이다. 손해보험회사의 임원책임 배상보험 상품은 임원이 업무수행 중 저지른 실수나 의무위반 · 태만 · 과실에 대해 소송이 제기되었을 때 배상금과 소송비용을 지급해준다.

지금까지 부정의 예방 및 적발방안을 논의하였다.

이 외에도 재무보고의 신뢰성 제고 및 허위재무보고를 방지하기 위한 방법으로 감사위원회를 설치하는 것을 들 수 있다. 감사위원회가 재무보고 전(全) 과정에 개입하여 감시기능을 수행하는 것이다. 이때 감사위원회는 주로 사외이사로 그의 역할과 책임이 명시되고 경영자로부터 독립성을 가진 전문가들로 구성되어야 할 것이다.

현행 상법(제415조의 2)에 의하면, 감사위원회(audit committee)는 이사회 내의 위원회의 하나로서 이사회의 하위기관이다. 감사위원회를 설치한 경우에는 감사(監事)를 둘 수 없다. 다만, 일정 규모 이상의 자산을 가진 상장회사(자산총액 2조 원 이상) 및 은행 · 증권 · 보험회사는 반드시 감사위원회를 설치해야 한다.

[참고] 기관-기업들 '내부고발 시스템 아웃소싱' 바람
"내부 고발 목소리, 외부가 듣게 하라"

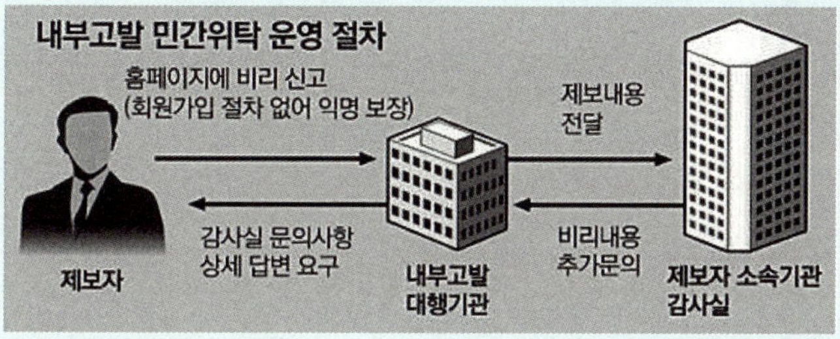

공공기관이나 민간기업에서 그동안 자체적으로 운영해왔던 내부고발 시스템을 외부 민간업체에 위탁하는 사례가 늘고 있다. '신문고'나 '신고포상금제' 등 내부적으로 자정 노력을 했지만 조직 내 온정주의와 내부고발자에 대한 신변 보호가 취약한 풍토 탓에 큰 효과를 보지 못했다는 판단에서다. 현재 이 같은 내부고발 시스템의 아웃소싱을 도입한 곳은 고용노동부를 비롯해 27곳에 이른다.

▶ "내부고발자 우리가 지킨다."

각 기관이 이 같은 아웃소싱을 도입한 가장 큰 이유는 제보자의 신원 보장 때문. 자체적으로 고발 시스템을 운영하다 보니 조직 내 상급자나 기관장이 제보자가 누구인지 암암리에 알아보는 경우가 많았다. 감사실 등 고발을 접수한 부서도 업무 이전에 상급자와의 관계가 중요하다 보니 알음알음으로 제보자 신원이 드러나는 경우가 많았다. 하지만 외부 독립적인 기관이 온라인상에서 익명 제보를 받은 뒤 그 내용을 해당 기관 감사 담당자에게 직접 전달할 경우 중간에 제보자 신원이 노출될 가능성을 최소화할 수 있다.

1970년대부터 이런 제도를 도입한 미국은 현재 내부고발 아웃소싱 회사 2곳에 마이크로소프트사와 하버드대 등 3,400여 개의 기업과 관공서가 가입해 있고 일본도 500여 개 기관이 내부비리 관리를 외주 업체에 맡기고 있다.

우리나라에선 한국기업윤리경영연구원(KBEI) 산하 '헬프라인'이 국내 첫 내부고발 대행 기관이다. 민간기업인 신세계가 2007년 첫 의뢰기관이 된 이후 고용노동부와 해양경찰청 등 정부기관과 서울시 경기도 부산시 경북도 등 지방자치단체, 한국수자원공사, 한국가스공사 등 공기업을 포함해 현재 27곳이 헬프라인을 통해 내부고발시스템을 운영하고 있다.

신고 방법은 제보자가 헬프라인 홈페이지(www.kbei.org)에 접속해 해당 기관을 선택한 뒤 비리 내용을 입력하는 방식으로 익명 보장을 위해 신고자는 회원 가입을 하지 않아도 된다. 제보 내용이 부실할 경우 해당 기관 감사실 관계자가 문의사항을 홈페이지에 올리고 신고자는 본인 의사에 따라 추가 설명을 할 수 있다.

▶ 아웃소싱 후 제보 봇물

내부고발 시스템을 외부에 위탁하면서 내부 비리 고발도 늘어나는 추세다. 부산시의 경우 지난해 부산 해운대구 우동 나루공원 환경 개선 공사를 하면서 나무 수천 그루를 부실 시공한 사실이 헬프라인을 통해 접수돼 감사 결과 사실로 확인됐다. 이로 인해 업체로부터 직원들 회식비 명목으로 50만 원을 받은 담당 계장을 비롯해 직원 2명이 훈계를 받고 3명이 주의를 받았다.

부산시 상수도사업본부에서는 직원 박모 씨가 근무시간에 외근 처리를 하고 대학원 강의를 수강한 사실이 발각돼 훈계 조치를 받았다. 또 일선 고교 학부모들이 수천만 원의 불법찬조금을 모금한 사실도 접수돼 찬조금 전액을 반환조치한 일도 있었다.

신고 건수도 늘고 있다. 부산교육청은 매년 1, 2건에 그쳤던 신고접수가 지난해 헬프라인 도입 후 38건으로 늘었다. 부산시도 지난해 제도 시행 후 헬프라인을 통해 12건의 고발이 접수됐다. 반면 같은 기간 시 감찰과에는 단 한 건의 제보도 들어오지 않았다.

하지만 일각에서는 내부 비리 접수 대행기관이 여전히 고객인 회원사 간부들의 입김에서 자유로울 수 없다는 지적도 있다. 박종선 한국기업윤리경영연구원장은 "회원 기관에서 제보자를 알려달라는 요청이 들어온 적이 있지만 원천적으로 익명 제보이기 때문에 우리도 제보자 신상을 알 길이 없다"며 "익명보장이 안 되면 업무의 존재 이유가 사라지는 만큼 신원보호는 절체절명의 과제"라고 말했다.

(출처: 동아일보, 2011. 9. 16.)

Chapter_1 요 약

화이트칼라 범죄(white-collar crime)는 사기, 은닉 및 신뢰관계의 파괴(violatiion of trust)로 특징지어지는 불법행위다. 물리적인 힘이나 폭력(violence)에 의존하지 않고 자신의 개인적 이익을 위하여 금품을 취득하거나, 금전이나 서비스의 지급을 회피하는 불법행위를 말한다. 화이트칼라층은 사무직원, 전문직 종사자, 두뇌업무 종사자, 비즈니스맨, 조직의 임원이나 최고경영층까지 포함하는 개념이다. 살인 · 절도 등과 구별되게 배임 · 횡령 · 유용 · 착복 · 탈세 · 뇌물수수 등의 범죄는 화이트칼라 범죄 유형에 속한다.

부정(fraud)이란 의도적으로 조직의 자금을 절취하거나 횡령하는 것 또는 재무제표 계정을 고의로 왜곡표시하는 행위를 말한다. 골든 외 2인(Golden, Sklak, Clayton)은 부정을 ① 자산의 횡령과 ② 분식회계의 두 범주로 분류한다.

부정의 주체가 누구인가, 부정의 수단은 무엇인가, 또 부정의 희생자는 누구인가 등에 따라 부정의 유형을 다양하게 나누고 있다. 부정에는 다양한 종류와 동기가 있다. 범죄자의 목표는 의도적인 부정으로 경제적 이익을 얻는 것이다. 부정을 분류하는 목적은 부정의 특징과 동기를 파악하여 조직 내에서 발생할 수 있는 부정을 예방·적발하고, 부정의 재발방지 대책을 세우는 데 있다.

기업은 부정이 쉽게 일어나지 않도록 하는 환경을 만들고 부정행위의 실행을 어렵도록 하고, 만약 부정이 발생하더라도 부담하게 될 손실액을 최소화시킬 수 있는 방안을 마련하고, 부정적발의 가능성 및 범법자의 기소 가능성을 높이고 범행에 대한 처벌 강도를 높일 수 있다.

Chapter_ 2

범죄의 추적자, 포렌식 탐정

Chapter_ 2

범죄의 추적자, 포렌식 탐정

제1절 윌슨(IRS 포렌식 탐정)과 알 카포네(시카고 갱단)

조사관 · 첩보원 · 탐정이라는 단어를 보면, 우리는 먼저 '셜록 홈즈(Sherlock Holmes)'나 007영화의 주인공 '제임스 본드(James Bond)'라는 인물을 떠올리게 된다.

셜록 홈즈는 아서 코난 도일(영국의 추리소설가, 1859~1930)의 추리소설에서 작중인물로 활약하는 가상의 인물로, 세계 최초 민간자문 명탐정이다.[5] 제임스 본드(James Bond)는 영국 작가 이안 플레밍(Ian Fleming)의 소설 작품에 나오는 가상의 영국 첩보원이다.

[셜록 홈즈, 출처: 구글]

[제임스 본드, 출처: 구글]

5) 신용정보의 이용 및 보호에 관한 법률 제40조는 '탐정업과 탐정이라는 명칭을 사용하는 일'을 금지하고 있다. 즉 탐정명칭을 사용한 국내 민간조사업은 현행법상 허용되지 않는다. 그리고 동법 제4조는 신용정보업(신용조회업 · 신용조사업 · 채권추심업)을 금융위원회의 허가대상으로 규정하고 있다.

이제 20세기 최초의 실존 포렌식 탐정(forensic accountant)으로 명성을 날린 윌슨(Wilson, 국세청 특별조사관)과 알 카포네(갱단 두목)의 스토리에 대해 검토해보자. 윌슨은 소설이나 영화 속의 인물이 아닌 20세기 초반기의 실존 인물이다.

〈공공의 적 명단 1위: 알 카포네〉

미국의 대도시 '시카고' 하면, 사람들은 아직도 갱단과 알 카포네(Al Capone)를 떠올린다. 알 카포네는 1920년부터 1930년대 초까지 10여 년간 시카고 전역을 주름잡던 암흑가의 제왕이었다. 그의 회계책임자는 "10명이 기관총으로 강탈할 수 있는 것보다 내가 펜으로 훨씬 더 많이 훔칠 수 있지"라는 말을 했다고 한다. 그건 아마도 보수적인 추정치였을 것이다. 회계책임자가 수사기관에 포착·체포될 확률은 권총으로 무장한 악당들에 비해서 훨씬 희박했을 테니까 말이다.

미국의 시카고 범죄수사국은 1930년 4월 23일, 소위 '공공의 적(敵)'명단을 발표했다. 미국 역사상 가장 악명 높은 갱단 중의 하나인 알 카포네가 그 명단에 1위(Big A1)로 자신의 이름을 올렸다. 조폭집단이 무너트린 미국 연방법의 권위회복을 위해 강력대응을 천명한 미국 검찰은 형사소추를 목표로 알 카포네 추적에 나서게 되었다.

그렇지만 알 카포네는 은행계좌가 없었고 활동에 대한 아무런 기록도 없었으며, 자기명의의 재산도 없었고, 모든 금융거래를 현금으로 했는가 하면, 국세청에 세금신고도 한 적이 없었다. 더욱이 악명 높은 알 카포네의 잔혹성으로 인하여 밀고자의 출현을 기대하기 어려운 것이 그 당시의 사회 분위기였다. 대다수 사람들의 눈에 비친 알 카포네는 정부당국보다 더 강력하고, 보다 더 극단적인 존재였다.

미국 연방대배심은 카포네의 1924년도 소득에 대한 조세회피혐의로 1931년 3월 13일, 기소장을 비밀리에 발부하였다. 1925년부터 1928년 소득에 대한 유사 기소장도 얼마 후 발부되었다. 1931년 8월 18일 알 카포네는 11년간의 연방교도소 징역형, 215,000달러의 세금추징액, 50,000달러의 벌금형 등을 선고받았다. 그는 약 7년 6개월간 복역 후 1939년 11월에 석방되었다. 여생을 갱단세계에 다시 발을 들여놓지 않고 은둔생활로 보내던 중 1947년 1월에 생을 마감하게 된다.

알 카포네(갱단 두목) 사건의 진행과정을 여기서 잠시 살펴보자. 미국 국세청(IRS)은 알 카포네의 연간 총수입(도박, 매춘, 주류 밀매를 통한 불법수입)이 100만 달러 이상일 것으로 추정하였다. 하지만 그 수치를 입증하는 일은 수사당국에게는 매우 어려운 과제였다.

알 카포네 사건수사에서 주목할 인물은 국세청의 특별조사관 윌슨(Wilson)이었다. 형사사건에서 유죄판단의 주요 기준은 합리적 의심이 개입할 여지없이 배심원을 설득시킬 수 있는 증거의 유무이다.

윌슨은 알 카포네의 유죄를 입증할 수 있는 증거를 찾아내는 특수임무를 부여받았다. 그는 수사과정에서 수많은 사람과의 인터뷰, 도청, 불시 현장수색 등을 실시했지만 충분한 증거를 확보하지 못하였다.

거의 희망을 접을 시점에 윌슨은 또 하나의 인물에 주목하게 된다. 다름 아닌 최고의 핵심 증인(목격자), 알 카포네의 도박장에서 일했던 셔웨이(회계책임자)였다. 비유하자면 셔웨이는 정보의 폭포수 같은 인물이었다.

윌슨은 회계책임자에 의해 작성된 도박장의 현금수입장을 찾아냈던 것이다. 결정적 증거물이 된 이 현금수입장에는 도박장의 순이익금액과 알 카포네의 이름이 기록되어 있었다. 그는 알 카포네가 도박조직 갱단의 주된 소유자란 사실 및 그들이 알 카포네에게 넘겨준 금전 규모를 확인해주었다. 또한 알 카포네에 관한 추가 증거를 제공해줄만한 다른 인물들과 단서들에 대해서도 알려주었다.

[알 카포네, 출처: 네이버]

Frank J. Wilson's Secret Service badge

[프랭크 윌슨, 출처: 구글]

[참고] '언터처블'(The Untouchables)과 경리책임자

마피아 소재 영화에는 하나같이 회계(경리)업무를 취급하는 자가 등장한다. '언터처블'(The Untouchables: 1987년 개봉한 미국의 범죄 드라마 영화)의 그 유명한 기차역 계단 총격 장면도 수사관 네스(케빈 코스트너 분)가 알 카포네를 기소하는 데 결정적 증거를 가진 그의 회계(경리)책임자를 호송하는 과정이었다. 흥미로운 사실은 카포네가 시카고 밤의 황제가 되기 전, 볼티모어에서 경리책임자로 일했다는 점이다. 그의 회계(경리)경험은 사업 전반을 장악하는 힘이 됐다고 한다.

(출처: 한국경제, 2013. 10. 30.)

그런데 윌슨이 입수한 증언과 증거는 그 성격상 설득력은 있지만 의심의 여지가 없는 확정적이며 결정적인 증언이나 증거는 아니었다. 그러므로 수사당국이 복잡한 회계 및 세무문제를 배심원에게 어떻게 잘 설명하여 범죄혐의를 입증할 것인가? 이것은 해결해야 할 어려운 과제였다. 법정에서의 관건은 설득력이 있을 뿐 아니라 교차검증을 통과할 수 있는 증거를 제시하는 일이었다. 증거를 밝혀내고, 확보한 증거를 납득시킬 수 있게 제시하는 입증방법이 요구되었다.

이런 문제에 직면한 윌슨 탐정은 소위 순가치법(net worth method: NWM)을 개발하여 알 카포네의 미신고 과세소득액을 산정하고 이를 배심원들에게 제시하게 된다. 순가치법의 근거가 된 전제는 지극히 단순 명료한 것이었다. 즉 가진 것이 없다면 어떻게 소비할 수 있겠는가? 돈이 있으니까 쓸 수 있다는 논리였다. 윌슨의 순가치법 분석표는 제9장 은닉자산 및 탈세소득의 적발전략에서 소개할 것이다.

순가치법은 일종의 연역적 추리법을 적용하는 것이다. 연역적 추리란 기본적 전제(소비현금 대 가용현금)를 통해 어떤 결론(미신고 소득금액의 산정)에 도달하는 방식이다. 연역적 추리와 순가치법은 직관적인 매력이 있고, 이치에 잘 맞고 이해하기 쉬우며, 특정상황에서 그 적용이 용이하다는 이점을 갖고 있다.

알 카포네에게 유죄선고가 내려지도록 한 결정적 공로로 IRS 특별조사관인 윌슨에게는 '20세기 최초의 포렌식 탐정'이라는 칭호가 부여되었으며, 그는 지금도 미국 일반 대중의 가슴속에 여전히 살아있다. 그가 개발한 순가치법은 미국 법정에서 승인을 획득한 최초의 간접입증법이었으며 현재도 미국 국세청(IRS)이나 미국 연방수사국(FBI) 수사요원들이 이 방법을 적용하는 것으로 알려져 있다.

오늘날의 포렌식 탐정들도 윌슨의 경우처럼 사라졌거나 파괴된 정보의 재구성, 단서들을 유추해 내는 작업, 목격자와의 인터뷰, 변호인을 도와서 사건에 대한 이론을 논리적으로 전개하는 업무, 복잡한 개념들을 배심원에게 설명하는 업무 등을 의뢰받는다. 이와 같이 다양한 과제를 수행하기 위해서는 재무분석기법 이외에도 논리, 추론, 직관 등의 지적인 도구를 갖추어야만 한다.

제2절 포렌식 업무의 개요

1. 포렌식 탐정은 어떤 사람인가?

포렌식 탐정(forensic accountant)은 증거의 수집, 분석 및 발견사항의 보고과정에서 범죄심리학 · 회계학 · 재무론 · 통계학 · 관련 법률 · 연구조사방법론 등의 폭넓은 지식을 동원하여야 한다. 화이트칼라 범죄 즉 재무 관련 범죄나 각종 비리사건 등의 조사나 수사에는 이처럼 융합학문적(multi-disciplinary nature of fraud examination) 역량이 요구된다.

다음은 포렌식 탐정이 수행하는 업무 특성을 요약한 것이다.

- 법률 · 회계 · 재무 분야 등의 전문지식을 소송에 활용하며, 흔히 전문가의 진술이나 목격자의 증언을 수반함
- 재무적 사실 또는 진상(facts)을 법적 분쟁상황에 적용함
- 재무적 진상을 비즈니스 문제에 응용하거나 이들의 연관성을 다루며, 이런 업무를 법적 상황에서 수행함
- 직무 관련 비리와 화이트칼라 범죄에 대한 예방 · 적발 · 조사(또는 수사) 및 각종 소송지원 서비스를 수행함

포렌식 탐정의 실무영역은 법정에 출두하여 전문가로서 행하는 진술(witness)이나 증언(testimony: 법정에서 이루어지는 무엇이 사실인지에 대한 공식적 진술)뿐만 아니라, 각종 조사연구 및 수사(investigation)업무로 확장되고 있는 추세이다.

오늘날 기업과 정부 등의 일을 관리하거나 조직화하는 업무 및 규제하는 업무를 수행하는 공공기관의 수는 점점 증가되고 있다. 게다가 이들

기관(예를 들어, 금융감독원, 금융정보분석원, 공정거래위원회)의 권한도 확대됨에 따라 포렌식 탐정 전문인력이 관여할 업무영역도 점차 커지고 있다.

2. 미국 연방수사국(FBI)과 포렌식 탐정

미국 연방수사국(FBI)은 2009년 초부터 조직 내에 표준화된 전문수사지원 직위(직제)를 한 가지 신설하였다. 그 직위의 명칭은 포렌식 탐정(FA: Forensic Accountant)이다. 이들 FBI 특수요원들은 국세청(IRS), 증권거래위원회(SEC), 우편검사국, 상품선물거래위원회(SFTC), 금융범죄검사조직 등에서 파견된 조사요원들과 밀접한 연계 속에서 업무를 수행하는 것으로 알려져 있다. 오늘날 FBI 요원의 약 15%는 회계지식을 갖춘 특수요원들이며, 이들 중 공인회계사(CPA)도 상당수에 이른다고 한다.

포렌식 탐정은 시장을 교란시키거나 국가 경제를 해치는 정교하고도 다중적인 비리사건들을 겨냥한다. FBI가 역점을 두는 13가지 국가안보 우선순위 중, 첫 번째는 화이트칼라 범죄(거짓말, 사기, 절취 등의 행위)이다. 사회적으로 지위가 높거나 존경받아온 전문가, 기업의 고위직 임원, 공무원 중에서 자신의 경제적 이득을 위하여 불법행위를 저지른 사건들이 종종 보도된다. FBI의 수사대상이 되는 주요 화이트칼라 범죄유형은 아래와 같다.

- 자산(불법자금 또는 범죄에 관련된 당사자 재산)의 몰수
- 파산 관련 부정
- 법인조직의 비리(분식회계, 회사내부자의 자전거래, 각종 방해 행위)
- 금융기관 범죄(내부자의 횡령, 수표 관련 범죄)
- 건강보험 관련 부정(허위과다청구, 불필요한 의료행위 및 과잉 의료행위)
- 명의 도용

- 보험 관련 범죄
- 시장조작 범죄
- 대중 마케팅 범죄(전화, 인터넷, 문자메시지 등을 이용한 사기)
- 돈세탁
- 해적행위, 지적재산 절취
- 증권 및 금융상품 관련 범죄(주가조작, 투자자금 횡령, 고객돈 횡령)

[참고] 뉴욕증시 폭락 부른 '플래시 크래시' 범인 5년만에 검거

지난 2010년 뉴욕 증권가를 패닉에 빠뜨린 사상 초유의 주가폭락 사건 '플래시 크래시'(flash crash)의 주범인 나빈더 싱 사라오가 2015년 4월 21일 영국 런던에서 체포됐다. 이로 인해 증권가에서는 금융 사기에 대한 경각심이 높아지고 있다.

플래시 크래시는 2010년 5월 6일 다우지수가 몇 분만에 1000 가까이 폭락해 전 세계 금융시장을 깜짝 놀라게 했던 사건이다. 사라오는 당시 자동 트레이딩 프로그램을 사용해 E-미니 스탠더드앤드푸어스(S&P) 500지수 선물계약에 대규모 매도 주문을 만들어 내는 방식으로 시세를 교란한 것으로 알려졌다.

사건 발생 당일에만 87만 9,000달러(약 9억 5,000만 원)의 이익을 냈으며, 2010년부터 2014년까지 시세 조작으로 총 4,000만 달러를 챙긴 것으로 전해졌다.

일각에서는 평범한 사람이 혼자 힘으로 미국 증권가를 온통 뒤흔들어 놓은 것에 대해 이해할 수 없다는 반응을 보이고 있다. 사건 발생 후 검거까지 5년이란 시간이 걸린 것도 의문을 증폭시키고 있다.

억만장자 투자가이자 미국 프로농구(NBA) 달라스 매버릭스의 구단주인 마크 큐반은 4월 22일 USA투데이와의 인터뷰에서 "이렇게 평범한 한 사람이 단 1초 안에 수십억 달러에 이르는 시장에 영향을 미칠 수 있다니 증시가 어떻게 돌아가는지 모르겠다"면서 "그가 속옷 바람으로 집에 앉아 뉴욕 증시를 조작할 수 있다는 말은 누구든 할 수 있다는 뜻"이라고 걱정했다.

조 살루찌 테미스 트레이딩 공동대표는 사라오가 이제야 검거된 것에 대해 "미심쩍은 구석이 있다"면서 공범이 있을 가능성에 무게를 뒀다. 이어 금융당국에 대해 지금도 어느 누군가가 시장에서 이 같은 일을 벌이지 않고 있다고 어떻게 확신할 수 있는지 의문을 제기했다.

미 연방수사국(FBI)의 진술내용을 보면 미국 규제당국은 지난 2009년 초부터 사라오의 불법 거래행위를 알고 있었다. 시카고상품거래소(CME)는 이 같은 거래행위에 대해 경고를 내렸던 것으로 전해졌다.

또 익명의 내부고발자가 시애틀의 하겐스 버먼이라는 로펌을 통해 미 상품선물거래위원회(CFTC)에 사라오의 행위를 고발했다고 내부고발자를 대변하는 셰인 스티븐슨이 전했다. 다만 그는 고발 시점이 언제였는지는 밝히지 않았다.

하르 캐피탈의 스탠리 하르는 "이 사건은 매도프 사건과 비슷한 점이 있다"면서 "신규 투자자의 돈을 받아 기존 투자자에게 이자나 배당금을 지급하는 형태로 다단계식 금융사기를 벌인 증권 브로커 매도프도 수차례의 주변 경고로 일주일이면 검거될 수 있었으나 몇 년 뒤 사건이 터진 후에나 처리됐다"고 말했다.

매도프 사건은 버나드 매도프 전 나스닥증권거래소 회장이 벌인 500억 달러 규모의 다단계 금융사기 사건이다. 매도프는 고수익을 미끼로 투자자를 유인한 뒤 나중에 투자한 사람의 원금으로 앞 사람의 수익을 지급하는 다단계 사기극(일명 '폰지 사기')을 벌인 혐의로 2008년 12월 13일 미 연방수사국(FBI)에 체포됐다.

(출처: 조선biz, 2015. 04. 23.)

제3절 포렌식 탐정의 업무영역

포렌식 탐정의 업무는 크게 ① 조사연구 또는 수사업무와 ② 소송 또는 분쟁이라는 두 개의 범주로 구분해 볼 수 있다. 첫째, 조사연구 또는 수사업무에는 부정적발, 부정조사, 부정의 억제 내지 예방, 기타 조사연구 활동이 포함된다. 둘째, 소송 또는 분쟁사건에는 전문적인 증언 및 컨설팅이 포함된다.

포렌식 탐정은 수임받은 계약업무에 대해 전문적 서비스를 제한적으로 제공한다. 포렌식 관련 계약업무는 모두 4가지의 공통 단계를 공유한다.

1단계: 수임한 업무를 명확히 규정한다.(업무의 목적 및 범위 설정)
2단계: 찾아낸다.(증거의 수집)
3단계: 분석한다.(증거의 해석)
4단계: 전달한다.(구두 또는 서면으로 결과를 제시)

많은 사람들이 포렌식 업무를 부정(비리)조사라는 용어와 동일시하는 경향이 있다. 그렇지만 미국의 100대 회계법인에서 공통적으로 가장 많이 제공한 포렌식 관련서비스는 기업평가(43%)이고, 그 다음은 부정비리 조사(29%) 및 소송지원(28%) 업무의 순위였다고 한다(AICPA 2011, Forensic and Valuation Services Trend Survey 참조). 그러나 국내 회계법인의 관련 데이터는 아직 발표된 적이 없다.

1. 기업평가의 개요

공개기업의 가치는 주식의 가치(주가)로 평가할 수 있지만 비공개기업의 가치는 어떻게 평가할 것인가? 기업평가(business valuation)의 필요성은 다음 세 가지 상황에서 주로 발생된다.

- 소송(이해당사자 간의 분쟁, 피해금액 산정, 파산, 이혼 등)
- 거래(매매약정, 인수합병 등)
- 세금(증여, 상속 등)

기업평가이론의 핵심은 화폐의 시간가치이다. 여기서 미래수익의 예상현금흐름, 적절한 할인율 및 자본화율 등이 고려될 것이다.

2. 다섯 가지 기업평가 절차

- 의뢰받은 평가업무를 명확히 함
- 필요한 정보의 수집
- 수집된 정보의 분석
- 기업가치의 추정
- 평가보고서 작성

미국 회계법인 내의 포렌식 탐정팀에서 수행하는 업무 중 기업평가 업무가 가장 높은 비중을 차지하는 것으로 알려져 있다. 그렇다고 모든 포렌식 탐정이 부정비리 조사자로서의 역할과 같은 기업평가 업무를 수행할 수 있는 것은 아니다. 기업평가 업무를 수행하려면 전문지식을 구비해야만 하기 때문이다. 이 분야에 대한 반복적인 실무경험 및 높은 수준의 교육 · 훈련을 이수한 자만이 이 업무를 수행할 수 있다.

3. 조사연구 또는 수사업무

포렌식 탐정의 조사연구 또는 수사업무(investigative service)란 범죄, 사건, 과학적 문제 등에 대한 원인(또는 진실)을 밝히는 공식적인 시도를 의미한다. 이러한 조사과정에서는 체계적인 질문 및 심층 연구(research)가 진행된다.

이와 같은 연구는 의문사항이나 현안 문제에 대한 정보를 분석 · 해석하여, 그 해결책을 찾아가는 체계적 프로세스로 구성된다. 이런 연구 활동을 통해 비판적 사고 · 논리적 추론 능력의 향상, 실수의 감소 및 의사결정의 질을 높일 수 있다. 즉 보다 이성적이고 변호(방어)가능성이 높은 의견을 제시할 수 있게 된다.

(1) 부정비리 적발

부정(비리) 적발이란 부정을 찾아내는 활동을 의미한다. 이러한 활동에는 내부통제의 검토, 통계분석, 재무제표 분석 및 익명의 보고채널(예를 들어, 핫라인) 등 다양한 전략이 포함된다.

부정 및 오류를 식별 · 확인할 목적으로 적발절차를 설계하는 시점은 부정이나 오류가 발생한 이후(after)이다. 그 발생 이전(before)에 미리 발생의 억제를 위한 제반조치는 부정(비리)의 억제(예방)절차에 해당된다.

그런데 실제로 부정이 어떻게 밝혀져 세상에 드러나게 되는가? 지금까지 부정부패 관련 연구조사들은 부정적발에 기여하는 가장 흔한 원천으로 밀고(귀띔)를 제시하고 있다. 그래서 보고채널의 필요성이 크게 부각되고 있는 것이다. 밀고에 관련된 국내 자료가 미비한 상태라 미국의 예를 아래에 소개한다.

2012년 미국의 공인부패조사자협회(ACFE)의 발표에 의하면, 법인조직의 비리 중 43.3%는 귀띔으로 적발되었다고 한다. 그리고 귀띔 제공자의 분포는 종업원(고용인)에서 50.9%, 고객에서 22.1%, 익명의 원천에서 12.4%, 공급업체로부터 9%로 나타났다. 부정적발의 두 번째 원천은 경영진의 검토활동(14.6%)이다. 이는 내부감사인 활동(14.4%)을 통해 또는 우연히 발견(7%)되기도 한다. 외부감사인의 감사를 통해 적발되는 비중은 3.3%에 불과하다고 한다. 이 수치는 비록 외부감사인들이 부정 억제에 중요한 역할을 수행한다고 하여도 부정비리의 적발을 외부감사인들에게만 의존할 수는 없음을 시사해준다.

(2) 부정비리의 조사 또는 검사

범죄관련 징후나 증거가 나타나면 포렌식 탐정은 사후적으로 거기에 대응하여 부정비리 조사(검사)업무를 실시한다. 부정비리 조사의 주목적은 범죄의 주체, 범죄수법, 범행시점과 기간, 절도 금액의 크기, 범행에 연루된 그 외의 사람들, 이 다섯 가지 요소를 확인하는 것이다. 범행동기도 부정의 전체적인 모습을 이해하는 데 중요하지만, 이는 즉시 해결해야 할 과제는 아니다.

포렌식 탐정은 추정되는 부정행위에 대해 체계적 · 과학적 접근법으로 이를 적발, 분석 및 확정한다. 검사는 점진적 프로세스로 이루어진다. 왜냐하면 새로운 증거의 수집 · 평가에 따라 업무의 수정이 이루어지기 때문이다.

포렌식 탐정은 처음부터 끝까지 검사업무 전체 혹은 일부분을 수행하게 된다. 어느 경우이든, 다른 이해관계자들(법률자문, 기업 보안책임자, 내부 및 외부감사인, 회사 경영진)과 공동으로 조사업무를 진행하기도 한다.

(3) 부정비리의 억제 내지 예방

부정 억제(사전적 대처전략)는 부정의 적발 및 검사(발생한 범죄에 대한 사후적 대응전략)와는 전략적 관점에서 차이가 있다. 여기에는 장 · 단기적 주도전략이 포함된다.

단기적 전략의 예로 임직원의 채용실무, 내부통제 및 성과모니터링에 대한 평가 등을 들 수 있다. 장기적인 전략의 예로 대표이사(CEO)가 설정하는 조직문화와 조직분위기에 관련된 것을 들 수 있다. 부정비리의 발생억제를 위한 합리적 출발점은 원만한 종업원 관계에서 시작하기 때문이다.

종업원에 대한 선제적 인사정책은 채용 전 예비심사, 채용 후 훈련, 종업원에 대한 모니터링, 부정비리는 내부통제 및 외부감사를 통해 언제든지 발각된다는 인식, 조직문화 등을 예로 들 수 있다.

범죄자가 채용되지 않도록 하는 정책과는 별개로, 부정 억제의 아주 효과적인 수단은 부정행위자는 반드시 적발될 것이며, 지체 없이 적절한 처벌을 받게 된다는 인식을 조직 내 구성원에게 확산시키는 것이다.

(4) 기타의 조사연구 활동

포렌식 탐정은 부정비리와 무관한 조사업무를 수행하는 경우도 많다. 예컨대 밀고자가 몰래 알려준 불평불만사항이나 재무적 생존가능성 문제를 예로 들 수 있다.

조직 내 비리행위를 누군가(주로 종업원)가 폭로하는 경우, 그 주장이 중요하거나(예를 들어, 임원이 개입된 비리) 외형적 독립성이 중요하다면 조직은 포렌식 탐정팀에 그 조사를 의뢰할 수 있다.

또한 재무적 생존가능성 연구란 재무 및 경영 관리 측면에서 조직의 존속가능성(고객, 투자자, 납품업체의 우려사항)을 장 · 단기적으로 평가하는 것, 보험금 청구의 타당성을 평가하는 일 등을 의미한다.

4. 소송(litigation) 또는 분쟁(dispute) 관련 서비스

소송만이 이해당사자들 간의 분쟁을 해결하는 유일한 수단은 아니다. 소송 이외의 해결책 중 복잡하거나 기술적인 문제분야에서 가장 널리 이용되는 프로세스로 중재(arbitration)와 조정(mediation)을 들 수 있다. 중재나 조정은 소송에 비하여 프라이버시 보호나 시간 및 비용 면에서 더 유리하다. 포렌식 탐정은 소송 이외의 해결책 중 중재와 조정절차에도 참여할 수 있다.

포렌식 탐정팀에서 제공하는 소송 또는 분쟁 관련 서비스는 잠재적인 분쟁, 현재 진행 중인 민·형사 소송, 정부규제당국의 잠재적 또는 실제적 처분행위 등에 관한 것이다. 이러한 서비스를 전문적인 증언(인증)과 컨설팅(비인증)의 두 가지로 나누어 살펴보자.

먼저 전문적인 증언에 관해 살펴보면, 증인은 입수한 모든 증거를 법정에서 제시한다. 증인은 사실에 대한 증언을 하는 자(사실증인)와 전문가로서 증언하는 자(전문가 증인), 두 유형으로 구분될 수 있다.

사실증인은 소송에 관련된 사람이나 이슈에 대하여 직접 입수한 지식으로 그 진상을 입증하는 사람이다. 전문가 증인은 과학적·기술적·전문적인 지식을 가지고 배심원이나 판사가 증거를 보다 잘 이해할 수 있게 돕거나 또는 현안에 대한 진상을 결정하는 일을 지원해준다. 전문가 증인은 자신의 의견을 제시한다는 점에서 사실증인과 다르다. 포렌식 탐정은 법정에서 객관적·독립적 의견을 제시해 줄 의무가 있다.

다음으로 컨설팅에 대해 살펴보면, 변호인이 포렌식 탐정에게 법정에서 컨설팅전문가 역할을 하도록 의뢰할 수 있다. 입증업무를 수행하는 전문가 역할과는 다르게, 이때 컨설턴트는 변호사의 의뢰고객에 대한 변호활동을 지원하는 역할을 한다. 전문증언을 하는 활동을 제외하면, 컨설팅전문가는 입증전문가로서의 업무와 동일한 업무를 수행하는 경우가 많다. 컨설팅전문가는 사건의 일부 국면(예를 들어, 핵심 논쟁의 전개과정)에만 참여할 수 있을 것이다.

제4절 포렌식 감사인과 외부감사인의 구분

외부감사, 회계감사 및 재무제표 감사는 유사한 용어로 사용된다. 회계법인 소속의 외부감사인, 즉 공인회계사(CPA)는 감사계약체결을 한 의뢰회사의 내부통제제도 평가, 거래 및 계정잔액 테스트를 통하여 거래가 적절한 회계기간에 기록 · 보고되고 있는지를 확인한다.

외부감사의 목적은 조직의 재무제표에 대하여, 전체적으로 특정일 현재의 재무상태와 특정기간 동안의 재무성과 및 현금흐름을 회계기준(한국채택국제회계기준, 일반기업회계기준, 중소기업회계기준)에 따라 중요성의 관점에서 공정하게 표시하고 있는지에 대한 의견을 표명하는 것이다. 외부감사인의 적정의견은 그 재무제표에 대한 신뢰성을 높여준다.

반면에 포렌식 감사인은 부정비리 적발과 부정비리 조사업무에 특화된 포렌식 탐정을 말한다. 포렌식 감사인과 외부감사인은 그 역할과 관점 등 여러 면에서 다음과 같은 차이를 보인다.

〈회계감사의 목적〉

감사는 감사대상 재무제표가 회사의 재무상태와 경영성과 및 기타 재무정보를 일반적으로 인정된 회계처리기준에 따라 중요성의 관점에서 적정하게 표시하고 있는지에 대하여 감사인이 독립적으로 의견을 표명함으로써 재무제표의 신뢰성을 높이고 재무제표 이용자가 회사에 관하여 올바른 판단을 할 수 있도록 함을 목적으로 한다.

우선, 포렌식 감사인은 각 계약별로 특정한 문제 및 이슈를 처리하며, 이러한 업무는 비정기적으로 실시된다. 따라서 주식회사의 외부감사에 관한 법률에 의거 매년 반복적으로 감사업무가 실시되는 외부감사인의 재무제표 감사와는 업무수행 시기 면에서 차이가 있다.

감사의 목적도, 포렌식 감사의 목적은 개별 계약업무별로 규정되어 있는 반면, 외부감사의 목적은 의도된 이용자의 재무제표에 대한 신뢰수준을 향상시키는 데 있다는 점에서 구분된다.

증거수집방법에서도 차이점이 발견된다. 포렌식 감사인은 재무적 · 비재무적 자료내역의 검토, 공공기관에서 수집된 자료의 검색, 인터뷰 및 관찰을 수행한다. 외부감사인은 질문, 관찰, 문서 및 실물의 검사, 조회, 계산검증, 재수행 등의 방법을 활용한다.

또한 외부감사인은 충분하고 적합한 감사증거를 입수하여 감사위험을 수용가능한 낮은 수준으로 감소시켰을 때 합리적 확신(reasonable assurance)을 얻는다. 이때 증거의 충분성 기준은 합리적 확신이며 이것은 상당히 높은 수준이긴 하지만, 절대적 수준은 아니다. 그러나 포렌식 감사인은 도출된 결론 및 의견을 지지해줄 사실(fact)을 찾아내서 입증하기만 하면 된다.

〈합리적인 확신〉

회계감사인은 감사기준에 따른 감사를 실시함에 있어서, 재무제표에 전반적으로 중요한 왜곡표시가 없다는 합리적인 확신을 줄 수 있도록 설계하여야 한다. 감사인이 재무제표에 전반적으로 중요한 왜곡표시가 없다는 결론을 내리는 데 필요한 감사증거의 축적과 관련된 개념이 합리적인 확신이다. 합리적인 확신은 전체 감사과정에 관련되어 있다.

그러나 회계감사에는 중요한 왜곡표시를 발견하기 위한 감사인의 능력에 영향을 미치는 고유한계가 있다. 외부감사 시 고유한계를 초래하는 요인의 예는 다음과 같다.

• 표본감사(audit sampling)방법을 사용한다는 사실
• 내부통제제도 자체에 내재된 고유한계(예를 들어, 공모가능성)
• 대부분의 감사증거가 결론적이라기보다는 설득적이라는 사실

〈회계감사의 고유한계〉

재무제표에 대한 감사인의 의견이 회사의 재무상태 또는 경영성과의 양호 여부를 평가하거나 장래 전망을 보장할 수는 없다. 재무제표에 대한 감사인의 의견은 합리적 확신 개념에 기초하고 있으므로, 부정이나 오류에 의한 중요한 왜곡표시가 감사과정에서 적발될 것임을 감사인이 보장하지는 못한다. 따라서 부정이나 오류에 의한 재무제표의 중요한 왜곡표시가 사후적으로 발견되었다는 사실이 곧 다음을 의미하지는 않는다.

(1) 합리적 확신을 얻지 못함
(2) 감사계획의 수립, 감사업무의 수행 및 판단에 있어서의 부적절성
(3) 전문가로서의 적격성이나 정당한 주의의무의 결여
(4) 감사기준의 미준수

감사인이 감사를 수행함에 있어 감사기준을 준수하였는지 여부는 주어진 환경하에서 수행된 감사절차가 적절하였으며 감사보고서는 그러한 감사절차의 결과에 근거하여 적합한지에 따라 결정된다. 감사인은 감사를 위하여 회사로부터 열람 등사 제출받은 회계에 관한 장부, 서류, 자료 등의 문서가 진실하다고 신뢰한다. 따라서 회사의 임직원에 의한 내부공모, 위조 또는 변조 등 문서의 허위성 여부에 대한 조사 판단은 재무제표 감사의 범위가 아니다.

이 외에도 외부감사(재무제표 감사)보고서의 이용자는 피감사회사(client) 및 그 회사의 투자자 · 채권자 등 다수의 이해관계자로 구성되는 반면, 포렌식 감사보고서의 이용자는 계약당사자에 국한된다는 점에서 차

이가 있다.

끝으로 조사대상에서도 구분된다. 일반적으로 재무제표 감사는 발생된 모든 회계거래를 전수조사하는 대신에 일부를 표본추출(sampling)하여 검사한다. 따라서 장부조작법을 알고 있는 임직원이 이런 시스템을 개인적 이익을 위하여 악용할 수 있을 것이다. 반면에 포렌식 감사인은 특정한 장부기록을 자세히 들여다보고, 사실이 아니거나 이치에 맞지 않거나 또는 앞뒤가 안 맞는 부분을 찾아내 그 이유를 확인하려 한다. 그래서 재무제표 감사에 비하여 더 많은 시간과 비용의 투입을 필요로 한다.

이러한 차이 때문에, 회계감사도 내부통제에 의존하는 종래의 방식보다는 포렌식 기법을 채택하여 거래내역을 상세하게 테스트하는 것이 바람직하다는 견해도 있다.

1. 포렌식 감사의 특징

포렌식 감사의 특징은 다음 다섯 가지로 나누어 볼 수 있다.

- 중요성을 기초로 한 감사범위의 제한은 없다.
- 표본추출기법을 이용한 증거를 채택하지 않는다.
- 경영진이 성실하다고 가정하지 않는다.
- 법적으로 최선의 증거를 입수한다.
- 증거의 요건기준(충분성과 적합성)과 법정에서의 증거원칙을 함께 충족시킨다.

2. 포렌식 감사에 적용될 수 있는 추가적 절차들

포렌식 감사에 적용될 수 있는 추가적 절차들은 다음과 같다.

- 인터뷰기법 및 기타 보강 기법을 확대 적용함. 가설을 입증 또는 기각하는 데 필요한 충분한 증거를 이끌어내기 위함
- 문서의 진본확인 및 필적 분석 등 문서검사절차의 확대
- 공공기관(예를 들어, 구청, 등기법원) 보유의 중요 기록에 대한 검색(예를 들어, 예상치 못한 부동산 소유권, 제2의 주소, 개인의 과거 기록 등)
- 증거에 관련된 법률지식[증거의 무결성 확보, 전문증거(hearsay evidence)의 증거능력 유무 등]

제5절 포렌식 감사의 기능과 요건

포렌식 탐정은 상거래상의 부정을 예방 · 조사 · 적발하도록 돕는 환경을 조성해줌으로써 포렌식 감사업무를 수행할 수 있다.

1. 포렌식 감사인을 필요로 하는 부문

기업에서는 공식적인 회계시스템, 즉 전표와 장부, 부속명세서 그리고 재무제표는 물론이고, 그 외에 정상적인 회계장부와 재무제표에 기록하지 않은 회계자료의 흐름을 찾아낼 목적으로 포렌식 감사가 종종 실시된다. 정상적인 회계시스템을 이탈한 장부 외 거래(off-book accounting)의 경우 본질적으로 부정이 개입될 가능성이 크기 때문이다.

재무제표 감사와 업무감사는 긴 역사를 가지고 있다. 포렌식 감사는 상대적으로 새로운 분야다. 미국의 경우 포렌식 감사는 20세기에 들어와서 시작되었으며 주로 연방법, 형사법, 비즈니스 관련 규제법들의 출현과 함께 시작되었다. 셔먼 반트러스트법(1890), 내국세법(Internal Revenue Tax Act, 1913), 1934년의 증권법, 노동자-경영자 보고 및 공시법, 복지-연금기금법, 근로자 퇴직급여보장법, 해외부정거래방지법(Foreign Corrupt Practices Act: FCPA, 1977) 등이 포렌식 감사의 성장에 기여하였다.

한국의 포렌식 감사 분야도 사회적 수요증대에 부응하여 점진적 성장 추이를 보이고 있다. 공개기업에서 발생되는 부정비리의 증가, 정부계약 및 정부보조금의 낭비와 남용, 화이트칼라 범죄에 대한 사회일반의 우려 증가에 따라 이들을 규제하는 법규들도 점차 정교해지고 있다. 이에 따라 포렌식 감사의 중요성도 부각되고 있다.

[참고] 국고보조금을 노리는 도둑들이 있다

이 순간에도 나라 곳간을 노리는 도둑이 있다. 이들은 최첨단 장비로 한국은행 금고를 노리는 것이 아니다. 어린이집 보육교사를 허위로 등재하고, 실제 경작자가 아닌데도 쌀 직불금을 신청하며, 문화재 보수비용을 과다 청구하고, 비수익 버스 노선 적자액을 부풀려 나라 돈을 훔쳤다. 바로 국고보조금을 노리는 도둑 이야기이다.

국고보조금이란 정부가 민간 및 지자체의 사업을 지원하기 위해 무상으로 교부하는 재원을 뜻한다. 2006년에는 30조 원 규모였던 국고보조금은 올해 58조 4,000억 원으로 늘렸으며 국가예산 375조 원의 15.6%에 달한다. 올해 교육예산이 53조 원, 국방예산이 37조 원 규모인 데 비하면 엄청난 예산이 국고보조금으로 쓰이고 있는 것이다.

그에 비해 국고보조금 운용은 어떠했는가? 그간 국고보조금은 '눈먼 돈'이라는 인식이 저변에 깔리면서 먼저 먹는 사람이 임자라는 말까지 나돌 정도로 관리가 방만하다는 국민들의 비판이 많았다. 올해 국고보조사업 평가 결과에 따르면, '정상추진' 판정을 받은 사업 비율이 51%에 불과했고, 지난 해에만 국고보조금 부정수급 사범 5,000여 명이 적발돼 253명이 구속됐으며, 그들의 부정수급액이 3,000억 원 정도였으니, 틀린 지적만은 아닐 것이다. 국고보조금 부정수급은 국가 재정 운용의 비효율성을 증가시키고 수급자 간 형평성 저해로 국가에 대한 국민의 신뢰 상실 등의 문제를 일으킨다.

정부는 신규 국고보조사업에 대해 효과성 · 정책성을 평가하는 '적격성 심사제'를 도입하는 한편 최대 3년의 존속기간을 설정하고 3년 뒤에는 사업이 자동 폐기되도록 하는 일몰제를 도입하고, 보조금 부정수급자에 대해 형사처벌을 강화하는 것 외에 최대 5배까지 제재부가금을 부과하는 것을 골자로 한 '보조금관리에 관한 법률' 개정안을 확정하는 등 보조금 개혁에 대한 의지를 나타냈다.

경남경찰청(김주수 수사과장)에서는 국고보조금 부정수급 사범 척결을 최우선 과제로 선정해 지능범죄수사대 전담 인력을 대폭 보강하는 등 단속에 나서고 있다. 최근에는 복지시설 입소자 도시락 부식 납품서를 위조해 1억 8,000여 만 원을 부정수급받은 모 사회복지재단 이사장을 구속한 것을 비롯, 올해에만 부정수급 사범 145명을 검거했다.

이제 보조금의 주인인 국민들이 감시에 나서야 할 차례이다. 누군가 내 주머니의 돈을 훔쳐가려 할 때, 그것을 보고만 있을 사람이 없는 것처럼 우리 국민들도 국고보조금 혜택이 꼭 필요로 하는 시기에 필요한 곳에 쓰이고 있는지, 혹시 부정수급을 노리는 사람이 있는지 눈에 불을 켠 감시자가 돼야 할 것이다. 국고보조금은 내가 내는 세금이기 때문이다.

(출처: 경남신문, 2015. 09. 08.)

포렌식 감사인의 자격요건은 단순히 새로운 정부규제를 준수하는 데 국한되지 않는다. 민간부문의 포렌식(부정적발) 감사기술도 대부분의 금융범죄조사에 유용하다.

금융범죄의 유형에는 횡령, 재무적 사실의 왜곡, 이득을 노린 방화, 파산 관련 부정, 투자부정, 은행부정, 리베이트와 상거래부정, 컴퓨터부정, 전자자금이체시스템(EFT)부정, 신용카드범죄, 납품업체 · 공급업자 · 계약자 · 고객에 의한 사기 및 기만행위 등이 있다.

미국에서 최대의 포렌식 감사인 집단은 국세청(IRS), 연방수사국(FBI), 감사원(GAO), 증권거래위원회(SEC)와 같은 연방정부의 감사 및 수사기관들이다. 주정부 및 지방단위의 경찰조직은 자체적으로 동원할 수 있는 감사자원이 거의 없으므로, 화이트칼라 범죄 등에 대한 이들의 수사능력은 한계가 있다.

우리나라의 경우 회계법인과 기업의 내부감사인들 중 별도 훈련을 받아 실전경험을 축적하고 있는 포렌식 전문감사인은 상대적으로 소수이다. 민간부문 및 공공부문의 경계 양쪽에서 포렌식 감사의 필요성이 존재한다.

2. 포렌식 감사인이 갖추어야 할 지식 및 역량

포렌식 감사인은 부정비리에 대한 다음의 여러 관점을 숙지해야 한다.

- 인간적 및 개인적인 면
- 조직, 문화 및 동기부여
- 경제적인 면, 경쟁적인 면
- 사회적인 면
- 규제하는 법규, 증거의 특성(그러한 부정을 식별 · 적발 · 문서화하는 법규)
- 회계, 감사 및 내부통제(회계장부와 재무제표에 부정이 발생할 가능성이 가장 높은 시기 · 장소 · 방법)

포렌식 감사인은 다음과 같은 직무능력을 구비해야 한다.

- 내부통제제도를 검토한다.
- 내부통제상의 취약점과 강점을 평가한다.
- 확인된 내부통제상의 취약점을 토대로 잠재적 부정의 시나리오를 만들어본다.
- 계정잔액들 중 의문이 나거나 예외적인 사항이 있는지를 확인한다.
- 의문사항이나 예외사항의 거래를 확인한다.
  - 수치가 지나치게 높거나 낮거나, 발생 빈도가 지나치게 빈번한 혹은 그 반대, 너무 많거나 너무 작은 것, 시간과 장소, 사람이 부자연스럽거나 수상한 것
  - 기입(記入)과정에서 생긴 단순한 인적 오류와 누락 및 부정한 기입(반복적인 소규모 오류 같은 의도적인 오류, 비의도적인 무작위 오류 및 무지)
- 거래를 뒷받침해주는 문서의 흐름을 추적한다.
- 어떤 계정으로 자금이 유출 · 유입되는 과정을 추적한다.
- 의심스러운 거래에 관련된 기초문서를 추적한다.
- 부풀려진 금액, 위조, 가짜대금청구, 데이터 파괴, 계정분류의 오류, 일련번호 · 수량 · 단가 · 곱셈 · 합산의 오류, 원 문서를 사본으로 대체한 것 등 특이한 문서를 검토한다.
- 자산 손실, 허위거래에 대한 증거 및 재무제표를 뒷받침해 줄 증거를 입수 · 보관한다.
- 민사 · 형사상의 청구 혹은 보험청구 사건에 관련된 비리손실 금액을 기록 · 보고한다.
- 경영, 관리 및 조직 정책, 절차 및 관행을 숙지한다.
- 조직의 분위기를 동기부여 및 윤리 측면에서 테스트한다.

범죄수사관의 기술은 어떤 면에서는 감사인의 전문가적 기술과 유사하다고 할 수 있다. 감사인 및 탐정(수사관)은 둘 다 진실을 규명한다. 감사인은 기업 거래의 회계처리가 적정한지를 확인하고, 탐정은 시민들의

행위가 법적으로 적절한지를 확인한다. 양쪽 모두 호기심(탐구심)을 가져야 하며 무질서, 순서의 깨짐, 시간 · 장소 및 사람의 행동이 부자연스러운 것 등을 조사해야 한다. 어떤 경우에는 논리적으로 기대할 수 있는 것과 반대인 것들이 조사대상이 되기도 한다.

수사상의 직관(直觀), 즉 경험, 습득된 기술, 교육, 훈련, 지식으로부터 나온 판단으로 조사 대상을 정하는 경우도 있다. 아무도 태어날 때부터 이러한 직관을 갖고 나오지는 않는다. 직관은 주로 시행착오를 통하여 습득된다. 이는 어떤 공식이 아니기에, 사실상 누구에게 가르칠 수도 없는 것이다. 그렇지만 학습(學習)은 가능하다.

경험이 부족한 아마추어에게서 드러나는 육감(六感)은 별 가치가 없다. 반면에 훈련된 수사관들은 경험 · 지식 · 훈련에 기초하기 때문에 이들의 육감은 훨씬 가치가 높다.

감사인이 회계장부에서 우연히 부정을 발견했다고 말하는 경우, 그것은 우연이 아닌 것, 즉 훈련된 눈과 귀가 사실을 분간한 것일 수 있다. 탐정(수사관)도 수사상의 통찰력을 우연 혹은 행운에 돌리는 경우가 있다. 그러나 사건에 대한 그들의 획기적 파악능력은 단순히 우연하게 나오는 것이 아니라 현안 문제에 대한 그들의 집중적인 노력의 결과에서 비롯된 것이다. 그러한 통찰력은 불가사의하거나 우연히 발생하는 것이라고 볼 수 없다.

그래서 수사관들이 범죄자를 찾아내고 감사인들이 부정비리를 밝혀내는 것은 대개의 경우 단순한 운 때문이 아니라 노하우(know-how)에 기인된 것이다. 이럴 경우 우리는 수사관들과 감사인들의 거짓 겸손을 반박하고 싶을지 모르겠다. 그런데 유감스럽게도 모든 수사관과 감사인이 이러한 기술을 갖고 있는 것은 아니다.

수사관의 태도나 사고방식은 연령, 훈련, 자기수양, 경험 및 성숙된 환경 등에 의해 영향을 받을 수 있다. 성숙된 환경이란 다음 두 가지이다.

① 사회적 가치, 지배적인 도덕 · 윤리기준 등의 여건
② 범행 가능성이 높은 개인의 정신 상태와 동기

비록 범죄의 동기가 유죄입증의 필수적 요소는 아니지만, 실제 범인이 누군지 알려지지 않은 경우 동기는 혐의자일 가능성이 높은 자를 식별해 내는 경향이 있다. 그러므로 동기(動機)는 수사관과 감사인에게 중요하다.

동기는 또한 누가 무엇을, 어디서, 어떻게 및 범행의 이유 등 사건에 대한 이론을 전개하는 데 도움이 된다. 그것은 범인의 색출범위를 좁힐 수 있으며 실질적으로 범죄의 재구성을 돕는다. 일반론적으로 볼 때 동기는 네 가지 주요 범주로 나눌 수 있다.

① 정신병적인 동기
② 경제적 동기
③ 이기적 동기
④ 이데올로기적 동기

정신병적인 동기에 의거하여 행해진 범죄의 경우 형사소추가 성공적으로 이루어지는 경우는 드물다. 특히 정신 이상상태에서 범행이 이루어졌으므로 죄가 없다는 탄원서가 제출되는 경우에 그렇다.

그 외 세 가지 중 가장 흔한 것은 경제적 동기이다. 대다수의 개인은 돈이나 부를 원하거나 필요로 하기 때문이다. 이기적인 동기란 개인이 보다 높은 명예, 보다 많은 인정, 보다 높은 사회적 신분상의 지위 혹은 승진을 원함을 의미한다. 이데올로기적인 동기란 개인이 자신의 대의명분

혹은 가치가 도덕적으로 희생자의 그것보다 우월하다고 느끼거나 혹은 자신이 희생자로부터 착취 · 이용 · 차별당한다는 느낌을 의미한다.

동기는 다른 관점에서도 살펴볼 수 있다. 즉 일련의 감정 정서가 동기에 작용할 수 있다. 질투심, 보복, 악의, 분노, 욕심, 미움, 증오, 조롱에 대한 두려움, 뽐냄, 거절, 궁핍, 병, 고통, 실패, 손실 및 심지어 불확실성 등의 심리가 동기와 관련될 수 있다.

분명한 사실은 유능한 수사관은 인간 및 인간의 동기를 알아야 한다는 것이다. 즉 그들의 필요사항, 원하는 것, 요구, 희망, 그들의 가치, 신념 및 태도, 개인적 특이성 등에 대해 알아야 한다.

포렌식 전문감사인이 되려는 자는 이처럼 인간에 대한 공부를 해야 한다. 이들은 범인과 목격자의 식별방법 및 위치의 확인 방법을 알고 그들과 인터뷰하는 방식, 정보와 증거의 입수 분류 · 보관 · 방법, 그것의 가치, 비중 및 중요도를 평가하는 방법을 숙지해야 한다.

3. 포렌식 감사의 12가지 특성

여기서는 포렌식 감사의 특성을 12가지로 제시하고자 한다.

① 포렌식 감사는 재무제표 감사와는 다르다. 그것은 일종의 방법론이기보다는 부정에 대한 반응준비(경향) 혹은 마음의 자세가 중요시되는 분야다.

② 포렌식 감사인은 재무제표 감사인과는 다르다. 포렌식 감사인은 예외적인 것, 어색한 것, 회계상의 불규칙성, 행동 패턴, 오류와 누락이 아닌 것에 중점을 둔다.

③ 포렌식 감사인은 주로 감사교재나 전년도 감사조서가 아닌 경험을 통하여 학습한다. 포렌식 감사인에게는 도둑처럼 생각하는 연습이 필요하다.

④ 회계감사의 관점에서 보면 부정은 의도적으로 중요한 재무적 사항의 왜곡표시를 말한다. 포렌식 감사의 관점에서 보면 부정은 재무적 사항의 의도적인 왜곡표시를 말한다.

⑤ 부정은 경제적인, 정신병적인, 이기적인 및 이데올로기적인 이유로 일어난다. 네 가지 중 경제적인 이유가 주를 이룬다.

⑥ 부정은 동기 · 기회 · 부정의 효익을 둘러싼 이론을 포괄하는 경향이 있다.

⑦ 전산화된 환경에서 부정은 입력 · 처리 · 출력의 어느 과정에서도 일어날 수 있으며 입력과정에서의 부정이 가장 일반적이다.

⑧ 하급직원의 부정 중 가장 흔한 것은 지급부문(미지급금, 급여 및 수입 및 비용 청구 등)에 관련되어 있다.

⑨ 상급관리자의 부정 중 가장 흔한 것은 이익 유연화(비용의 이연, 매출의 조기 인식, 재고자산의 과대계상 등)이다.

⑩ 회계 관련 부정은 느슨한 내부통제보다는 통제의 부재에 주로 기인한다. 부정의 예방은 적절한 통제와 개인의 정직성과 공정한 거래에 대해 높은 가치를 부여하는 근무환경으로 실현 가능하다.

⑪ 부정사건의 발생 건수가 증가하는 건 아니지만, 부정으로 인한 손실금액은 그 규모가 점차 증가하고 있다.

⑫ 분식회계는 재무제표 감사의 목표나 기획에 의하기보다는 오히려 우연히 발견되는 경우가 흔하다. 즉 외부감사를 통해 분식회계가 밝혀지는 경우는 드물다.

4. 포렌식 감사인의 마인드

포렌식 감사인과 탐정은 사색가(思索家)형에 가깝다. 이들은 객관성을 요하는 상황을 자신의 입장에서 다룬다는 의미에서 사색가라고 할 수 있다. 또한 포렌식 감사인과 탐정은 직관적인 경향을 보인다. 최소량의 정보를 이용해서 생소하고 다양한 문제를 해결한다는 점에서 그렇다.

재무제표에 대한 계속감사는 포렌식 감사인이 일상적으로 마시는 차와는 다를 것이다. 증거가 희박하거나 파괴된 경우, 때로는 아예 없는 경우, 포렌식 감사인은 육감을 가동시켜 사실에 대한 이론을 구축할 수 있을 것이다.

이들은 비언어적 단서에 민감하며, 문제 해결에 동시적인 반응을 보이며, 해결될 때까지 다양한 접근방법으로 문제를 재정의, 재구성할 수 있다. 이들은 틀에 박힌 정형적 감사프로그램보다는 자신의 업무에서 발휘하는 창의성에 많이 의존한다.

직관은 전문가의 판단의 일종으로 정의할 수 있을 것이다. 이것은 생각의 질 및 행동방식으로, 주로 개인적 경험에서 나온다. 교육과 훈련으로 직관을 어느 정도 개발할 수 있지만, 전적으로 그렇지는 않다. 부정비리에 대한 감사는 공식적이고 분석적 방법론보다 직관적인 프로세스에 의존하는 경우가 많으니, 학문이라기보다는 기술에 가깝다고 할 수 있다. 따라서 이것을 가르치기는 어렵다.

직관을 개발하는 기법으로는, 도둑처럼 생각하기, 취약점 찾기와 같이 마음을 사용하는 것과 직관적 경험을 들 수 있다. 그렇다고 이러한 기법을 마스터할 수는 없으므로 불굴의 끈기, 인내심, 심적인 태도(경향성)로 이를 습득해야 한다.

포렌식 감사인은 아무런 단서도 없고, 증거의 흔적이 너무나 희미해서 연관성을 찾기 힘든 사건에 대해서도 관련 정보를 탐색하여 어떤 의미 있는 형태로 편성하고, 어떤 패턴(pattern)을 찾아내야 한다.

이때 찾아낼 패턴들은 예외사항 및 무언가 어색한 것들이다. 즉 수치가 너무 크거나, 너무 작거나, 발생 빈도가 지나치게 잦거나, 너무 높거나, 너무 낮거나, 지나치게 많거나, 시간, 장소, 사람의 행동이 부자연스러운 경우 등이 여기에 속한다. 어떤 의미에서는 일상적인 것보다는 비일상적인 것을 찾아내는 방법이다.

포렌식 감사인은 한 거래의 이면으로 들어가서 이 한 가지 거래로부터 수반된 것이 무엇이며, 그렇게 된 원인이 무엇인지를 재구성해야 한다. 만약 의심스러운 거래의 전후에 발생한 데이터의 입수가 가능한 경우라면, 부정에 대한 보다 완벽한 평가를 할 수 있을 것이다.

부정의 유형, 범죄자의 유형, 희생자의 유형, 범죄수법, 기법, 도구, 수단 등은 너무나 다양하며 또한 많은 변수가 관련되어 있다. 따라서 포괄적 이론을 구축하여 인과관계 및 해결책을 제시하기란 어려운 일이다.

나아가 포렌식 감사인을 훈련시킬 수 있는 방법론을 찾기는 더욱 어려운 일이다. 현장훈련(on-the-job training)이 아마도 가장 좋은 교육 방법일 것이다. 부정에 대하여 가장 잘 아는 방법은 부정을 경험하는 것이겠지만, 어느 정도까지는 타인의 경험을 차용함으로써 훈련될 수 있다. 특히 사례연구는 가치 있는 방법이다.

직관의 재능을 습득하기 위해서는 열린 마음, 개방적인 마음, 호기심을 지녀야 한다. 반드시 분석적 마인드를 갖고 있지 않아도 데이터의 종합을 통해 어떤 시나리오를 도출해 내는 것은 가능하다. 조각그림 만들기, 퍼즐처럼 어떤 요령을 습득하고 나면 데이터 조각을 한데 모으는 것도 보다 쉬운 일이 된다.

대다수 탐정소설이나 추리사건(mystery story)에 나오는 반복적 주제는 명탐정이 어떤 수사단계에서 번뜩이는 비상한 통찰력을 발휘하여 범죄사건을 해결한다는 것이다. 조그만 단서가 발견되거나 발생 혹은 관찰되며, 이 단서의 포착이 궁극적으로 범죄 해결로 귀결된다는 식이다. 실제로 조그마한 팩트(fact)가 대형 범죄사건 해결의 실마리가 되는 예를 종종 언론에서 볼 수 있다.

대부분의 일반인은 연역적 논리추론 과정을 통하여 범죄를 적발 · 입증해낼 수 있다고 믿는다. 그러나 범죄나 부정의 식별을 위해서는 연역적 논리뿐 아니라 귀납적 논리도 적용되어야 한다. 연역적 논리추론 과정은 보다 종합적인 접근법이라 할 수 있다.

연역적 방법은 일련의 증거에서 사라진 일부 증거의 고리를 통해 범죄 전체를 통찰하는 것이다. 범죄의 전체와 일부분을 동시에 보는 것이며, 이것이 바로 시간 · 공간 · 에너지의 결합을 통한 직관이라 할 수 있다. 조각그림 짜맞추기 퍼즐을 연상시킨다.

전체와 부분을 동시에 보는 이러한 재능은 경험과 올바른 정신(mind)에서 나온다고 한다. 정신 또는 마음이란 지식 · 감정 · 의지 등의 정신활동을 하는 것 또는 보고 느끼고 만지고 냄새 맡고, 경험한 것에 대해 믿는 경향(기질)을 일컫는다. 자신의 능력 범위 내에서 스스로를 믿는 것을 교만이라 할 수도 있지만, 그렇게 한정되게 이해해서는 안 될 것이다.

그렇다고 훌륭한 수사관이 반드시 특별한 육감[제6식 sixth sense: 식(識)이란 판단이나 추리에 의한 식별작용을 말함]을 가진 것은 아니다. 그들은 열린 마음으로 감각, 제안 및 어색함에 접근한다.

〈6식 & 8식〉

안(眼)·이(耳)·비(鼻)·설(舌)·신(身)·의(意)에 의해서 이루어지는 인식작용을 6식(六識)이라 한다. 앞의 다섯은 감각기관에 의한 인식이고, 의(意)는 사고에 의한 정신작용이다. 이것을 순서에 따라서 제1식 · 제2식… 으로도 부른다. 그 밖에 말나식(末那識) 또는 마나식(manas)이라 부르는 제7식(자아의식)과 제8식(아뢰야식: 가장 근본적인 마음, 모든 존재의 종자)을 추가하면 8가지 식이 된다.

아함경 등 초기불교경전에서는 우리의 마음, 즉 식(識)을 '안식, 이식, 비식, 설식, 신식, 의식'의 6가지로 분류하였다. 그러나 유식론(唯識論)에서는 의식을 다시 '의식과 마나식, 이뢰야식으로 세분하여 우리의 마음을 8가지로 분류하였다.

① 안식: 눈의 감각, 시각을 통한 인식
② 이식: 귀의 감각, 귀에 의해 음성을 식별하는 작용
③ 비식: 코에 의해 냄새를 식별하는 작용
④ 설식: 혀에 의해 맛을 식별하는 작용
⑤ 신식: 촉각의 인식, 접촉에 의해 대상을 지각하는 작용
⑥ 의식: 알고 사고하는 작용, 과거 · 미래의 대상을 향해서도 작용

(출처: 대장경의 진수 불교대전, p.53, p.65)

〈마음의 자성(自性: 그 자체의 본질)〉

• 마음은 안에도 있지 않으며, 밖에도 있지 않으며, 중간에도 있지 않다.(維摩經)

- 온갖 현상의 발생은 오직 마음의 나타남이어서 마음을 떠나면 어떤 것도 존재할 수 없다.(楞嚴經)
- 삼계(三界: 인간세계)의 온갖 것(현상)은 오직 일심(一心)의 나타남이다.(華嚴經)
- 마음의 모습은 본래 공(空: 온갖 사물은 인연에 의해 구성되었을 뿐 실체가 없다는 견해)한 것이어서 환술(幻術)로 만들어낸 현상 같다.(維摩經)
- 과거의 마음을 포착할 수 없고, 현재의 마음을 포착할 수 없고, 미래의 마음을 포착할 수 없다. 즉 마음은 어떤 모양으로도 포착되지 않는다. 그래서 유가 아닌 무라 해야 하고 작용은 있으나 주체는 없는 것이라고 해야 한다.(般若經)
- 마음은 경계(境界: 대상·인식·지각의 대상)를 향해 연속되는 것이어서, 쇠와 자석의 관계와 같다.(楞伽經)

우리가 사물을 인식하는 것은 마음의 작용이거니와, 마음 자체는 인식에서 제외된다. 마음을 인식하려는 것도 마음의 작용이기 때문이다.

(출처: 대장경의 진수 불교대전, p.50−51, 65, 99)

이상의 설명을 요약하면, 진실을 도출해내기 위한 인정된 과학적 방법들 대부분은 귀납적 및 연역적 추론과정을 적용한다. 연역적 추론은 일반적인 것에서 특수한 것으로 진행된다. 연역적 추론의 경우 임상적인 관찰, 신체검사 실시 및 심문을 함으로 진행된다. 이때 예외적인 것을 제거한 후 어떤 일반화 내지는 결론에 도달하는 것이다. 귀납적 추론은 경험적 · 실증적 방법으로 진실에 다가간다. 즉 전체에 대한 대표성 있는 표본을 이용하여 표본을 토대로 가능한 결과를 예측하는 것이다.

재무제표 감사인은 귀납적 접근법을 취하는 경향이 있다. 반면에 포렌식 감사인은 연역적 방식을 이용하는 경향이 있다. 효과적인 조사를 위해서는 두 가지 방법을 모두 사용하여 조사감각을 개발해야 할 것이다.

제6절 포렌식 탐정 양성 프로그램

1. 최근의 국내동향

각종 부정비리사건들은 사회 도처에서 발생하고 있으며, 이해 당사자 간의 분쟁도 빈발하고 있다. 이에 다음과 같은 제도를 도입하고 있다.

법무부는 2016년 초 서울고검에 부패범죄특별수사단을 발족시켰다. 국민권익위원회에 부패행위 신고를 할 수 있는 부패방지 및 국민권익위원회의 설치와 운영에 관한 법률도 시행중에 있다.

금융감독원은 2015년 건설, 조선 등 수주산업을 중심으로 대형 분식회계 의혹 사건이 잇따라 발생하자 2016년 2월 분식회계를 비롯한 회계부정 사건을 전담조사할 특별감리팀을 회계조사국 산하에 신설하였다.

예금보험공사 내에는 금융부실책임조사본부가 있다. 약 80여 명으로 구성된 금융부실책임조사본부는 부실 금융기관 임직원이나 거래기업 관계자를 대상으로 금융기관을 부실하게 만든 원인과 책임을 조사하는 곳이다. 조사된 내용을 바탕으로 징계가 필요한 이들은 검찰에 조사 자료를 넘기고 수사를 의뢰한다.

국세청은 세무조사역량 강화 차원에서 디지털 포렌식(digital forensics) 전문 인력 양성 프로그램을 가동 중이다. 회계법인이나 로펌 등에서 수주하는 기업평가 업무나 컨설팅업무 시장도 점차 확대되고 있다.

국내에서 민간포렌식 탐정사업이 허용된다면 이 사업의 앞날은 밝다. 세계적 민간보안업체 핑커튼사의 조사업무영역이 참고가 될 수 있다. 이 회사의 글로벌 본사는 미국 마이애미(MI)주에 있다.

[참고] 핑커튼의 조사업무(Investigation Services)

- Internal employee issues – Theft, embezzlement, Ponzi schemes, threats, policy violations, blackmail, and other corruption
- External risk mitigation – Internet fraud, electronic bugging, extortion, competitive intelligence, industrial espionage, due diligence matters, kick-backs, product diversion, etc.
- Branding and intellectual property protection(IPP) – Trademark and patent infringement, piracy, counterfeiting, product diversion, litigation support and more
- 기타 – Surveillance, DueDiligence, ForensicAccounting, Interviewing, Undercover, BrandEnforcement, IntellectualPropertyProtection

(source: www.pinkerton.com)

2. 포렌식 탐정에 요구되는 자격요건

포렌식 탐정이 되려면 수사(조사)와 법적 분쟁상황과 관련된 전문적 교육훈련과정–법정에서 전문가로서의 의견표명, 증거원칙과 거증책임(burden and standards of proof), 재판절차, 비리적발, 증거–을 이수해야 한다.

민사 · 형사소송 사건에서 포렌식 전문팀은 증인 또는 컨설팅전문가로서 변호인을 지원할 수 있는 차별화된 능력을 갖추고 있어야 한다. 이 포렌식 탐정의 수임업무는 계약별로 다르다. 즉 계약업무의 목적 · 성격 · 현안 과제가 다양하다.

비판적 사고능력, 추론 및 커뮤니케이션 등의 추상적 속성은 포렌식 탐정전문직의 성공을 위한 필수요건이다. 이러한 역량을 제대로 개발하려면 정규교육, 실무경험 및 특수교육훈련을 함께 이수해야 할 것이다.

포렌식 업무는 역동적으로 성장 중인 분야다. 이 분야의 용어들 – 포렌식 탐정, 포렌식 감사, 외부감사–의 의미나 구분에 대한 학자들의 견해는 일치되지 않지만, 점차 수렴되어 갈 것으로 기대된다.

[참고] 제임스 본드 007 시리즈

영국 작가 이언 플레밍의 소설을 바탕으로 한 영화 시리즈로, 20세기 첩보 스릴러 영화의 한 장르로 자리 잡은 작품이다. 영화 역사상 최장 시리즈로 남아 있는 영화로 2013년 탄생 50주년을 맞았다.

영국의 작가 이언 플레밍은 1953년 〈카지노 로열〉을 시작으로 영국 정보기관 MI6 소속 스파이 007 제임스 본드를 주인공으로 하는 12편의 연작소설을 썼다. 이 소설을 바탕으로 한 영화 007시리즈는 제작사인 MGM에 의해 1962년 〈007 살인번호[원제: 닥터 노(Dr. no)]〉를 시작으로 2015년 24번째 영화인 〈스펙터(Spectre)〉까지 제작됐다.

〈007 시리즈〉의 이야기 구조는 단순한 편이다. 살인면허를 가진 코드명 007의 영국 첩보원 제임스 본드가 세상을 정복하려는 국제적 범죄조직을 제압한다는 줄거리다. 역대 '제임스 본드'로는 숀 코네리, 로저 무어, 티모시 달튼, 피어스 브로스넌, 조지 라젠비, 다니엘 크레이그 등이 출연했으며, 조지 라젠비를 제외하곤 모두 명성을 날리는 데 성공했다. 특히 이 중에서도 숀 코네리가 지금도 대중적으로 가장 사랑받고, 가장 제임스 본드다운 배우로 손꼽힌다. 숀 코네리는 1편~5편까지 그리고 7편에 출연했다.

[네이버 지식백과] 영화 007시리즈 (시사상식사전, 박문각)외

〈영화제목, 제작년도, 주연, 주제곡 부른 가수 및 곡명〉

- 1탄: 살인번호(1962, 숀 코네리 주연)(Dr. No)
  {James Bond Theme, 제임스 본드 테마곡}

- 2탄: 위기일발(1963, 숀 코네리 주연)(From Russia With Love)
  {Matt Monro, From Russia With Love}
- 3탄: 골드핑거(1964, 숀 코네리 주연)(Ian Fleming's Goldfinger)
  {Shirley Bassey, Goldfinger}
- 4탄: 썬더볼(1965, 숀 코네리 주연)(Thunderball)
  {Tom Johns, Thunderball}
- 5탄: 두 번 산다(1967, 숀 코네리 주연)(You Only Live Twice)
  {Nancy Sintra, You Only Live Twice}
- 6탄: 여왕폐하대작전(1969, 조지 라젠비 주연)(On Her Majesty's Secret Service)
  {Louis Armstrong, On Her Majesty's Secret Service}
- 7탄: 다이아몬드는 영원히(1971, 숀 코네리 주연)(Diamonds Are Forever)
  {Shirley Bassey, Diamond Are Forever}
- 8탄: 죽느냐 사느냐(1973, 로저 무어 주연)(Live And Let Die)
  {Paul McCartney & Wings, Live and Let Die}
- 9탄: 황금총을 가진 사나이(1974, 로저 무어 주연)(The Man With The Golden Gun)
  {Lulu, The Man With The Golden Gun}
- 10탄: 나를 사랑한 스파이(1977, 로저 무어 주연)(The Spy Who Loved Me)
  {Carly Simon, Nobody Does it Better}
- 11탄: 문레이커(1979, 로저 무어 주연)(Moonraker)
  {Shirley Bassey, Moonraker}
- 12탄: 유어아이즈온리(1981, 로저 무어 주연)(For Your Eyes Only)
  {Sheena Easton, For Your Eyes Only}
- 13탄: 옥토퍼시(1983, 로저 무어 주연)(Octopussy)
  {Rita Coolidge, All Time High}
- 14탄: 뷰투어킬(1985, 로저 무어 주연)(A View To A Kill)
  {Duran Duran, A View To A Kill}
- 15탄: 리빙데이라이트(1987, 티모시 달튼 주연)(The Living Daylights)
  {A-Ha, The Living Daylights}
- 16탄: 살인면허(1989, 티모시 달튼 주연)(License To Kill)
  {Gladys Knight, License To Kill}
- 17탄: 골든아이(1995, 피어스 브로스넌 주연)(Golden Eye)

{Tina Turner, Golden Eye}

- 18탄: 네버다이(1997, 피어스 브로스넌 주연)(Tomorrow Never Dies)
  {Sheryl Crow, Tomorrow Never Dies}
- 19탄: 언리미티드(1999, 피어스 브로스넌 주연)(The World Is Not Enough)
  {Garbage, The World Is Not Enough}
- 20탄: 어나더데이(2002, 피어스 브로스넌 주연)(Die Another Day)
  {Madonna, Die Another Day}
- 21탄: 카지노로얄(2006, 다니엘 크레이그 주연)(Casino Royale)
  {Chris Cornell, You Know My Name}
- 22탄: 퀀텀 오브 소러스(2008, 다니엘 크레이그 주연)(Quantum of Solace)
  {Jack White & Alicia Keys, Another Way to Die}
- 23탄: 스카이폴(2012, 다니엘 크레이그 주연)(Skyfall)
  {Adele, Skyfall }
- 24탄: 스펙터(2015, 다니엘 크레이그 주연)(Spectre)
  {Sam Smith, Writing's On The Wall}

[참고] 국세청, '디지털 포렌식' 분석 전문부문 대거 강화

– 윈도우 포렌식, 네트워크 포렌식, 안티 포렌식 등 포렌식 조사기법 및 실무 부문 –

국세청이 IT기술환경의 디지털화 · 고도전산화 추세에 능동적으로 대처하기 위해 디지털 포렌식(digital forensics) 전문 인력 양성에 박차를 가하는 것으로 나타났다. 디지털 포렌식은 금융범죄 관련 각종 기록저장매체나 인트라넷상 기업 관련 디지털 정보를 분석해 조사하는 첨단기술로 삭제한 기록을 찾아내거나 비문서, 문서 등 각종 세무자료를 교차검증해 분식회계를 찾아내 세무조사에 지원한다.

국세청은 디지털 포렌식 조사 전문가 과정을 위탁할 업체에 대한 긴급입찰을 통해 디지털 포렌식 조사전문가 25명에 대한 교육에 착수한다. 교육은 5월부터 9월까지 총 2주 교육과정으로 진행되며, 예산은 3,165만 원으로 책정됐다.

교육 내용은 포렌식 개론, 관련 법률, 개요, 절차, 포렌식 준수사항, 포렌식 분석기법, 포렌식 기술(윈도우 포렌식, 네트워크 포렌식, 안티 포렌식, 시스템 포렌식, DB 포렌식, EnCase 활용), 포렌식 조사기법 및 실무 및 그 외에 가능한 경우 국세청 조사요원이 실무에 실효성 있게 응용할 수 있는 참신한 교육프로그램 제공 등이다.

국세청에 따르면, 국세청은 디지털 포렌식 인원으로 40여 명을 보유하고 있으며 이 중 회계프로그램을 다룰 수 있는 일부 전산직을 제외하면 전원 세무직이다. 포렌식 기법은 고도로 전문화된 영역으로 전문인력이 필요하다는 필요에 의해 2013년부터 외주용역을 주어 전문가 과정을 진행 중이다.

(출처: 일간 NTN, 2016. 04. 21.)

Chapter_2 요 약

포렌식 탐정(forensic accountant)은 다음과 같은 유형의 업무를 수행하는 전문가이다.

- 재무적 사실 또는 진상(facts)을 법적 분쟁상황에 적용함
- 재무적 진상을 비즈니스 문제에 응용하거나 이들의 연관성을 다루며, 이런 업무를 법적 상황에서 수행함
- 직무 관련 비리와 화이트칼라 범죄에 대한 예방 · 적발 · 조사(또는 수사) 및 각종 소송지원 서비스를 수행함

포렌식 감사인은 부정비리적발과 부정비리조사업무에 특화된 포렌식 탐정을 말한다. 포렌식 감사인과 외부감사인은 그 역할과 관점 등 여러 면에서 상이하다. 포렌식 감사인은 각 계약별로 특정한 문제 및 이슈를 처리하며, 이러한 업무는 비정기적으로 실시된다. 따라서 재무제표에 대한 신뢰수준을 향상시키기 위해 매년 반복적으로 실시되는 외부감사인의 재무제표감사와 업무내용 및 업무수행 시기 면에서 차이가 있다.

증거수집방법으로 포렌식 감사인은 재무적·비재무적 자료내역의 검토, 공공기관에서 수집된 자료의 검색, 인터뷰 및 관찰을 수행한다. 외부감사인은 질문, 관찰, 문서 및 실물의 검사, 조회, 계산검증, 재수행, 질문 등의 방법을 활용한다. 외부감사인은 충분하고 적합한 감사증거를 입수하여 감사위험을 수용가능한 낮은 수준으로 감소시켰을 때 합리적 확신(reasonable assurance)을 얻는다. 증거의 충분성 기준은 합리적 확신이며 이것은 상당히 높은 수준이긴 하지만, 절대적 수준은 아니다. 그러나 포렌식 감사인은 도출된 결론 및 의견을 지지해줄 사실(fact)을 찾아내서 법정증거 기준에 의거 입증한다.

Chapter_ 3

분식회계: 유형 · 예방 · 적발

Chapter_ 3

분식회계: 유형 · 예방 · 적발

기업에서 발표하는 재무(회계)정보는 국제적 기준에 따라 투명성(transparency)이 확보되어야 한다. 분식회계는 국내외 투자자 등의 신뢰성을 저하시킨다. 회계 스캔들의 결과로 주가하락, 자본조달비용 증가, 매출 감소, 임직원의 생활기반까지 위협하는 상황이 벌어질 수 있다. 분식회계는 일종의 사기행각이다.

[참고] 자리가 사람을 망친다

사람을 망치는 자리에는 권력(power), 집중(concentration), 그리고 부패(corruption)의 PCC가 있다. 아무런 책임의식도 없이 자리와 결부된 권력을 집중적으로 휘두르다 보면 부패하기 마련이다.

힘 있고 머리 좋은 사람들이 자신들이 차지한 지위(자리)를 이용하여 저지르는 부정부패를 근절하려면 우리의 생각을 바꿔야 한다. 자리를 보지 말고 사람을 먼저 봐야 한다. 높은 자리를 차지했다고 자동적으로 능력 있고, 책임감 있는 사람들이 아니다. 그것은 그들이 비로소 보여주어야 할 일이다. 그렇지만 사람이 책임감 있는지 없는지를 알기는 쉽지 않은 일이다. 그렇다면 우리는 권력이 집중되지 않도록 감시해야 한다. 한 사람이 높은 자리를 오래 차지하면 할수록 반드시 부패하기 마련이다. 자리를 만드는 것이 사람이라는 사실을 망각하면, '자리가 사람을 망친다.' [이진우 포스텍 교수의 부패근절 접근법]

(출처: 매일신문, 2016. 06. 16.)

부정부패(부패, corruption)란 자신의 개인적 이익을 위하여 부여받은 소정의 권한을 남용하는 것을 말한다. 신뢰나 성실성에 기반을 둔 모든 사람의 삶, 생계 또는 행복은 조직 내의 부정비리로 인해 큰 상처를 입게 된다. 경영진이 저지른 재무보고 부정으로 인하여 투자자와 회사 구성원들이 막대한 경제적 충격을 입는 사건이 종종 있다.

오늘날 부정부패는 어느 국가를 막론하고 발생하는 국제적 현상이다. 최근 발표된 국가투명성순위, 즉 반부패투명성지수 최고등급 5개 국가는 덴마크, 뉴질랜드, 핀란드, 스웨덴, 노르웨이(스위스, 동률 5위)이며, 싱가포르는 7위에 이름을 올렸다(2014년 국제투명성 네트워크본부 발표자료 참고).

허위재무보고(분식회계)의 세 가지 주요 유형은 다음과 같다.

- 재무제표 작성의 근거가 되는 증빙서류와 장부기록을 위조나 변조함
- 회계상의 거래나 기타 중요 정보를 고의로 누락시키거나 아니면 왜곡표시함
- 금액, 계정분류, 표시 및 공시방법에 관한 회계기준을 고의로 잘못 적용함

조직 내부의 부정은 자산의 횡령(유용)과 부정한 재무보고(허위재무보고)로 분류할 수 있다.

자산의 횡령은 기업 자산의 절취를 포함하며, 상대적으로 소액이며 중요하지 않은 금액에 대하여 종업원에 의해 저질러진다. 경우에 따라서는 경영진도 자산의 횡령을 더 잘 숨기고 위장할 수 있다.

자산의 횡령은 종종 자산이 분실되었거나 정당한 승인 없이 담보 제공되었다는 사실을 은폐하기 위하여 허위 또는 오도를 일으키는 기록이나 문서를 발생시킨다.

자산의 횡령은 다음과 같이 다양한 방법으로 이루어질 수 있다.

- 입금된 회사돈을 횡령(예: 매출채권 수금액의 횡령, 상각채권 추심액을 직원의 개인구좌로 받음)
- 물리적 자산 또는 지적 자산의 절도(예: 사적인 사용이나 판매를 위한 재고자산의 절도, 재판매를 위한 부산물 절도, 경쟁기업과 내통하여 대가를 받고 기술적 데이터를 유출)
- 공급받지 아니한 재화나 용역에 대하여 대금을 지급하게 함(예: 가공의 공급자에게 지급, 납품가격을 부풀려준 대가로 납품자가 구매담당자에게 리베이트를 지급, 가공의 종업원에 대한 급여 지급)
- 기업 자산을 개인용도로 사용(예: 기업자산을 개인차입이나 특수관계자의 차입을 위한 담보로 이용)

부정한 재무보고(frandulent financial reporting)는 재무제표 이용자를 기만하기 위하여 재무제표의 금액이나 공시를 누락하는 등 의도적 왜곡표시를 포함한다. 부정한 재무보고는 기업의 성과와 수익성 평가에 영향을 줌으로써 재무제표 이용자를 기만할 목적으로 이익을 조작하려는 경영진의 노력에 의하여 야기될 수 있다. 그러한 이익조작은 사소한 행위로써 시작될 수도 있으며 또는 사용된 가정들에 대한 적합하지 못한 수정과 경영진의 판단 변경으로부터 시작될 수도 있다.

압력과 동기들은 이러한 삿된 행위들을 증가시켜 부정한 재무보고를 초래할 가능성을 높인다. 그와 같은 상황은 시장의 기대를 충족시키려는 압력이나, 성과에 따른 보상을 최대화하려는 욕심에 경영진이 의도적으로 재무제표를 중요하게 왜곡표시함으로써 부정한 재무보고를 유도하는 입장을 취할 때 발생될 수 있다. 기업에 따라서는 경영진이 세금을 최소화시키기 위하여 이익을 축소시키거나, 은행 차입을 위하여 이익을 부풀리려는 동기를 가지는 경우도 있을 것이다.

부정한 재무보고는 아래와 같이 이루어질 수 있다.

- 재무제표 작성의 기초가 되는 회계기록이나 근거문서의 조작, 위·변조 또는 수정
- 재무제표상의 사건, 거래 또는 기타 유의적 정보를 허위기재 또는 의도적으로 누락
- 금액, 분류, 표시방법 또는 공시와 관련된 회계원칙의 의도적인 잘못된 적용

부정한 재무보고(분식회계)는 경영진이 아래와 같은 기법을 사용하여 내부통제를 유린함으로써 발생될 수도 있다.

- 영업성과를 조작하거나 다른 목적을 달성하기 위하여 특히 회계연도 말에 근접하여 가공 거래를 기록
- 계정 잔액을 추정하기 위하여 사용되는 가정을 부적합하게 수정하거나 판단을 변경함

- 보고기간 중에 발생한 사건이나 거래를 재무제표에 누락시키거나 그 인식시기를 앞당기거나 지연시킴
- 재무제표에 기록된 금액에 영향을 미칠 수 있는 사실을 은폐하거나 공시하지 아니함
- 기업의 재무상태나 재무적 성과를 왜곡표시하기 위한 목적으로 설계된 복잡한 거래를 수행함
- 유의적이고 비일상적인 거래와 관련된 기록이나 조건을 변경시킴

제1절 분식회계의 유형과 사례[6)]

1. 수익의 과대 계상

허위로 가공의 수익이나 가공자산을 만들어 재무제표상의 당기순이익을 부풀리는 수법이 있다. 예를 들어, A회사는 공사예정원가를 축소 · 조작하여 공사진행률을 실제보다 과대[7)] 산정하고, 매출을 과대 계상하였다. 매출의 과대 계상은 결국 당기순이익을 과대 계상하는 결과를 초래하였다. 최근 조선업에서 플랜트 수주사업과 관련한 분식회계가 전형적인 이 사례에 속한다.

B회사의 경우 거래처에게 사전 할인된 금액으로 판매를 해 놓고, 회계처리는 할인 전 금액으로 부풀려서 매출을 과대 계상하였다. C회사는 매각(합병)을 앞두고 기업가치를 올리기 위해 매출이 존재하지도 않았는데

---

6) 분식회계의 유형과 사례는 금융감독원 감리지적사례 참조

7) 공사진행률은 누적공사원가를 추정 총공사예정원가로 나누어 당기까지의 누적공사진행률을 산정한다. 여기서 분모에 해당하는 추정 총공사예정원가를 축소하게 되면 공사진행률이 과대 계상되고, 공사진행률이 과대 계상되면 총공사수익에 해당 공사진행률을 곱하여 인식하는 공사수익, 즉 매출이 과대 계상된다.

도 허위 세금계산서를 작성하는 방식으로 매출 부풀리기를 했다. D회사는 수출하는 제품에 대해서 매출 시기를 당겨서 수익을 조기 계상하기도 하였다.

2. 비용의 과소 계상

매출채권에 대한 대손충당금을 실제보다 줄이는 방법으로 비용을 과소 계상할 수 있다. 매출채권의 경우 '못 받을 것 같은 돈'에 대해서 적정한 금액의 대손충당금을 쌓아야 한다. 그런데 이 '못 받을 것 같은 돈'을 적게 추정하여 대손충당금을 적게 쌓아 놓으면, 비용을 과소 계상할 수 있게 된다.

A회사의 경우 계열사가 완전자본잠식 상태로 채권 상환능력이 없는 걸 알면서도 제품을 공급하고, 그 매출채권에 대해 대손충당금을 많이 쌓아야 함에도 불구하고 적게 쌓아 비용을 과소 계상하였다. 결국 비용의 과소 계상은 당기순이익을 실제보다 과대 계상하는 결과를 초래하였다.

3. 자산의 과대 계상

자산을 실제보다 과대 계상하는 방법도 있다. 분식회계에 많이 이용되는 항목이 바로 재고자산이다. 실제로 창고에 존재하지도 않는 재고자산을 있는 재고자산인 것처럼 회계장부에 과대 계상해 놓을 수 있다. 또한 진부화되어 더 이상 가치가 없는 재고자산은 평가손실을 계상하여 재고자산을 감소시켜야 함에도 불구하고, 그대로 둠으로써 회계장부상 재고자산이 과대 계상되는 경우도 있다. 어느 경우이든 재고자산이 과대 계상되면 결과적으로 당기순이익의 과대 계상을 초래한다.

A회사는 재고자산의 가치 하락에 따른 평가손실을 인식하여야 함에도 불구하고 평가손실을 인식하지 않아 재고자산을 과대 평가하였다. 이는 재고자산평가손실이라는 손실을 인식하지 않게 되어 당기순이익을 과대 계상하게 되는 결과를 초래하였다.

B회사는 갑회사와 기계장치를 제작 · 구매하는 허위계약을 체결하고, 가공의 기계장치를 새로 취득한 것처럼 회계처리하여 유형자산을 허위 계상하였다. 이러한 유형자산 허위 계상은 자산의 과대 계상에 해당한다. 이러한 허위 계약을 통해 유형자산의 취득자금이 비자금으로 조성될 수 있다.

4. 부채의 과소 계상

실제 존재하는 부채가 있음에도 불구하고 이를 재무제표에 부채로 계상하지 아니하여 부채를 숨기거나 과소 계상하는 방법이 있다. A회사의 경우 계열사의 차입금에 대해 지급보증을 하였다. 그 후 계열사의 재무상태가 악화되어 A회사가 계열사 차입금을 대신 갚아야 할 가능성이 높아졌다면 A회사는 계열사를 대신해서 대신 갚아야 할 금액을 손실과 부채로 계상하여야 한다. 그럼에도 불구하고 손실과 부채를 계상하지 않았다면 부채를 숨긴 것에 해당하고, 손실을 계상하지 않음으로 인해 당기순이익이 과대 계상되는 결과를 초래하였다.

B회사는 세무자문법인과 경정청구 관련 세무자문을 하면서 법인세 환급을 받는 경우 환급액의 일정부분을 성공 보수로 지급한다는 자문계약을 체결하였다. 경정청구 결과, 법인세환급이 결정되어 법인세 경정청구와 관련한 이익을 인식하였다. 이와 동시에 성공 보수로서 지급의무가 발생한 자문용역에 대한 보수를 즉시 비용인식하고 미지급비용으로 계상하

여야 함에도 불구하고, 이러한 회계처리를 하지 않아 비용을 과소 계상하고 미지급비용이라는 부채를 과소 계상하였다. 따라서 비용의 과소 계상이 당기순이익의 과대 계상을 초래하였다.

5. 수익의 과소 계상과 비용의 과대 계상

이익이 있는 곳에는 세금이 부과된다. 따라서 기업은 세금을 적게 내기 위해, 즉 절세를 위해 수익을 과소 계상하여 당기순이익을 적게 계상하기도 한다. 수익을 과대 계상하여 당기순이익을 과대 계상하는, 즉 이익 상향조정이 보다 일반적이기는 하지만 세금을 적게 내기 위하여 수익을 과소 계상하는 경우도 있다.

A회사는 위탁대리점을 통해 제품을 판매하는 회사로서 위탁대리점이 제품을 최종 소비자에게 판매하면, 소비자에게 판매한 가액 전체를 A회사의 매출로 인식하고 위탁대리점에게 지급하는 수수료는 비용으로 회계처리하여야 함에도 불구하고, 지급수수료를 제외한 순금액만을 매출로 인식하여 수익을 과소 계상하였다.

6. 특수관계자와의 거래를 이용한 분식회계

A회사는 상장폐지를 모면하기 위하여, 아무런 공장시설 및 실체가 없는 페이퍼컴퍼니를 설립하였다. A회사는 사채업자를 통해 융통된 자금으로 사모증자 형식의 가장납입을 하고 그 증자대금으로 페이퍼컴퍼니의 지분 100%를 취득한 것처럼 가장하였다. 이에 따라 A회사의 재무제표에는 페이퍼컴퍼니에 대한 지분법적용투자주식이 자산으로 허위 계상되었다. 조사 결과, 새로운 경영진이 사채업자에게 차입하여 가장납입 후 바

로 사채업자 차입금을 상환하였고 페이퍼컴퍼니는 매출, 본사 및 공장이 존재하지 않는 것으로, 즉 실체가 없는 것으로 확인되었다. 그 결과 A회사가 지분법적용투자주식이라는 자산을 허위 계상한 것으로 판명되었다.

제2절 분식회계에 대한 책임

부정의 정의 및 유형, 부정발생의 조건, 부정에 대한 감사인과 경영진의 역할과 책임 등을 살펴보기로 한다.

부정

경영진, 지배기구, 종업원 또는 제3자 중 1인 이상이 부당하거나 불법적인 이득을 취하기 위해 사기에 의해 자행되는 의도적인 행위

1장에서 살펴본 바와 같이, 재무제표는 부정 또는 오류에 의하여 왜곡표시될 수 있다. 부정과 오류를 구별하는 요소는 재무제표의 왜곡표시를 초래하는 기초행위가 의도적인지 비의도적인지 여부이다. 비록 부정이 법률적으로 광범위하게 사용되는 개념이지만, 국제감사기준의 목적상 감사인은 재무제표의 중요한 왜곡표시를 초래하는 부정에 관심을 둔다.

감사인에게 의미 있는 의도적 왜곡표시에는 두 가지 유형, 즉 부정한 재무보고에 의한 왜곡표시와 자산의 횡령 등에 의한 왜곡표시가 있다. 감사인은 부정의 발생 징후나 그러한 부정의 발생을 식별하는 경우도 간혹 있으나, 실제로 부정이 발생했는지 여부에 대한 법률적 판단은 내리지 않는다.

1. 부정발생의 세 가지 조건

부정의 원인이 부정한 재무보고이건 자산의 횡령이건 상관없이, 부정은 부정을 저지르려는 동기나 압력, 부정을 저지를 수 있는 상황, 그리고 그러한 행위에 대한 일정한 합리화와 관련되어 있다. 예를 들면, 다음과 같다.

- 부정한 재무보고의 동기나 압력은 경영진이 기업 내 · 외부로부터 예정된(그리고 아마도 비현실적인) 목표이익 또는 재무적 성과달성 압력을 받고 있을 때, 특히 재무적 목표를 달성하지 못할 경우 경영진에게 미치게 될 부정적 영향이 심각할 때 존재한다. 이와 유사하게 개인의 경우 예를 들어, 수입액을 초과하는 생활을 하고 있을 때 자산 횡령의 동기를 가질 수 있다.
- 부정을 저지를 수 있는 상황은 개인이 내부통제를 유린할 수 있다고 믿을 때, 예를 들어, 해당 내부통제의 책임 있는 위치에 있거나 내부통제의 특정 미비점을 잘 알고 있을 경우 존재할 수 있다.
- 개인은 부정한 행위를 합리화할 수도 있다. 어떤 사람은 고의적, 의도적으로 부정직한 행위를 저지를 수 있는 품행이나 성격 또는 윤리적 가치관을 가지고 있다. 그러나 정직한 사람도 그에게 충분한 압력이 가해지는 환경에 처한 경우에는 부정을 저지를 수 있다.

2. 경영진과 감사인의 책임

부정과 오류의 예방과 적발에 대한 주된 책임은 기업의 지배기구와 경영진에게 있다. 경영진은 지배기구의 감시와 더불어 부정의 예방을 강조하여 부정이 발생할 기회를 감소시키고, 또한 부정의 억제를 강조하여 각 개인들이 부정의 적발과 이에 대한 처벌의 가능성 때문에 부정을 저지르지 않도록 설득하는 것이 중요하다. 이는 정직하고 윤리적으로 행동하는 문화 창조의 의지와 연관되며, 지배기구의 적극적인 감시에 의하여 더욱 강화될 수 있을 것이다.

지배기구의 감시는, 기업의 성과와 수익성에 관한 재무분석가들의 인식에 영향을 주기 위해 경영진이 이익조정을 시도하는 경우와 같이 재무보고 프로세스에 대한 통제를 무력화시키거나 기타 부적절한 영향력을 행사할 가능성에 대해 고려하는 것을 포함한다.

국제감사기준에 따라 감사를 수행하는 감사인은 전체적으로 재무제표에 부정이나 오류에 의한 중요한 왜곡표시가 없다는 합리적 확신을 확보할 책임이 있다. 그러나 감사인이 국제감사기준에 따라 올바르게 감사를 계획하고 수행하는 경우에도, 감사에는 그 고유한계에 의하여 재무제표의 중요한 왜곡표시의 일부가 적발되지 않을 수 있는 불가피한 위험이 있다.

부정으로 인한 중요한 왜곡표시를 적발하지 못할 위험은 오류로 인한 것을 적발하지 못할 위험보다 더 크다. 부정의 경우 그 사실을 은폐하기 위해 위조, 거래의 기록에 대한 계획적인 누락 또는 감사인에 대한 의도적인 거짓 진술 등 정교하고 면밀하게 설계된 수단들이 이용되기 때문이다. 이러한 은폐 시도는 공모가 수반되는 경우에는 감사인이 이를 적발하기가 훨씬 더 어려울 수 있다. 공모가 있으면 감사증거가 실제로는 허위일지라도 감사인으로 하여금 그 증거가 설득적이라고 믿게 만들 수 있다.

감사인의 부정적발 능력은 부정을 저지르는 사람의 숙련도, 조작의 빈도와 범위, 공모의 정도, 조작된 금액의 상대적 규모, 그리고 관련자들의 조직 내 직위 등 여러 요인에 달려 있다. 감사인은 부정이 저질러질 잠재적 기회는 식별할 수 있을지 몰라도, 회계추정치와 같이 판단이 개입되는 분야에 대한 왜곡표시는 그것이 부정에 의한 것인지 오류에 의한 것인지 결정하기 어렵다.

또한 경영진의 부정에 의한 중요한 왜곡표시는 종업원의 부정으로 인한 경우보다 감사인이 적발하지 못할 위험이 더욱 크다. 경영진은 회계기록을 직·간접적으로 조작하고 허위의 재무정보를 제공하거나, 종업원의 유사한 부정을 예방하도록 설계된 통제절차를 무력화시킬 수 있는 위치에 있는 경우가 빈번하기 때문이다.

감사인은 합리적 확신을 획득함에 있어서, 경영진에 의한 통제의 무력화 가능성을 고려하며, 오류의 적발에는 효과적일 수 있는 감사절차가 부정의 적발에는 그렇지 않을 수 있다는 사실을 인식하는 등 감사의 전(全) 과정을 통하여 전문가적 의구심을 유지할 책임이 있다.

제3절 분식회계, 어떤 처벌을 받나?

어느 회사가 재무제표상의 회계수치를 조작(적자를 흑자로 둔갑시킴)하여 경영성과를 부풀린 다음 금융기관으로부터 수십조 원의 사기대출을 받았다. 또한 재무구조가 건실한 것처럼 눈속임한 뒤 회사채와 기업어음을 판매하였다. 최근 2년 동안 임직원에게 2,000억 원대의 성과급도 지급하였다. 이는 분식회계(회계사기)를 이용하여 은행으로부터 사기 대출을 받고, 사기 대출 받은 자금으로 직원들의 성과급 잔치를 벌인 회계부정의 연결고리에 대한 사례이다.

이러한 유형의 범죄를 저지른 경영진은 분식회계에 관여한 혐의(자본시장법·외감법 위반)와 조작된 재무제표 등을 이용해 거액의 사기 대출을 받은 혐의(특정경제범죄가중처벌법상 사기죄 또는 형법상 사기죄) 등으로 법의 심판을 받는다.

법인이 발행한 증권의 취득자 또는 처분자가 법인의 분식회계로 손해를 입은 경우에는 그 취득자 또는 처분자는 법인을 상대로 손해배상을 청구할 수 있다.

금융위원회는 분식회계 법인에게 자본시장법과 자본시장조사 업무규정에 의거 과징금을 부과할 수 있다. 다음은 분식회계와 관련된 다섯 가지 처벌 법규를 요약한 것이다.

1. 자본시장과 금융투자업에 관한 법률(자본시장법)

(1) 사업보고서의 제출(자본시장법 제159조 및 동법 시행령 제167조)

다음의 사업보고서 제출대상 법인은 그 사업보고서를 각 사업연도 경과 후 90일 이내에 금융위원회와 거래소에 제출하여야 한다.

- 주권상장법인
- 주권 외의 기타증권(주권 외의 지분증권, 무보증사채권, 전환사채권 · 신주인수권부사채권 · 이익참가부사채권 또는 교환사채권, 신주인수권이 표시된 것, 증권예탁증권, 파생결합증권)을 증권시장에 발행한 발행인
- 주권 또는 기타증권을 모집 또는 매출한 발행인

(2) 사업보고서의 기재내용

사업보고서 제출대상 법인은 사업보고서에 다음 각각의 사항을 기재하고, 대통령령으로 정하는 서류를 첨부하여야 한다.

- 회사의 목적, 상호, 사업내용
- 임원보수(주식매수선택권 포함)
- 임원 개인별 보수와 그 구체적인 산정기준 및 방법
- 재무에 관한 사항 등

(3) 대표이사 등의 서명날인

사업보고서를 제출하는 경우 제출 당시 그 법인의 대표이사(집행임원 설치회사의 경우 대표집행임원을 말함) 및 제출업무를 담당하는 이사는 그 사업보고서의 기재사항 중 중요사항에 관하여 거짓의 기재 또는 표시가 있거나 중요사항의 기재 또는 표시가 누락되어 있지 아니하다는 사실 등 대통령령으로 정하는 사항을 확인 · 검토하고 이에 각각 서명하여야 한다.

(4) 거짓 기재 등에 의한 배상책임(자본시장법 제162조)

사업보고서 · 반기보고서 · 분기보고서 · 주요사항보고서(이하 "사업보고서 등") 및 그 첨부서류(회계감사인의 감사보고서는 제외) 중 중요사항에 관하여 거짓의 기재 또는 표시가 있거나 중요사항이 기재 또는 표시되지 아니함으로써 사업보고서 제출대상법인이 발행한 증권(그 증권과 관련된 증권예탁증권, 그 밖에 대통령령으로 정하는 증권을 포함)의 취득자 또는 처분자가 손해를 입은 경우에는 다음의 자는 그 손해에 관하여 배상의 책임을 진다.

다만, 배상의 책임을 질 자가 상당한 주의를 하였음에도 불구하고 이를 알 수 없었음을 증명하거나 그 증권의 취득자 또는 처분자가 그 취득 또는 처분을 할 때에 그 사실을 안 경우에는 배상의 책임을 지지 아니한다.

- 그 사업보고서 등의 제출인과 제출 당시의 그 사업보고서 제출대상 법인의 이사
- 업무집행지시자 등(「상법」 제401조의2제1항에 해당하는 자), 그 사업보

고서 등의 작성을 지시하거나 집행한 자

- 그 사업보고서 등의 기재사항 및 그 첨부서류가 진실 또는 정확하다고 증명하여 서명한 공인회계사 · 감정인 또는 신용평가를 전문으로 하는 자 등(그 소속단체를 포함) 대통령령으로 정하는 자
- 그 사업보고서 등의 기재사항 및 그 첨부서류에 자기의 평가 · 분석 · 확인 의견이 기재되는 것에 대하여 동의하고 그 기재내용을 확인한 자

(5) 공시위반에 대한 과징금부과(자본시장법 제429조)

금융위원회는 사업보고서 제출대상법인이 다음의 어느 하나에 해당하는 경우에는 직전 사업연도 중에 증권시장에서 형성된 그 법인이 발행한 주식(그 주식과 관련된 증권예탁증권을 포함)의 일일평균거래금액의 100분의 10(20억 원을 초과하거나 그 법인이 발행한 주식이 증권시장에서 거래되지 아니한 경우에는 20억 원)을 초과하지 아니하는 범위에서 과징금을 부과할 수 있다.

- 사업보고서 증권시고서 투자설명서 등 중 중요사항에 관하여 거짓의 기재 또는 표시를 하거나 중요사항을 기재 또는 표시하지 아니한 때
- 사업보고서 등을 제출하지 아니한 때

(6) 과징금부과기준 변경

위반사항이 주식회사의 외부감사에 관한 법률에 따른 회계처리기준 위반에 의한 것으로서 2회 이상 발생한 경우에는 각 위반행위별로 과징금을 부과(공인회계사 및 그 소속단체는 제외)한다.

다만, 위반행위가 동일 사업연도 중 2 이상의 정기보고서(사업보고서 · 반기보고서 · 분기보고서를 말한다. 이하 같다)에서 발생하는 경우에는 각 정기보고서별로 과징금을 산정하여 그중에서 가장 큰 금액을 부과한다.

2. 상법: 과태료에 처할 행위(상법 제635조)

(1) 행위의 내용

정관 · 주주명부 또는 그 복본(複本), 사원명부 · 사채원부 또는 그 복본, 의사록, 감사록, 재산목록, 대차대조표, 영업보고서, 사무보고서, 손익계산서, 그 밖에 회사의 재무상태와 경영성과를 표시하는 것으로서 대통령령으로 정하는 서류, 결산보고서, 회계장부, 부속명세서 또는 감사보고서에 적을 사항을 적지 아니하거나 부실하게 적은 경우 과태료에 처한다.

(2) 과태료부과 대상자

회사의 발기인, 설립위원, 업무집행사원, 업무집행자, 이사, 집행임원, 감사, 감사위원회 위원, 외국회사의 대표자, 검사인, 공증인, 감정인, 지배인, 청산인, 명의개서 대리인, 사채모집을 위탁받은 회사와 그 사무승계자 또는 직무대행자가 위의 어느 하나에 해당하는 행위를 한 경우에는 500만원 이하의 과태료를 부과한다. 다만, 그 행위에 대하여 형(刑)을 과(科)할 때에는 그러하지 아니하다.

3. 주식회사의 외부감사에 관한 법률(외감법)

(1) 내부회계관리제도(외감법 제2조의2)

주식회사의 외부감사에 관한 법률에 의하면 회사(주권상장법인이 아닌 회사로서 직전 사업연도 말의 자산총액이 1천억 원 미만인 회사는 제외)는 신뢰할 수 있는 회계정보의 작성과 공시를 위하여 다음 각 호의 사항이 포함된 내부회계관리규정과 이를 관리 · 운영하는 조직(이하 "내부회계관리제도")을 갖추어야 한다.

- 회계정보(회계정보의 기초가 되는 거래에 관한 정보를 포함)의 식별 · 측정 · 분류 · 기록 및 보고방법에 관한 사항
- 회계정보의 오류를 통제하고 이를 수정하는 방법에 관한 사항
- 회계정보에 대한 정기적인 점검 및 조정 등 내부검증에 관한 사항
- 회계정보를 기록 · 보관하는 장부(자기테이프 · 디스켓, 그 밖의 정보보존장치를 포함한다)의 관리 방법과 위조 · 변조 · 훼손 및 파기를 방지하기 위한 통제 절차에 관한 사항
- 회계정보의 작성 및 공시와 관련된 임직원의 업무 분장과 책임에 관한 사항
- 그 밖에 신뢰할 수 있는 회계정보의 작성과 공시를 위하여 필요한 사항으로서 대통령령으로 정하는 사항

한편 회사는 내부회계관리제도에 의하지 아니하고 회계정보를 작성하거나 내부회계관리제도에 따라 작성된 회계정보를 위조 · 변조 · 훼손 및 파기하여서는 아니 된다.

회사의 대표자는 내부회계관리제도의 관리 · 운영을 책임지며, 이를 담당하는 상근이사(담당하는 이사가 없는 경우에는 해당 이사의 업무를 집행하는 자) 1명을 "내부회계관리자"로 지정하여야 한다.

내부회계관리자는 사업연도마다 이사회 및 감사(감사위원회를 포함)에게 해당 회사의 내부회계관리제도의 운영실태를 보고하여야 한다.

회사의 감사는 내부회계관리제도의 운영실태를 평가하여 이사회에 사업연도마다 보고하고 그 평가보고서를 해당 회사의 본점에 5년간 비치하여야 한다. 이 경우 내부회계관리제도의 관리 · 운영에 대하여 시정 의견이 있으면 이를 포함하여 보고하여야 한다.

(2) 재무제표의 작성 책임 및 제출(외감법 제7조)

회사의 대표이사와 회계담당 이사(회계담당 이사가 없는 경우에는 회계업무를 집행하는 직원)는 해당 회사의 재무제표(연결재무제표를 작성하는 회사의 경우에는 연결재무제표를 포함)를 작성할 책임이 있다.

회사는 해당 사업연도의 재무제표를 작성하여 대통령령으로 정하는 기간 내에 감사인에게 제출하여야 한다. 주권상장법인인 회사 및 대통령령으로 정하는 회사는 감사인에게 제출한 재무제표 중 대통령령으로 정하는 사항을 증권선물위원회에 동시에 제출하여야 한다.

회사의 감사인은 해당 회사의 재무제표를 대표이사와 회계담당 이사를 대신하여 작성하거나 재무제표 작성과 관련된 회계처리에 대한 자문에 응하는 등 대통령령으로 정하는 행위를 하여서는 아니 된다.

(3) 분식회계 등에 대한 벌칙(외감법 제20조)

업무집행지시자, 회사의 발기인, 설립위원, 업무집행사원, 업무집행자, 이사, 집행임원, 감사나 그 밖에 회사의 회계업무를 담당하는 자가 회계처리기준을 위반하여 거짓으로 재무제표 또는 연결재무제표를 작성·공시한 경우 7년 이하의 징역 또는 7천만 원 이하의 벌금에 처한다.

업무집행지시자, 그 밖에 회사의 회계업무를 담당하는 자, 감사인 또는 그에 소속된 공인회계사나 감사업무와 관련된 자가 다음의 어느 하나에 해당하는 행위를 하면 5년 이하의 징역 또는 5천만 원 이하의 벌금에 처한다.

- 업무집행지시자, 그 밖에 회사의 회계업무 등 내부회계관리제도의 운영에 관련된 자로서 외부감사법 제2조의2제2항을 위반하여 내부

회계관리제도에 따라 작성된 회계정보를 위조 · 변조 · 훼손 또는 파기한 경우
- 감사인 또는 그에 소속된 공인회계사나 감사업무와 관련된 자로서 감사조서를 위조 · 변조 · 훼손 또는 파기한 경우
- 신고자 등의 신분 등에 관한 비밀을 누설한 경우
- 감사보고서에 기재하여야 할 사항을 기재하지 아니하거나 거짓으로 기재를 한 경우
- 이사의 부정행위 등을 보고하지 아니한 경우
- 주주총회에 출석하여 거짓으로 진술을 하거나 사실을 감춘 경우

상법 제401조의2 및 제635조제1항에 규정된 자, 그 밖에 회사의 회계업무를 담당하는 자, 감사인 또는 그에 소속된 공인회계사나 감사업무와 관련된 자가 다음 각 호의 어느 하나에 해당하는 행위를 하면 3년 이하의 징역 또는 3천만원 이하의 벌금에 처한다.

- 정당한 이유 없이 소정 기간 내에 감사인을 선임하지 아니한 경우
- 비밀을 누설한 경우
- 재무제표 또는 연결재무제표를 작성하지 아니한 경우
- 감사인 또는 그에 소속된 공인회계사에게 거짓 자료를 제시하거나 거짓이나 그 밖의 부정한 방법으로 감사인의 정상적인 외부감사를 방해한 경우
- 정당한 이유 없이 감사인 또는 지배회사의 열람, 등사, 자료제출요구 또는 조사를 거부 · 방해 · 기피하거나 관련 자료를 제출하지 아니한 경우
- 재무제표 또는 연결재무제표를 제출하지 아니한 경우
- 정당한 이유 없이 자료제출 등의 요구 · 열람 또는 조사를 거부 · 방해 · 기피하거나 거짓 자료를 제출한 경우

4. 형법상의 사기(제347조)

사람을 기망하여 재물의 교부를 받거나 재산상의 이익을 취득한 자는 10년 이하의 징역 또는 2천만 원 이하의 벌금에 처한다. 이와 같은 방법으로 제삼자로 하여금 재물의 교부를 받게 하거나 재산상의 이익을 취득하게 한 때에도 전항의 형과 같다.

5. 특정경제범죄 가중처벌법(제3조 특정재산범죄의 가중처벌)

형법 제347조(사기), 제350조(공갈), 제350조의2(특수공갈), 제351조(제347조, 제350조 및 제350조의2의 상습범만 해당), 제355조(횡령 · 배임) 또는 제356조(업무상의 횡령과 배임)의 죄를 범한 사람은 그 범죄행위로 인하여 취득하거나 제3자로 하여금 취득하게 한 재물 또는 재산상 이익의 가액("이득액")이 5억 원 이상일 때에는 다음 각 호의 구분에 따라 가중처벌한다. 이 경우 이득액 이하에 상당하는 벌금을 병과(併科)할 수 있다.

- 이득액이 50억 원 이상일 때: 무기 또는 5년 이상의 징역
- 이득액이 5억 원 이상 50억 원 미만일 때: 3년 이상의 유기징역

제4절 외부감사의 주목적

1. 감사업무의 역사적 변천추이

상거래나 정부 재정에 대한 기록에 의하면, 20세기 이전에도 여러 형태의 감사업무가 수행되었다. 현대적인 감사목적과 개념들이 이 당시에

도 있었는지 여부는 알 수 없지만, 감사인(auditor)의 원래 의미는 '타인이 하는 말을 듣는 사람'이다.

중세에서 산업혁명(18세기 후반에서 약 100년간) 기간 동안에 이루어진 감사는 정부 재정의 책임자 또는 상거래의 책임자가 정직하게 회계처리하여 보고하는지를 확인하는 데 그 목적이 있었다. 산업혁명기간 동안 제조업의 규모가 확대됨에 따라 기업의 소유주들은 고용경영자를 채용하기 시작하였다. 소유와 경영의 분리현상과 더불어, 기업경영에 직접 관여하지 않는 소유주들은 경영자와 종업원에 의한 부정행위 및 비의도적인 잘못으로부터 자신들의 자산을 보호하기 위하여 점차 감사인에 대한 의존도를 높여 갔다.

1900년대 이전까지의 감사의 주목적은 부정적발이었고, 기록된 모든 거래가 감사대상에 포함되었다. 20세기 초에는 기업으로부터 대출요청을 받은 은행들이 감사받은 재무보고서(재무상태표 등)를 활용하는 주요 이용자집단이었다. 은행은 감사보고서를 이용하여 부채지급능력을 확인했으며, 부정이나 오류에 의한 재무제표의 왜곡표시 여부도 확인하였다.

1차 세계대전(1914–1918) 이후 미국에서는 증권시장이 크게 발전했다. 경제환경의 변화에 따라 공인회계사로 구성된 미국의 회계전문직은 재무제표의 '공정표시'라는 중요하고 새로운 목적에 감사의 주안점을 두게 된다.

감사의 주안점 내지 목적은 1900년대 이전의 부정(사기)적발에서 20세기 초엽에는 부채지급능력의 측정, 그리고 1920년대부터 재무제표(재무상태표와 손익계산서 등)의 공정성이라는 새로운 방향으로 변화해왔다. 그러나 최근 국내외 기업들의 분식회계로 인한 투자자와 채권자들의 피해, 각종 조직에서 빈발하고 있는 자금횡령 · 비리사건들의 파문이 사회문제가

되고 있다. 이러한 상황에서 포렌식 감사 또는 부정적발감사의 중요성이 다시 부각되고 있다. '역사는 반복된다'는 아돌프 토인비 박사의 주장이 여기에도 적용되는 듯하다.

2. 초창기 감사의 주안점: 횡령부정의 적발

다양한 횡령범죄가 발생하지만, 대부분의 부정은 금전에 대한 접근과 회계기록의 조작을 통한 금전횡령의 은폐를 수반한다. 잘 알려진 '래핑(lapping)' 부정은 매출채권 회수를 통해 수취한 현금을 사취하는 것이다. 외상대금을 지급한 고객은 결국 항의할 것이라는 사실을 범인은 알고 있으므로, 다른 고객의 지급액을 첫 번째 고객계정(인명계정)에 기입하여 첫 번째 고객으로부터 수취한 현금의 횡령 사실을 은폐할 수 있다. 이것은 폰지(Ponzi) 사기와 유사하다.

[참고] 폰지사기

1919년 말 이탈리아계 미국인 찰스 폰지(1882~1949년)는 보스턴에 증권 거래회사를 차렸다. 주 거래품목은 세계 각국에서 우표로 교환해 쓸 수 있는 국제우편 쿠폰. 나라마다 우편요금이 다르다는 점에 착안한 사업이었다. 예컨대 이탈리아에서 쿠폰을 싸게 산 다음 미국에서 비싸게 팔아 차익을 얻는 구조였다.

문제는 45일에 50%의 수익을 보장하며 자금을 끌어들였다는 점이다. 초기엔 약속대로 꼬박꼬박 수익금을 나눠줬다. 그걸 보고 투자자들이 구름처럼 몰렸다. 예금을 빼거나 집을 담보로 대출을 받아 4만여 명이 약 1,500만 달러를 투자했다. 하지만 폰지는 약정 수익률을 맞출 도리가 없었다. 새로운 투자자의 돈으로 기존 투자자의 수익금을 충당해야 하는 악순환이 이어졌다. 일종의 돌려막기였다. 결국 이듬해 8월 신문에 폭로되며 실상이 드러나고 말았다. 다단계 금융사기인 '폰지 사기'의 원조다.

그로부터 88년 후인 2008년에는 월가에서 희대의 폰지 사기 사건이 발생했다. 범인은 나스닥증권거래소 회장을 지낸 버나드 매도프, 사기 액수는 무려 650억 달러에 달했다. 영화감독 스티븐 스필버그, 연방 상원의원 등과 함께 HSBC 노무라증권 등 쟁쟁한 기관투자가들까지 속아 넘어갔다. 월가의 거물이 연 8~12%의 '적당한 수익'을 제시했으니 의심하기도 어려웠을 것이다. 금융위기 여파로 대량 환매요청이 없었다면 사기 행각은 훨씬 오래 갔을 것이라고 한다. 매도프는 150년형을 선고받고 복역 중이다.

학습효과도 없는 것일까. 이번엔 서울의 한 증권사 과장이 고객 돈 484억 원을 돌려막기 수법으로 빼돌리는 사건이 일어났다. 인터넷 주식카페 회원 등 40여 명에게 고소득을 보장해주겠다며 지난 몇 년간 투자금을 가로챘단다. 신규 투자자에게서 받은 자금으로 기존 투자자에게 이자와 배당금을 지급하는 식의 전형적인 폰지 사기다. 회사의 법인계좌가 아닌, 개인 계좌로 투자금을 예치한데다 증권사 과장이라는 신분 덕에 의심을 받지 않았다고 한다.

폰지 사기 사건이 자꾸 일어나는 이유는 간단하다. 예나 지금이나 고수익에 눈먼 투자자가 시장에 넘쳐나기 때문이다. 돈은 노력한 만큼만 벌리게 돼 있다. 수익률이 높으면 위험도 높게 마련이다. 밀턴 프리드먼이 말한 대로 공짜 점심은 없는 법이다.

(출처: 한국경제신문, 2011. 03. 05.)

(1) 에퀴티펀딩(Equity Funding)부정 스캔들

1959년 설립된 에퀴티펀딩(Equity Funding Corporation of America)은 1964년에 기업공개를 했으며 1972년까지 미국의 10대 보험회사로 성장했다. 주식발행으로 조달한 자금을 뮤추얼펀드(mutual fund)에 투자하는 사업과 생명보험사업을 영위해왔다.

그러나 1960년대 말과 1970년대 초 뮤추얼펀드 투자사업의 수익성이 떨어졌고 회사 경영자는 이를 재무제표에 반영하는 것을 원하지 않았다. 경영여건이 크게 악화되었고 허위로 고객을 조작하고 허위자료를 컴퓨터에 입력하였다. 1억 2천만 달러의 자산과 보험회사에 대한 20억 달러의 생명보험증서의 매출을 허위로 계상했다.

감사인은 감사과정에서 이러한 부정을 적발해내지 못했다. 이로 인하여 감사인 중 세 명이 형사책임을 포함하여 유죄판결을 받았다. 독립성에 관한 회계전문직의 기준과 규정을 명백히 위반한 상태에서 감사인이 업무를 수행했음이 미국 증권거래위원회(SEC)의 조사에서 드러났다. 이 회사는 1973년에 파산했다.

미국의 자본시장과 금융계를 항구적으로 변화시킨 에퀴티펀딩(Equity Fundin) 부정이 적발된 것은 1973년이다. 에퀴티펀딩은 흥미로운 개념이다. 즉 이 회사는 보험증권을 뮤추얼펀드 투자와 짝지어 판매해왔다. 뮤추얼펀드 투자의 가치가 상승하는 한, 이것은 보험증권에 지급할 수 있는 충분한 수익을 제공하게 될 것이다. 따라서 보험증권 소유자들은 사상 최저가격으로 보험증권을 구입하게 된다. 에퀴티펀딩 회사는 경이적인 성장세를 보여주었고, 주가는 미국의 월스트리트(증권가)에서 최고수준의 주식군에 포함되어 있었다. 그러나 유감스럽게도 그러한 성장은 그 회사의 경제적 실질과는 거의 상관이 없었다. 부정이 적발된 시점에 조사관들은 이 회사 보험증권의 3분의 2는 가짜였음을 발견했다.

부정은 감사과정에서 발견된 것이 아니라, 누군가 어떤 주식브로커에게 넌지시 알려준 귀띔을 통해 드러났다. 감사전문직 업계의 첫 반응은 그러한 부정은 너무나 정교해서 감사과정에서 밝혀내기가 현실적으로 어렵다는 것이었다. 그러나 추가적인 수사를 통해 감사방식과 감사인에게 요구되는 전문가적인 의구심에 결함이 있었음이 확인되었다.

(2) 에퀴티펀딩사건에 대응한 회계감사법인들의 조치

- 모회사와 자회사 전체를 감사하도록 한다.
- 컴퓨터 감사기법을 개선한다.
- 재무보고 부정은 계속 발생할 것이므로 감사대상 기업이 대기업이든 중소기업이든 상관없이 리스크 파일을 개발한다.

3. 감사초점의 변화: 재무보고

회계담당자(accountant)의 선조는 고대 이집트의 필경사(서기)였다고 하며, 이들은 파라오(pharaohs)의 장부를 기록 · 보관했다. 이들은 곡식, 금 및 기타 자산의 목록을 작성 관리했다. 유감스럽게도 이들 중에는 왕의 다른 신하들처럼 유혹에 넘어가 자신의 군주의 재산을 훔치는 자도 있었다. 이에 대한 해결책은 두 명의 서기가 각각의 거래를 따로따로 기록하도록 하는 것이었다. 이것이 내부통제의 효시이다. 두 명의 서기가 기록한 총액이 정확히 일치하면 문제가 없는 것으로 간주된다. 합계금액에 큰 차이가 있으면 서기 둘 다 사형에 처해졌다. 따라서 이들은 모든 수치를 아주 조심스럽게 점검하였으며 절취행위의 유인도 억제되었다.

사실상 부정의 적발 및 예방이 왕실 소속 회계담당자의 주된 임무였다. 고대 이집트의 파라오 시대로부터 1900년대 초기까지 감사인(auditor)의 임무는 부정적발과 예방에 있었다.

20세기 초부터 미국 등 선진국의 자본시장이 발전하기 시작하면서, 감사의 주안점이 부정적발에서 재무보고로 전환되었다. 부정에 대한 조사는 자산의 횡령이나 유용에 집중되었다. 그렇지만 증권시장에 상장된 공개기업들이 장부조작을 하기 시작하였다.

몽고메리의 〈감사이론과 실무〉라는 책의 초판이 발간된 것은 감사의 생성기인 1912년이었다. 이 당시 학생들은 감사의 주된 목적은 부정의 적발과 방지라고 배웠다. 그러나 그 이후에 출간된 감사교재들과 회계이론은 주로 현실적인 필요에서 입장과 방침을 바꾸었다.

대기업이 출현하고 재무거래 규모가 확대됨에 따라 모든 거래내용을 조사할 수 없게 되었다. 또한 발생주의 회계의 적용이 일반화되었다. 이러한 결과, 재무보고가 회계전문직에게 최우선 순위의 관심사가 되었다. 소위 '요람에서 무덤까지' 각 거래의 시작에서 종료에 이르기까지 처음부터 끝까지 증빙서류와 장부를 대조하는 바우칭(vouching)기법의 적용은 많은 부정을 예방 · 적발할 수 있었다. 그러나 이 방식의 적용이 중단되고 부정의 적발 혹은 예방이 2차적인 역할로 전락되었다.

이렇게 감사의 초점이 부정적발에서 재무제표의 공정표시 여부에 대한 의견표명으로 바뀌었다. 그러나 21세기 감사환경에서는 부정적발 목적의 감사의 중요성이 다시 부각되고 있다. 사기꾼들이 이러한 새로운 환경을 활용하는 데 그렇게 오랜 시간이 소요되지 않았다. 즉 20세기는 대형 재무부정 스캔들과 횡령사건으로 점철된 시대였다. 미국에서 일어난 메킨슨 & 로빈슨 스캔들, 살라드 오일사취 사건, 에퀴티펀딩 사기사건, 저축대부조합(S&L) 부정사건 등은 일찍이 전 세계에 널리 알려졌다. "감사인들은 어디 있었나?"라는 의문이 노래의 후렴처럼 제기되었다.

1980년대 미국의 회계전문직업계는 부정문제에 대처하기 위하여 상당히 많은 자원을 투자하기 시작했다. 우리나라의 정부 및 민간부문도 IMF 외환위기 이후 최근까지 회계투명성 제고를 위해 회계분야에 대한 투자를 계속 늘리고 있는 추세이다.

미국의 Public Company Accounting Oversight Board는 한 특별연구보고

서에서 "일반 대중은 부정적발에 대한 역할을 독립적인 감사인(외부감사인)에게 기대하고 있다. 따라서 감사인은 그렇게 할 책임이 있다."고 결론지었다. 그리고 1997년 미국의 감사기준서 SAS. No. 82도 부정적발에 대한 감사인의 책임을 확인하였다. 포렌식 감사제도는 상거래에서 발생되는 부정의 예방과 적발을 돕는 환경을 조성하고 있다.

Chapter_ 3 요 약

부정(fraud)이란 의도적으로 조직의 자금을 절취하거나 횡령하는 것 또는 재무제표 계정을 고의로 왜곡표시하는 행위를 말한다. 모든 부정의 공통분모는 남을 속이기 위한 의도성(고의성, intent)이다. 의도성의 여부는 오류(error)와 부정을 구분하는 개념이다. 부정이 일어나려면 압력이나 동기, 기회 그리고 합리화의 세 가지 조건이 필요하다.

부정에 대한 감사인과 경영자의 책임을 논의하였다. 회사의 경영자는 회사가 실제보다 더 잘 하고 있다는 인식을 이해관계자들에게 심어주기 위하여 재무제표 수치를 조작하기도 한다. 본 장은 주로 허위재무보고(분식회계)의 유형과 사례, 발생원인 및 부정에 대한 경영진과 감사인의 책임 등을 논의하였다.

Chapter_ 4

횡령: 유형 · 예방 · 적발

Chapter_ 4

횡령: 유형 · 예방 · 적발

제1절 종업원 부정의 정의와 유형

1. 의의

종업원 부정(employee fraud)은 사적인 재무이익을 위해 고용주의 현금 혹은 기타자산(재고자산, 유가증권 등)을 부정한 방법을 이용하여 절취(횡령 · 유용)하는 것을 지칭한다. 일반적으로 이것은 엉터리 문서, 거짓말, 권한남용, 회사방침의 위배 등 어떤 종류의 속임수를 수반한다.

[출처: 구글]

자산의 횡령은 기업 자산의 절취를 포함하며, 상대적으로 소액이며 중요하지 않은 금액에 대하여 종업원에 의해 저질러진다. 그러나 적발하기 힘든 방법으로 자산의 횡령을 더 잘 숨기고 위장할 수 있는 위치에 있는 경영진도 가담할 수 있다.

자산의 횡령은 종종 자산이 분실되었거나 정당한 승인 없이 담보 제공되었다는 사실을 은폐하기 위하여 허위 또는 오도를 일으키는 기록이나 문서를 수반한다.

자산의 횡령은 다음과 같이 다양한 방법으로 이루어질 수 있다.

- 입금된 회사돈을 횡령(예: 매출채권 수금액의 횡령, 상각채권 추심액을 직원의 개인구좌로 받음)
- 물리적 자산 또는 지적 자산의 절도(예: 사적인 사용이나 판매를 위한 재고자산의 절도, 재판매를 위한 부산물 절도, 경쟁기업과 내통하여 대가를 받고 첨단기술 데이터를 유출)
- 공급받지 아니한 재화나 용역에 대하여 대금을 지급하게 함(예: 가공의 공급자에게 지급, 납품가격을 부풀려준 대가로 납품자가 구매담당자에게 리베이트를 지급, 가공의 종업원에 대한 급여 지급)
- 기업 자산을 개인용도로 사용(예: 기업자산을 개인차입이나 특수관계자의 차입을 위한 담보로 이용)

2. 횡령의 유형

(1) 현금 부정

현금은 범죄자가 가장 선호하는 목표물이다. 장부(금전등록기 테이프나 POS방식 등)에 기록한 직후나 기록 이전에 현금을 횡령하거나, 엉터리 비용청구 등 다양한 수법이 동원된다.

현금의 횡령 억제대책으로는 다음과 같은 것이 있다.

적절한 업무분장, 강제 휴가 실시, 중요 우편물은 두 명 입회하에 개봉, 감시카메라 설치, 고객에게 영수증을 받아가도록 장려, 직무순환제 실시 등이 있다.

기록 후 횡령의 경우 현금분실사실을 숨기려고 가짜 환불양식이나 폐기된 판매전표를 금전등록기에 갖다 놓는다. 등록기 테이프 내용을 변조하여 금전등록 테이프와 시재현금 사이의 차이를 가짜로 일치시켜 놓는다. 장부기록 담당자가 역 거래를 기입하는 수법으로 불법적인 현금횡령 행위를 감춘다. 수금된 돈의 은행 입금과 은행예입전표에 의거 입금을 장부에 기록하는 업무를 겸하는 직원이 입금전표상의 총액을 변조하여 횡령한다. 발각되어도 회사 돈을 잠깐 빌렸을 뿐이고 곧 채워 넣으려 했다고 변명한다. 오늘 수금된 돈은 착복하고 내일 수금된 돈을 은행 예입하는 래핑방식의 수법도 있다.

〈판매시점관리제도(POS)〉

판매시점관리제도(POS)는 소프트웨어 및 하드웨어로 구성된 일종의 시스템이며, 표준 바코드(bar codding)를 통하여 소매거래 자료를 포착·수집한다.

소매조직들은 판매 자료의 수집이나 신용조사, 재고관리기능을 수행하기 위해 데이터통신시스템을 이용한다. 전자금전등록기나 POS는 팔린 품목의 수량이나 가격에 대한 정보를 수집한다. 모든 품목에 대한 가격을 저장하고 있는 이 시스템은 고객의 금액을 자동적으로 나타내준다. 또한 고객의 신용상태는 신용거래가 시작되는 시점에 체크될 수 있다. 모든 재고품목 레코드를 최신의 상태로 유지하기 위하여 특정 품목이 판매되면, 해당 재고파일은 접근·갱신된다. 필요시 경영자는 온라인 조회를 통하여 갱신된 매출 및 재고 총액을 입수할 수 있다.

기록 후 횡령을 적발하는 대책은 현금의 수취, 수량검수, 은행 예입 및 장부에 예금액 기입하는 기능을 적절히 분리시킨다. 장부상에 기록된 현금에 대해서는 하루에 두 번 불시(不時)에 검수를 한다. 금전등록기 테이프나, 컴퓨터에 기록된 입금액과 실제 현금액을 정기적으로 대조해 본다. 혐의자가 있는 경우 주인은 금전등록기 서랍에 특정마크가 표시된 지폐를 넣어둔다.

포렌식 감사인은 현금계정으로 전기된 분개기입사항들을 검토 · 분석해야 한다. 또 월별 매출환입액이나 반품거래금액에 상당한 변동이 있는지를 눈여겨봐야 한다.

기록 전 횡령이란 수취한 현금을 기록하기 전에 수취된 돈을 횡령하는 범죄로 미기록매출, 매출의 과소계상, 영업 외 시간 판매, 옥외장소 판매, 별도의 금전등록기 사용, 수표와 현금 바꿔치기 등을 수반한다. 처음에 수취되는 돈은 기록하지 않고 개인적 용도를 위하여 은닉해 둔다. 수취한 돈을 예금담당자에게 넘기는 것을 지연시킨다. 금액이 크면 이자수익이 발생한다. 수입액을 낮추려고 할인을 해준 것으로 하거나, 영수증을 변조해서 수취된 금액을 줄이기도 한다.

기록 전 횡령의 적발대책으로 일련번호가 부여된 영수증을 사용하면 사라진 번호를 추적하기가 용이하다. 고객이 자신의 계좌에 기록 지급된 금액과의 차이를 신고하는 경우도 있다. 등록기 테이프의 분실은 기록 전 횡령범죄의 발생에 대한 신호가 된다. 대손상각액의 현저한 증가는 매출채권에 관련된 횡령범죄의 신호가 될 수 있다. 총이익분석과 수평적 비율분석, 분석적 절차 기법(제10장 참조)으로 기록 전 횡령범죄와 돈세탁 행위를 찾아낼 수 있다.

기록 전 횡령을 적발하는 기타의 감사절차로는 영수증과 은행예입액의 비교, 불시에 현금 잔액의 실사, 계정잔액이 엉터리임을 주장하는 고객의 불만사항에 대한 조사, 현금흐름표 작성 등이 있다.

수표의 변조란 금액, 일자, 수취인, 도장 등을 변조하는 것이다. 수표의 변조를 적발하기 위한 대책으로는 수표발행업무와 은행계정조정표작성 업무를 분리시킨다. 자동수표 서명기와 전산화된 수표인쇄 소프트웨어를 설치한 회사는 이 기계에 대한 접근제한을 하고 엄격한 직무분장 시스템을 구축한다. 수취인 변경범죄와 관련해서는 장부기록에 나타나지 않는다는 문제점이 있다. 그래서 감사인은 수표대장상의 수취인과 회수된 수표상의 수취인을 대조해보아야 한다. 회수된 수표목록금액과 수표책 대장상의 수치도 대조해보도록 한다. 가짜수표 방지를 위한 홀로그래픽 이미지, 특수 안전 잉크사용 등 여러 보안조치가 강구되고 있다.

신용카드 거래 취소 및 환불 수법의 경우 신용카드거래가 실제로 일어났지만, 신용카드전표에 취소마크를 한 다음, 돈 상자에서 그 금액을 인출해내는 수법이 있다. 종업원이 자신의 신용카드 번호를 고객의 환불전표에 기입하는 방식으로 또는 환불금을 공범자에게 넘기고 금액을 나누어 갖는 방식으로 이루어진다. 고객이 거래취소 영수증을 챙기는 데 소홀하거나, 감독자가 판매취소 서류에 대한 검증을 하지 않는다면, 범인은 취소영수증을 변조하여 상당한 금액의 절취행위를 몰래 계속할 수 있을 것이다.

이를 적발하기 위한 대책으로는 현금지출에 대한 내부통제의 강화 및 감독자의 주의가 요구된다. 대량의 신용카드거래를 하는 사업체는 매출거래의 취소에 대한 즉시 승인 절차가 마련되어야 한다. 신용카드 범죄가 의심되거나 매출수익의 과도한 감소 추세가 우려되는 경우, 포렌식 감사인은 추세분석(제10장 참조)을 이용하여 환불금의 의심쩍은 증가현상을 찾아낼 수 있다. 신용카드고객명단을 환불기록과 대조해본다. 재고자산의 조정과 불시 재고실사를 통해 재고부족사실을 밝혀낼 수 있다. 왜냐하면 실제로 매출 거래 취소에 따른 제품의 환입이 일어나지 않았기 때문이다.

일반적으로 회사는 몇 개 은행과 당좌거래약정을 체결하고, 은행계정을 사용한다. 한 은행에서 다른 은행으로 예금 이체거래가 있는 경우, 그것이 적절하게 기록(정확한 금액과 정확한 일자)되었는지를 검토하기 위하여 감사인은 은행 간 이체분석표(inter-bank transfer schedule)를 작성한다.

은행 간 이체란 한 은행에서 예금을 인출하여 다른 은행으로 입금시키는 경우를 말한다. 감사인이 은행 간 이체분석표를 분석하는 목적은 동일한 예금이 동시에 두 개의 별도 은행에 포함되어 회사의 예금 잔액이 과대 계상되었는지 여부를 확인하는 데 있다. 이 같은 예금의 과대계상이 의도적인 경우 이를 카이팅(kiting)이라고 한다.

(2) 재고자산 부정

매장의 상품을 슬쩍 가져가는 부정이 발생할 수 있다. 이를 예방하기 위해서는 디지털 녹화장치를 매장에 설치한다. 영상카메라와 도난방지하드웨어 및 POS소프트웨어를 통합시켜 운영하면, 계산원이 매출로 입력하지 않고 판매한 다음 현금서랍을 여는 행위나, 고객이 보안 태그가 부착된 물품을 갖고 매장을 빠져나가는 장면을 녹화할 수 있다. POS모니터링도 증가추세이다. POS로 소매업체는 매 거래 시마다 매장별 정보를 수집 분석하여 추세나 비경상적 패턴을 파악할 수 있다.

거짓 발송서류 만들기도 재고자산 부정에 속한다. 재고자산의 절취행위를 숨기려고, 거짓 발송서류 및 판매서류를 만든다. 사라진 재고자산이 도난당한 것이 아니라 팔려나간 것처럼 보이도록 하려는 것이다. 범인은 회사 내 자신의 지위를 이용하여 가짜 포장내역표나 가짜 발송문서를 만

들어 가공회사(종업원 자신 또는 공모자)에게 재고자산이 배송되도록 한다.

재고자산의 상각 후 절취도 재고자산 부정에 속한다. 먼저 재고자산을 진부화된 것으로 상각한 후, 법인의 통제하에 있는 어떤 자에 매각하는 수법이다. 상각한 재고자산은 장부에서 사라진다.

재고수량부족 감추기의 방법도 있다. 재고부족을 은폐하기 위한 간편법은 재고실사 수량(physical inventory count)에 일치되도록 장부상의 재고수량(perpetual inventory record)을 임의로 수정하는 것이다. 재고자산 절취에 가담한 현장감독자가 재고자산수불부의 대변과 매출원가계정의 차변에 각각 기입 처리되도록 하는 것이다. 그러면 재고자산 수불부의 수량과 실지재고조사표사의 수치가 일치될 것이다. 일단 이러한 수정분개가 이루어지면, 재고자산계정에 대한 검토를 하여도 수량부족 사실을 밝혀내기 어렵다. 때로는 아예 시재수량을 지워버린 후 새 수치를 기입하는 사례도 있다. 재고실사표에 접근할 수 있는 자는 재고실사표 수치를 재고장부상의 수치와 일치하게 변조하기도 한다.

[컨테이너 창고, 출처: 구글]

물리적인 여백 메우기도 재고자산 부정에 속한다. 예를 들어, 대형 주류 컨테이너 창고에 빈 박스를 가득 쌓아 놓고 주류재고가 있는 것처럼 가장한다.

재고자산부정의 예방과 적발을 위해서는 구매업무 수행 시 물품의 주문, 수령(검수), 계속적인 재고기록의 유지 및 대금지급 기능의 상호분리가 바람직하다. 매입송장과 검수보고서의 대조 후 대금지급을 하는 것은 물품이 회사에 입고되기 전에 절취되는 일을 방지하는 데 도움이 된다.

허위로 물품을 발송하는 행위를 예방하려면 포장내역표(판매지시서)를 승인된 구매주문서와 대조하고, 모든 발송예정 물품은 판매지시서와의 대조작업을 거친 후 출고되도록 한다. 재고물품의 발송과 판매기록을 주기적으로 대조하여 부정의 신호를 찾아낸다.

매출계정으로 추적이 되지 않는 발송에 대해서는 조사해보아야 한다. 대손상각비용의 증가는 허위발송의 경고신호로 볼 수 있다. 허위 매출거래를 생성시켜 물품의 발송을 정당화시키는 방식이다. 물품이 회사 밖으로 나간 후 매출을 취소하거나 대손상각 처리하는 것이다. 따라서 발송된 물품을 수령할 고객주소와 종업원의 집 주소를 대조하는 작업이 필요하다. 종업원이 회사물품이나 기기를 자기 집으로 빼돌리는 수법이 발견되기도 하기 때문이다.

방지책으로는 재고기록부에 미심쩍은 기입사항을 조심스럽게 검토하고, 재고기록부상의 모든 수량 감소는 원시증빙서류로 입증되는지 확인하며, 변조흔적을 찾아본다. 당월 재고자산 기초잔액과 전월 기말잔액의 일치여부, 당월 말 재고 기말잔액과 비교대상 과거 수치 사이에 합리적인 유사성이 있는지 확인한다. 재고실사 보고서상의 수치를 총계정원장 재고자산계정 수치와 대조해본다.

이 외에도 어떤 제품생산에 소요되는 자재량을 과대 계상한 다음 초과 자재를 훔치는 범죄가 발생되기도 한다. 이런 부정을 예방하려면 어떤 제품을 생산하기 위해 주문한 자재량과 실제 작업에 사용된 자재량을 대조해 보아야 한다. 모든 자재요청서에는 요청자와 승인자의 서명이 표시되도록 함으로써 부정발생 시 범인의 식별을 가능하게 할 수 있다.

끝으로, 훔친 재고자산을 작업폐기물(scrap)로 처리한 다음 장부기록에서 떨어내는 경우도 있다. 폐기물에 대한 보안조치가 허술한 틈을 타 절취하기도 쉽고 분실된 자산으로 장부에 회계처리하기도 쉽기 때문이다. 어느 경우이든 재고자산에 대한 주기적 추세분석을 통해 작업폐기물로 처리된 수량의 현저한 증가를 눈여겨보아야 한다. 작업폐기물의 매각대금도 회사의 현금수입장에 정상적으로 입금처리되어야 한다. 특정 항목에 대한 재고물량이 비정상적으로 높다면 이러한 재고자산 품목이 절취 대상이 되고 있다는 증거가 될 수 있다.

(3) 외상매출금 부정: 래핑(lapping)

수취현금목록을 작성하는 현금출납원이 돈을 훔치고, A고객의 수표를 자신의 개인적인 용도로 써 버린 경우를 가정해보자. A고객이 자신은 대금을 지급했으나, 거래상대 회사의 장부에는 미결제상태로 있다고 해보자. 그렇지만 이 사실을 뒤늦게 인지한 A고객이 항의할 때까지는 약간의 시간이 소요될 것이다.

이러한 경우 현금출납원은 이러한 사정을 잘 알고 있지만 회사는 현금출납원(cashier)이 가로챘다는 사실을 모르는 상황이 발생한다. 그래서 현금출납원은 이번에는 B고객의 수표를 은행에 예입하고는 수취현금목록에는 A고객으로부터 회수한 것처럼 기입한다. 이러한 방식으로 A고객의 항의는 방지할 수 있다. 그러나 이제는 B고객으로부터 항의를 받지 않도록

이 사실을 은폐해야 하는 상황에 처한다.

이러한 래핑 부정을 탐지해내기 위해서는 은행계정조정표상에 표시된 수표 입금액들을 해당 매출채권보조원장의 인명계정에 전기된 대변 내역(일별 수취 현금목록 및 전기 관련 기록내역)과 대조하는 절차를 포함해야 한다. 그렇게 하는 것은 특정일에 대금지급을 한 일이 없는 고객별 인명계정에 '대변기록(credit)'이 있는지 확인하기 위함이다.

- 은행입금표상에 표시된 수표금액을 고객별 인명계정에 기록된 송금액 내역과 대조하는 절차를 수행한다.
- 연도 말이나 혹은 연말에 이은 신년 초 첫 며칠 동안, 신용매출대금 회수액의 내역을 송금통지서 및 외상매출금 보조원장으로 추적한다. 이 방법은 송금한 고객의 해당 계정 이외의 어떤 다른 계정에 기록된 대변 금액을 적발해낼 수 있다.

(4) 외상매입금 부정

외상매입금은 공급자에 갚아야 할 채무이다. 공급자가 물품 대금의 지급을 이중으로 요구한다면 고의적일 가능성이 제기된다. 다음은 이중지급이나 가짜 송장으로 대금지급을 청구하는 행위를 예방하는 데 도움이 되는 조치들이다.

- 송장 번호의 수치와 금액을 비교해본다.
- 14일 미만 일자 등 유사일자를 확인한다.
- 일정 승인금액 이하의 송장을 주목한다.
- 금액과 일자를 엑셀로 분류한 다음, 이중 지급여부를 검증한다.
- 유사이름을 가진 공급자들을 눈으로 비교해보는 방식으로 공급자 파일을 검토한다.

• 허위공급자가 있는지를 검토한다.
• 단기간 동안 서명과 수취인의 정당성을 검토한다.

(5) 가짜 매출수치

매출 기록누락, 매출의 과소계상, 가짜 매출 일으키기 등 매출금액을 가짜로 작성하는 부정도 있다. 예를 들어, 소매업에 종사하는 종업원이 상품을 판매하는 척하지만 판매액을 금전등록기에 입력하지 않는다. 공모자가 상품을 매장 밖으로 가지고 나가도록 허용한다. 종업원이 매출을 과소계상하고 차액을 횡령한다. 그렇게 되면 재고부족현상이 나타난다. 종업원이 판매액에 따른 보상을 받는 경우, 고객이 실제로 지급한 금액보다 더 높은 가격으로 판매실적을 기록한다.

이러한 가짜 매출수치를 적발할 수 있는 방안은 비율분석, 추세분석, 통계적 샘플링, 매출계정에 대한 수평적 및 수직적 분석기법(제10장 참조)을 활용하여 허위 매출수치를 적발하는 것이다. 매출 관련 서류와 재고수불부를 대조하여 시재재고수량의 과대평가를 적발할 수 있다.

제2절 종업원 부정의 예방 · 적발 및 감소 방안

종업원 부정을 예방 및 적발하고 감소시키기 위한 방안으로는 다음과 같은 것이 있을 수 있다.

• 부정신고 핫라인(hotline)을 유지한다.
• 강제휴가제도를 실시한다.
• 현금, 외상매출금, 외상매입금, 신용거래승인 업무 등에 종업원을 순환배치한다.

• 윤리지침의 준수에 대한 종업원의 서명을 받는다.
• 내부감사인이 매번 감사 시 상이한 내부감사절차를 적용한다.
• 종업원의 라이프 스타일의 변화를 관찰한다.
• 회사 조직단위별 업무처리절차와 종업원별 역할을 잘 이해한다.
• 불시에 감사를 실시한다.
• 소기업의 경우 소유주는 월별 은행계산서를 미개봉 상태로 입수해서, 회사장부 잔액과 반드시 대조해보아야 한다.
• 감독자는 범죄자처럼 생각하면서 살펴야 한다.
• 종업원의 정직성을 가정하지 않는다.
• 종업원 인사기록을 검토한다.
• 종업원을 보증보험에 가입시킨다.
• 보수지급을 포지티브시스템으로 한다.
• 재고자산 창고에는 열쇠장치를 한다.
• 현금시재 검사는 불규칙적으로 하루에 두 번씩 실시한다.
• 재고수량정보를 비공개로 유지한다.
• 부정 관련 위험평가를 한다.
• 이해관계자를 주목한다.
• 완벽주의자를 주목한다.
• 부정을 신고한 자에게 보상한다.
• 팩스나 전자적 수단을 이용하는 경우, 수신자에게 전화로 확인한다.

[참고] 판매시스템의 문서흐름도

판매업무(매출과 대금회수 활동)의 처리단계

(1) 고객주문, 발송 및 대금청구

• 시작 – 고객 주문서의 접수 – 신용거래의 승인 – 물품의 인도 – 대금

청구 – 신용매출거래의 기록

(2) 대금의 회수 및 금융기관 예치

- 시작 – 고객의 수표 및 송금통지서 도착 – 현금수취거래의 기록 – 은행예입 – 은행계정의 조정

(3) 거래유형

- 외상매출거래
- 현금매출거래
- 대금의 회수
- 기타현금수입(예: 투자자산 혹은 유형자산의 매각, 금융차입 등)

(4) 문서의 종류

- 고객의 주문서
- 판매지시서
- 적송서류: 고객에게 물품을 적송(발송, 인도)할 때 작성되는 서류. 적송되는 물품의 종류, 수량, 기타 관련정보가 표시된다. 때로는 적송서류와 선하증권(B/L)을 각각 분리하여 작성하기도 한다. 적송서류 1부는 고객에게 보내며, 다른 부본은 대금청구업무를 개시하는 데 이용된다.
- 매출송장: 고객에게 대금을 청구하는 데 이용되는 서류. 수량, 단가, 거래조건이 기재되며, 원본은 고객에게 송부된다. 부본은 조직 내의 다른 부서에 보낸다. 신용카드를 이용하여 구매하는 고객의 경우, 회사로부터 직접 대금청구서를 받지는 않는다. 고객은 배송 물품과 함께 수량과 단가가 표시된 발송(적송)서류를 받는다. 물품금액은 신용카드회사에서 매월 보내주는 카드 사용명세서상에 표시된다.
- 송금통지서
- 우송되어 온 수표목록
- 현금수입일계표
- 은행입금표
- 금전등록기 테이프
- 월별거래명세서

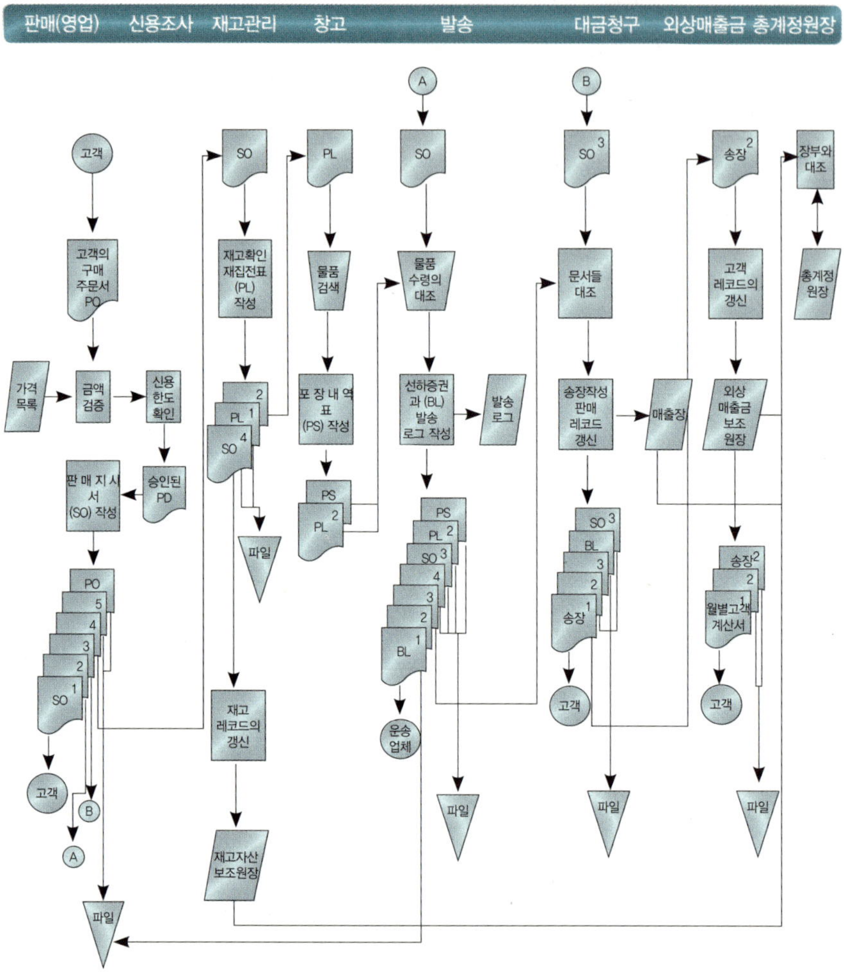

[그림 4-1] 신용매출의 흐름도

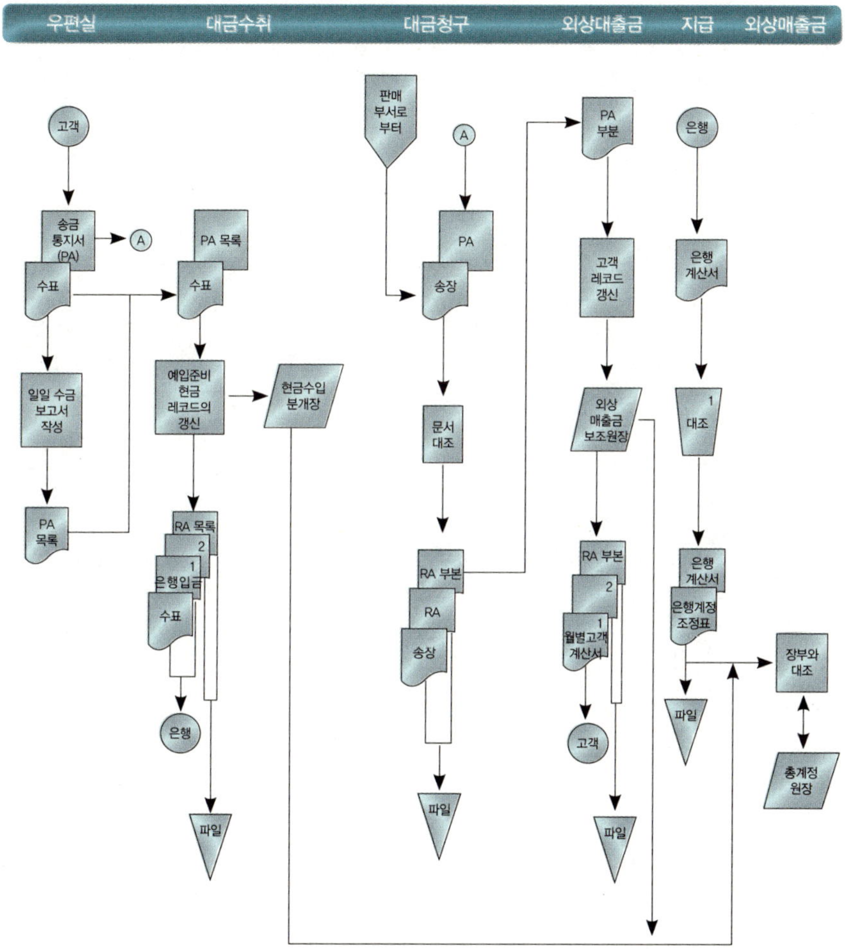

[그림 4-2] 현금 수취과정의 문서흐름도

[참고] 구매시스템의 문서흐름도

구매업무(매입과 대금지급 활동)의 처리단계

(1) 주문, 주문서 발송 및 대금지급

- 시작 – 주문서의 발송 – 신용거래의 승인 – 물품의 수령 – 대금지급 – 신용매입거래의 기록

(2) 대금의 지급 및 금융기관 인출

- 시작 – 수표의 발행 및 송금통지서 발송 – 현금지급거래의 기록 – 은행인출 – 은행계정의 조정

(3) 거래유형

- 원재료, 상품 소모품 유형자산 등의 매입
- 매입대금의 지급[적절하게 승인된 바우처(voucher)가 있어야만 대금지급이 가능하도록 통제한다. 모든 지급은 수표로 한다.]

(4) 문서의 종류

- 구매요청서
- 구매주문서
- 검수보고서
- 공급자송장(매입송장)
- 바우처 일계표
- 바우처
- 지급수표
- 매입장: 회사는 모든 외상구매거래에 대한 목록을 인쇄출력하거나 컴퓨터거래파일로만 유지할 수도 있다. 매입장과 더불어 외상매출금보조원장과 상당히 유사한 형태로 매입처별 보조장부(외상매입금 보조원장)를 유지하는 것이 일반적이다. 매입송장(공급자송장)을 요약집계한 매입장 대신에 개별 바우처(지출결의서)를 요약 집계한 바우처 대장을 사용하는 회사도 있다. 그러나 외상매입채무 기록을 전산화 처리하는 경우, 각각의 바우처에 공급자(매입처) 번호를 부여하면, 바우처 대장은 공급자(vendor)별로 분류될 수 있다. 공급자(매입처)별 분류는 외상매입금보조원장을 구성하는 정보이다.

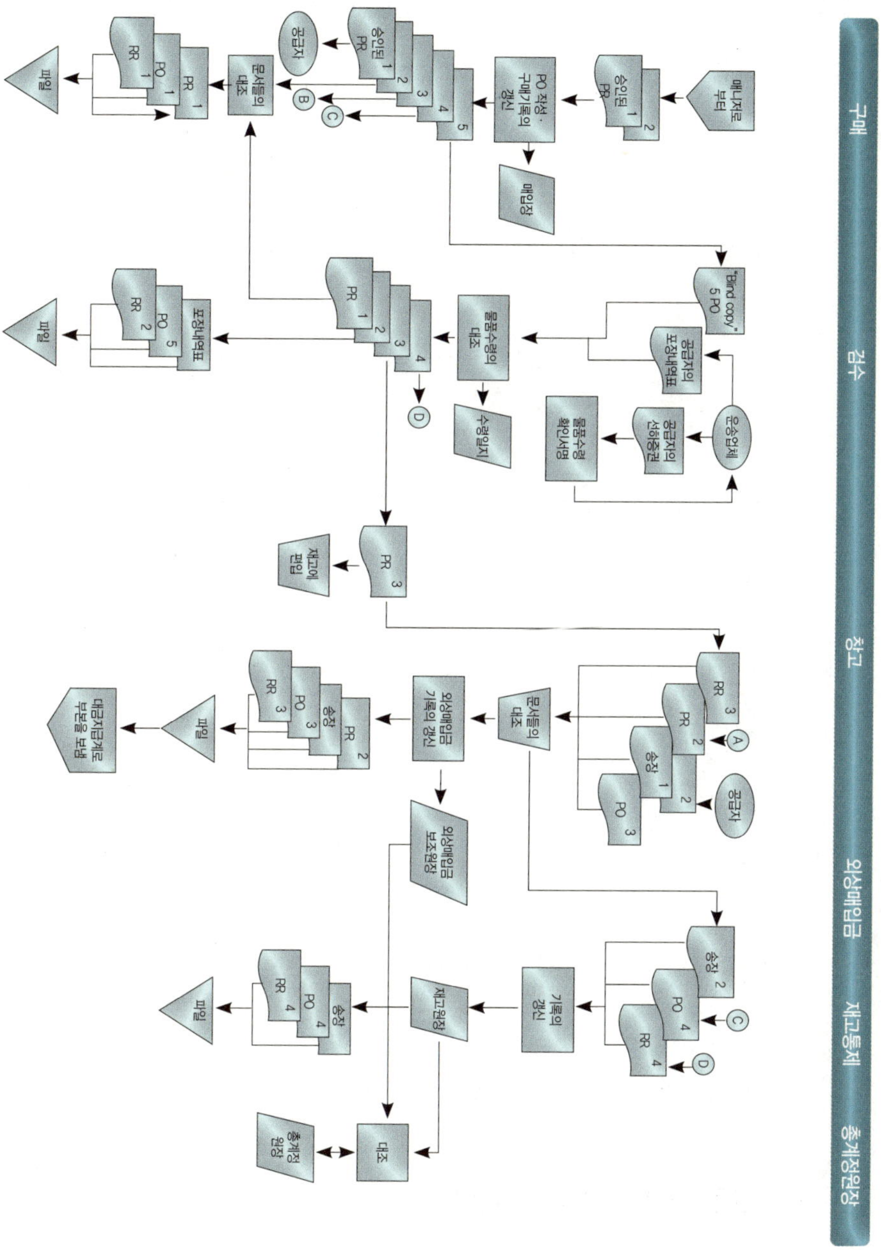

[그림 4-3] 신용 구매의 문서흐름도

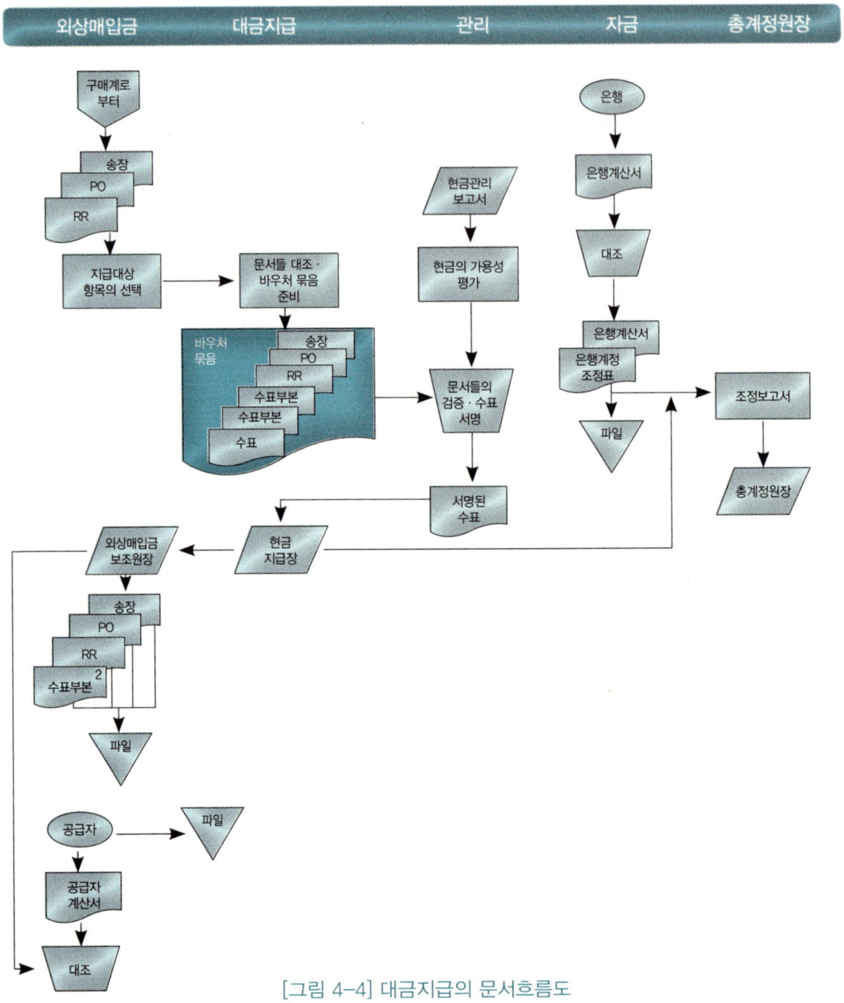

[그림 4-4] 대금지급의 문서흐름도

제3절 현금에 대한 보호와 통제

1. 현금 관련 거래의 비중과 위험

현금계정은 많은 거래가 현금계정을 통해 유출입되기 때문에 다른 계정에 비하여 위험에 노출될 가능성이 높다. 현금은 유동성이 가장 높기 때문에 높은 위험에 노출되어 있다. 현금의 전자이체 및 현금에 대한 자동화된 통제 시스템을 이용하는 경우 컴퓨터프로그램에 오류가 내장되어 있으면 다량의 오류 거래가 반복될 것이다. 현금은 조작이 용이한 대상물이다. CEO 중에 일부는 회사자금과 자신의 개인 자금을 구분하지 않고 혼합시키는 방법으로 자금문제를 숨기기도 한다.

2. 현금관리기법

(1) 전자자금이체

많은 기업들이 전자자금 이체방식을 채택하고 있다. 현금이체가 자동적이고 동시적으로 이루어지며, 수표를 사용하지 않는다. 전자자금이체는 기타의 대금회수방식의 이용을 감소시키겠지만, 전자자금이체를 할 수 없는 고객의 경우 기존 방식은 여전히 이용된다.

(2) 금융기관과의 자금관리약정

금융기관은 고객을 위하여 현금관리프로그램 등의 자동화된 서비스를 제공한다. 감사인은 투자위험에 대한 모니터링에 이용되는 적절한 절차 및 투자가 부당한 위험에 노출되지 않도록 통제되고 있는지를 확인해야 할 것이다.

기업이 보유하는 자산 중 현금만큼 위험성이 높은 자산(risky asset)은 없을 것이다. 기업의 모든 거래는 결국 현금의 수령이나 지급으로 귀결되기 때문이다. 따라서 현금자산을 보호하고 현금에 관련된 거래기록의 정확성과 신뢰성을 높일 수 있는 내부통제절차가 마련되어야 한다.

현금에 대한 내부통제는 세 가지로 나누어 고려되어야 한다.

- 회수되는 현금은 당일 금융기관에 예입하도록 한다.
- 현금의 지급은 원칙적으로 당좌수표로 하되, 소액의 지급용도로 소액현금제도를 운용한다.
- 현금 및 예금 잔액의 정확성을 확인하기 위하여 정기적으로 은행계정조정표를 작성한다.

3. 은행계정조정표

모든 기업은 현금의 수지를 항상 장부상에 기록 · 유지하고 있기는 하지만 실무적으로는 기록상의 오류가 얼마든지 발생할 수 있기 때문에, 기업은 정기적으로 회사 장부상의 현금잔액과 실제현금잔액을 비교하여 그 차이를 조정해 주어야 한다.

또한 은행에 입금되어 있는 예금 잔액과 회사장부상의 예금 잔액 간에는 차이가 발생할 수 있다. 이들 차이는 은행계정조정표의 작성을 통하여 조정될 수 있다. 따라서 은행계정조정표(bank reconciliation statement)란 은행기록상의 회사예금 잔액과 회사기록상의 은행예금 잔액을 일치시키는 조정표라고 할 수 있다.

일반적으로 매월 말에 한 번씩 은행은 기업에 대하여 은행계산서(bank statement)를 그동안의 기업 입출증빙서류와 함께 송부해준다. 만약 그동안의 거래(예입 · 인출)기록이 정확하게 이루어지고 기간 중의 시간적 차이로 인해 발생하는 누락된 거래기록이 없다고 한다면 양자 간의 회사예금 잔액과 은행예금 잔액은 항상 일치하게 될 것이다. 그러나 실제로는 여러 가지 이유로 인하여 양자의 잔액이 일치하는 일은 매우 드물다. 예를 들어, 매월 마지막 날에 입금을 하였으나 은행에서 같은 달 마지막 날의 예입으로 처리하지 않았다든가, 은행에서 추심수수료 등과 같은 인출사항을 그것이 발생한 달에 기업에 통보하지 아니했다든가 또는 기업에서 발행한 수표가 은행에 미제시된 경우 등에는 양자 간의 잔액이 불일치하게 된다. 이와 같은 불일치의 원인에는 다음과 같은 여러 가지가 있다.

- 회사에서는 이미 예입으로 기록하였으나 은행에서는 통지를 받지 못해 아직 해당회사의 당좌계정에 가산하지 않은 경우: 회사가 월말에 입금통지서에 의해 예입으로 장부에 기록하였으나 은행에서 미처 예입으로 기록하지 못한 것으로 미예입현금(deposit−transit)이 대표적인 예이다.
- 회사에서는 지출되어 당좌예금계정에서 차감하였으나 은행에서는 아직 차감하지 않은 경우: 회사가 수표를 발행하여 회사장부에서는 수표금액만큼 차감하였으나 은행에서는 당해 수표를 현금으로 지급하지 아니한 것으로 기발행미지급수표(outstanding check)가 그 예이다.
- 은행에서는 예입으로 기록하였으나 회사에서는 통지를 받지 못해 아직 장부에 가산하지 않은 경우: 은행이 추심한 받을어음 등의 수취채권, 예금에 대한 발생이자 등이 그 예이다.
- 은행에서는 해당회사의 당좌계정에서 차감하였으나 회사에서는 아직 차감하지 않은 경우: 회사가 지불해야 할 추심수수료와 부도수표 등이 그 예이다.
- 회사나 은행의 기입오류로 인하여 은행계산서잔액과 당좌예금출납장잔액과의 차이가 발생할 수 있다. 이는 그때그때의 상황에 따라 회사 측이나 은행 측에서 가감하여 수정하여야 한다.

회사는 위와 같은 여러 가지 원인을 조사하여 회사 측의 당좌예금출납장잔액과 은행에서 보내 온 은행계산서잔액을 토대로 정확한 은행계정조정표를 작성하여야 한다.

은행계정조정표

(20×1. 11. 30)

Ⅰ. 은행계산서 잔액	₩223,650
가산:	
입금통지서에 의한 은행의 입금미기록	36,800
	260,450
차감:	
기발행 미지급수표	
(#7327, 7348, 7349)	50,010
조정 후 잔액	₩210,440
Ⅱ. 회사장부 잔액	₩204,520
가산:	
발생이자(은행예금)	6,000
	210,520
차감:	
추심수수료	80
조정 후 잔액	₩210,440

4. 현금에 대한 내부통제

현금은 거래의 모든 순환활동과 접촉한다. 기업의 모든 거래는 결국 현금의 수령이나 지급으로 귀결되기 때문이다. 현금에 대한 내부통제를 먼저 다루는 이유는 두 가지이다.

첫째, 현금은 종업원 부정의 주요 목표물이고, 결과적으로 현금에 대한 고유위험이 다른 계정보다 일반적으로 높기 때문이다. 현금은 유동성이 매우 높다. 회사의 자산으로 쉽게 식별하기 어렵고, 이동성이 대단히 높다. 이런 이유로 인해서 현금은 종업원 절도의 가장 좋은 목표물이다. 따라서 현금에 대한 통제는 대단히 강력해야 한다.

둘째, 현금은 피감사회사의 각 거래유형에서 중요한 역할을 하기 때문에 현금에 대한 논의는 다른 매출거래의 감사에 당연히 선행되어야 한다. 예를 들어, 매출거래의 기본적인 활동은 ① 신용 점검을 포함하여, 고객의 주문을 받아서 처리하기 ② 제품을 고객에게 인도하고 서비스를 제공하기 ③ 고객에게 송장을 보내고, 매출채권 기록하기 ④ 현금을 고객으로부터 회수하여 입금하기 ⑤ 은행계산서와 조정표 작성 등이다. 구매(취득과 지출)거래는 ① 제품, 용역(서비스) 구입, ② 대금지급 등이다. 비슷하게 제조거래활동도 현금의 회수와 지급을 포함한다. 이하에서는 ① 현금회수 ② 현금지급 ③ 현금 잔액의 조정을 중심으로 설명하기로 한다.

(1) 현금수취거래: 통제활동

현금의 수취 형태는 여러 가지가 있다. 예를 들어, 매장에서 판매원이 직접 받거나, 우편으로 신용매출대금을 회수하거나, 영업사원이 출장 수금하거나, 인터넷 뱅킹으로 자금이체 등을 통하여 수취한다.

- 승인: 매출환입이나 에누리의 승인, 할인의 결정에 대한 권한은 적절하게 위임되어 있어야 한다.
- 보관: 고객으로부터 현금을 수령한 매장의 영업사원은 물품대금영수증을 작성하여 1부는 고객에게, 사본 1부는 회계기록담당자에게 보낸다. 컴퓨터 전산시스템에 의하여 자동으로 기록되기도 한다. 고객으로부터 보내온 수표와 송금통지서류는 회사 내의 우편취급실에 도착될 수도 있다. 회사로 들어온 실물 현금 · 수표는 회사 내의 누군가의 손에서 잠시 동안이지만 머물게 된다. 이 회수현금에 대한 최초의 접촉은 피할 수가 없다. 그래서 가능한 한 빨리 수취현금목록(cash remittance list)을 작성한 다음, 실물현금은 거래기록을 위한 서류와 분리시키는 것이 좋은 통제이다. 영업사원이나 우편물담당자로부터 이전되어온 현금 · 수표에 대해, 현금출납원(cashier)이나

자금부서는 은행입금표를 작성한다. 수취된 현금 · 수표 전액을 은행에 당일 예치하도록 한다. 수취현금목록을 회계기록담당자에 넘기면, 회계기록담당자는 현금 수령거래를 기록한다. 고객의 지불수표에 동봉된 송금통지서들의 묶음이 수취현금목록의 역할을 할 수도 있다. 매출송장의 한 부분을 송금통지서로 사용하기도 한다.

- 기록: 매출채권 회수거래에 대하여 현금계정(차변)과 매출채권 보조원장계정(대변)에 기록(매출채권금액의 대변기입)하는 회계기록담당자는 실물현금을 직접 다루면 안 된다. 이들은 수취현금 목록을 이용하여 현금계정, 매출채권 통제계정과 매출채권 보조원장 인명계정에 기록해야 한다. 회계부서 내에서 통제계정과 보조원장계정의 취급을 서로 다른 사람이 하도록 한 후, 나중에 이들 두 가지 총액이 일치하는지 여부를 비교검증해보는 것이 좋은 오류점검방법이다. 대부분 전산화된 회계 프로그램의 경우, 고객식별번호를 입력함으로써 고객계정(인명계정)에 자동기록이 되고 일치여부는 컴퓨터 프로그램에 의해 통제된다.
- 주기적 비교검증: 일상적인 현금 관련업무(기록과 보관)를 하지 않는 회사의 직원이 은행계정조정표를 정기적으로 작성해야 한다. 은행 입금표와 수취현금목록(현금수입장부)상의 내역을 대조해본 후, 총액이 총계정원장에 기입된 수치와 일치되는지 추적해보아야 한다(이러한 조정표를 통하여, 현금이 예입금액으로부터 인출되었는지 여부를 알 수 있다). 이와 비슷하게, 지급필수표는 현급지급목록(현급지급장부)으로 추적해서 확인하도록 한다. 장부에 기록된 모든 현금수취액(현금매출 금액과 신용매출 대금의 회수액)이 은행에 예치되고 있으며 또한 정확한 고객계정의 대변에 기입되고 있는지를 주의 깊게 검토해야 한다.
- 래핑(lapping)의 적발: 래핑(lapping) 부정을 탐지해내기 위해서는 은행계정조정표상에 표시된 수표 입금액들을 해당 매출채권 보조원장의 인명계정에 전기된 대변 내역(일별 수취현금목록 및 전기 관련 기

록내역)과 대조하는 절차를 포함해야 한다. 그렇게 하는 것은 특정 일에 대금지급을 한 일이 없는 고객별 인명계정에 대변기록(credit)이 있는지 확인하기 위함이다.

- 은행입금표상에 표시된 수표금액을 고객별 인명계정에 기록된 송금액 내역과 대조하는 절차를 수행한다.
- 연도 말이나 혹은 연말에 이은 신년 초 첫 며칠 동안, 신용매출대금 회수액의 내역을 송금통지서 및 외상매출금 보조원장으로 추적한다. 이 방법은 송금한 고객의 해당 계정 이외의 어떤 다른 계정에 기록된 대변 금액을 적발해낼 수 있다.

• 카이팅(kiting)의 적발: 카이팅(kiting) 부정을 탐지하기 위해서는 은행 간 이체분석표(inter-bank transfer schedule)를 작성한다. 은행 간 이체란 한 은행에서 예금을 인출하여 다른 은행으로 입금시키는 경우를 말한다. 감사인이 은행 간 이체분석표를 분석하는 목적은 동일한 현금예금이 동시에 두 개의 별도 은행에 포함되어 회사의 예금 잔액이 과대 계상되었는지 여부를 확인하는 데 있다.

• 기타 고려사항: 일반적으로 현금취급 종업원은 신원보증보험에 가입시킬 필요가 있다. 신원보증보험은 현금횡령으로 인한 회사 손실의 대부분을 보상해준다. 신원보증보험이 횡령을 예방하거나 적발하지는 못하지만, 이 보험가입이 안 된 상태에서 만약 횡령 사건이 일어나면 회사는 큰 손실을 입게 된다. 신원보증 보험회사는 보험계약 체결에 앞서, 종업원에 대한 뒷조사를 자신들이 수행하는 경우도 있다.

(2) 현금지출거래: 통제활동

현금지출에 대한 양호한 내부통제는 적절한 업무분장으로부터 시작된다. 적절한 업무분장을 위해서는 양립 불가능한 업무들이 분리되어야 한다. 미사용수표의 보관, 지출에 관한 기록, 은행계정조정표 작성, 현금 지출에 관한 승인 업무는 각각 분리되어야 한다.

- 승인: 매입채무부서에 서류묶음, 즉 지불해야 할 타당한 의무가 있음을 보여주는 구매주문서, 매입송장, 검수보고서가 수합되어야 현금지출에 대한 승인이 나온다. 이런 뒷받침 증빙서류들을 지출결의서철이라고 한다(매입채무에 대한 회계기록은 대개 구매자가 주문한 물품이나 용역을 받았을 때 수행된다). 경영자나 이사회의 승인을 받은 사람이 수표에 서명을 한다. 회사는 일정금액을 초과하는(가령 1,000만 원 이상) 수표에 대해서는 두 개의 서명을 요구하는 방침을 견지할 수 있다. 처리가 완료되면 이중 지급되지 않도록 지출결의서(voucher)에 '지급필(paid)'이라고 기록하거나 도장을 찍어둬야 한다.
- 보관: 미사용수표와 같은 서류는 항상 안전하게 보관되어야 한다. 만약 승인받지 않은 사람의 수중에 미사용수표가 들어가면, 그 횡령사실이 발각되었을 무렵이 되면 횡령자는 이미 다른 나라에 있을지 모른다.
- 기록: 수표가 준비되면 매입채무계정의 차변에 기록하고, 현금계정의 대변에 기록해야 한다. 수표작성 업무에 접근할 수 없는 사람이 기록업무를 수행해야 한다.
- 은행계정조정표 작성: 현금에 대한 내부통제를 모니터하는 활동은 일상적인 현금 업무를 취급하지 않는 사람이 적시에 은행계정조정표를 작성함으로써 수행될 수 있다.

한 사람이나 한 부서 또는 한 전산 시스템에 두 가지 또는 그 이상의 책무를 부여하면, 오류와 부정의 발생가능성이 증가한다. 일차적으로 통제 시스템에 관한 정보는 기본적으로 내부통제 질문서를 완성함으로써 입수할 수 있다. 이들 질문서에는 바람직한 통제 활동의 내역이 나열되어 있다. 질문서 내용은 현금거래 내역별로 발생, 정확성, 완전성, 분류, 기간구분과 같이 중요한 통제 목표를 식별해주는 항목별로 정리되어 있다.

Chapter_ 4 요 약

종업원 부정(employee fraud)은 사적인 재무이익을 위해 고용주의 현금 혹은 기타자산(재고자산, 유가증권 등)을 부정한 방법을 이용하여, 절취(횡령·유용)하는 것을 지칭한다. 일반적으로 이것은 엉터리 문서, 거짓말, 권한 남용, 회사방침의 위배 등 어떤 종류의 속임수를 수반한다.

자산의 횡령은 기업 자산의 도둑질을 포함하며, 대개 종업원에 의해 상대적으로 소액이며 중요하지 않은 금액에 대하여 저질러진다. 그러나 여기에는 대개 적발하기 힘든 방법으로 자산의 횡령을 더 잘 숨기고 위장할 수 있는 위치에 있는 경영진도 포함될 수 있다.

자산의 횡령은 종종 자산이 분실되었거나 정당한 승인 없이 담보 제공되었다는 사실을 은폐하기 위하여 허위 또는 오도를 일으키는 기록이나 문서를 수반한다. 자산의 횡령은 다양한 방법으로 이루어질 수 있다.

종업원 부정을 예방 및 적발하고, 감소시키기 위한 방안으로는 부정신고 핫라인 설치, 강제휴가제도, 종업원 순환배치 등 다양한 방법이 있다. 특히 고위험(high risk) 자산에 속하는 현금에 대한 보호와 통제를 위해서는 전자자금이체, 은행계정조정표의 작성, 현금수취거래와 현금지출거래에 대한 내부통제장치 확보 등을 통해 자산을 안전하게 보호할 수 있다.

Chapter_ 5

데이터 보안: 위험의 유형, 통제 및 감사

Chapter_ 5

데이터 보안: 위험의 유형, 통제 및 감사

제1절 시스템의 보안위험

조직의 경영자는 일정 형태의 내부통제시스템을 설계 · 운용해야 한다. 경영자는 조직의 오류와 부정을 예방 또는 적발할 수 있으리라는 확신을 제고해 줄 통제환경, 통제정책 및 통제활동을 선택한다.

이러한 통제환경, 통제정책 및 통제활동은 데이터의 정확성과 신뢰성을 보장해 주며 데이터의 무결성[8](data integrity)을 제공한다. 컴퓨터는 기록을 저장하고 자산에 관련된 거래를 승인하는 경우도 있기 때문에 컴퓨터 파일을 보호하는 통제는 자산도 보호하게 된다. 이러한 통제는 데이터 보안[9](data security)을 제공한다. 전산화된 회계기록에 무단으로 접근하는 범죄자들은 조직을 속이기 위하여 데이터를 변경시킬 수도 있다. 보안통제는 비승인된 접근, 즉 무단접근을 방지하는 특징이 있기 때문에 조직의 자산을 보호해 준다. 위험으로부터 데이터를 보호해 주는 전산시스템이란 적절한 데이터 보안을 제공해 주는 시스템을 말한다.

---

8) 데이터의 무결성이란 다음과 같은 특성을 포괄하는 개념이다.
- 데이터를 정확하게, 완전하게 그리고 적시에 수집, 처리, 저장, 배포할 수 있는 능력
- 우연에 의한 혹은 의도적인 자료손상을 막을 수 있는 능력

9) security는 보안(성), 안전보장, 안전보호, 기밀보호, 보호안전(성) 등으로 번역되며 보안통제의 대상 분야는 데이터 보안(data security), 물리적 보안(physical security) 및 소프트웨어 보안(software security)으로 세분될 수 있다.

1. 보안위험의 원천

[출처: 구글]

데이터 보안 위험의 원천은 내부, 외부 및 공모 세 가지로 분류할 수 있다.

(1) 내부원천

위험의 내부원천으로는 데이터 보안상의 약점을 이용하려는 조직구성원들을 들 수 있다. 즉 관리자와 실무운영직원들이다.

관리자나 감독관이 레코드에 접근할 수 있는 기회는 큰 반면 자산을 훔칠 수 있는 기회는 적은 편이다. 이들은 절취행위를 숨기기 위해 기록을 변조하기는 용이할지 모르지만, 조직 내의 다른 사람들이 모르게끔 자산을 훔치기는 어렵다. 그렇지만 이들은 본인의 자산 절취행위를 알고 있는 실무운영직원들에게 해고의 위협을 가함으로써 이러한 상황을 해결할 가능성이 있다.

실무운영직원이란 회계담당자, 판매사원, 공장(현장)작업자를 일컫는다. 이들은 조직의 자산에 대해 일상적인 접근을 할 수 있기 때문에 자산을 훔칠 기회에 노출된다. 그러나 자산에 관한 전산화된 레코드에 대해서는 제한된 접근기회만을 갖게 된다. 양호한 업무분장 절차가 제대로 지켜지는 한, 자산 관련 레코드(records, 기록)에 대한 접근권을 가지면서 동시에 그 자산의 보관업무도 담당할 수 있는 사람은 아무도 없다. 양호한 업무분장은 실무운영직원에 의한 자산의 절취와 전산기록의 변경을 통한 절취행위의 은닉이라는 양자의 업무를 동시에 수행할 수 없도록 한다.

(2) 외부원천

위험의 외부원천은 사업상의 접촉자와 조직의 자산을 훔칠 수 있는 기회를 가지는 잠재적 범죄자를 포함한다.

여러 가지 형태의 사업접촉과정에서 컴퓨터와 관련된 범죄가 발생될 수 있다. 두 가지 주요 위험의 원천은 사업상의 접촉자인 판매처와 구매처이다. 이들 조직은 회사와 거래를 하기 때문에 판매처와 구매처의 종업원들은 자산과 기록에 대해 접근할 수 있는 간접기회를 가진다. 가장 큰 위험은 이들 종업원이 회사 내의 직원 한 명과 협력하여 행동할 때 발생한다. 이러한 협력행위는 컴퓨터시스템에 허위거래의 입력으로 절취와 절취행위의 은닉 범죄를 저지를 수 있다.

전직 종업원들도 회계시스템에 대한 위험을 구성할 수 있다. 때때로 이들은 시스템과 시스템 통제상의 약점을 잘 알고 있다. 특히 그들이 고용주와 사이가 안 좋았을 경우에는 컴퓨터와 관련된 범죄를 저지르기 위해서 약점을 이용하려고 할 수도 있다. 위험의 또 다른 원천은 컴퓨터 파일에 저장되어 있는 기밀데이터에 접근하여 경쟁적 이점을 추구하려는 사업경쟁자이다.

익명의 범죄자와 같은 기타 범죄자들 또한 전산화된 레코드에 대한 위험 원천이 될 수 있다. 해커[10](hacker)들은 인터넷망에 접속하여 시스템 보안상의 특성(통제)들을 회피하려고 한다. 그러한 시도는 이들에게는 범죄 유발의 동기가 되는 것에 불과하지만, 이들이 조직의 데이터베이스에 치명적 손상을 가할 수도 있다. 조직화된 범죄는 조직의 자산을 절취하기 위하여 데이터 보안상의 취약점을 이용할 수도 있을 것이다.

(3) 공모의 원천

위험 중 공모의 원천은 두 명 이상이 조직의 자산을 절취할 음모를 꾸미거나 전산레코드 변경의 방법으로 절취행위의 은닉을 시도할 때 존재한다. 적절한 업무분장이 이루어진 조직을 포함하여 모든 조직은 이러한 위험의 원천에 노출되어 있다.

이러한 이유 때문에 감사인은 이러한 위험의 원천을 숙지하고 있어야 하며, 이들을 추적하거나 적발할 수 있는 절차를 도입해야 한다. 공모의 원천은 내부공모와 외부공모의 두 가지 형태로 존재한다.

내부공모는 두 명 이상의 조직구성원이 통제환경, 정책 혹은 통제절차를 회피하기 위해서 협력할 때 발생한다. 예를 들면, 내부공모는 실무담당직원이 자산을 훔치고 관리자나 다른 직원이 기록변조의 방법으로 절취행위를 은닉할 때 발생한다. 업무분장이 제대로 되어 있다 하더라도 이러한 형태의 부정을 방지하지 못하는 수가 있다.

외부공모는 조직을 기망하기 위해 조직 구성원이 비종업원과 협력할

10) 해커는 정식으로 접근권을 가지고 있지 않으면서 온라인 시스템 같은 소프트웨어 안으로 침입해 들어가는 사람이다. 이들은 대개의 경우 전산망을 망가뜨리거나 전산망을 비정상적으로 운용하는 짓을 하며, 소프트웨어의 정상적인 운용을 방해하거나 훼방을 놓는 사람이다.

때 발생한다. 비종업원은 단지 면식이 있는 사람일 수도 있고, 사업상 접촉한 타 회사의 종업원일 수도 있다. 예를 들면, 구매처의 종업원이 당해 조직에 엉터리 송장을 송부하면 외상매입금부서 담당자는 구매처에 대한 수표 발행을 뒷받침하는 데 그것을 사용한다. 구매처의 종업원이 수표를 가로채서 현금으로 교환하여 외상매입금 담당자와 나누어 가진다. 적절한 현금 지급절차는 이러한 형태의 외부공모를 예방할 수 있지만, 기타 형태의 공모에 대한 예방 내지 적발은 보다 어렵다.

건전한 통제환경, 통제정책 및 통제활동을 갖춘 조직에서 위험의 주된 원천은 관리자의 통제회피 혹은 내외 조직구성원들 간의 공모에서 비롯된다. 양호한 내부통제가 미비된 상태하에서는 모든 원천으로부터 위험이 발생될 수 있다. [표 5-1]은 데이터 보안상의 취약점에서 야기되는 위험의 원천을 요약한 것이다.

[표 5-1] 데이터 보안 위험의 원천

원천	내용
① 내 부	실무운영직원: 자산에 직접적 접근을 할 수 있으나 기록에는 제한된 접근을 할 수 있다.
	관리자와 감독자: 통제절차를 회피할 수 있다.
② 외 부	사업상 접촉자: 경쟁회사, 구매처와 판매처의 종업원
	기타 범죄자: 해커와 조직화된 범죄
③ 공 모	내부공모: 두 명 이상의 종업원. 이 원천은 최선의 통제절차에 의해서도 사전 예방이 어렵다.
	외부공모: 종업원과 비종업원. 이 원천은 적발해 내기 어렵다.

2. 위험의 유형

데이터 보안의 취약점으로 인한 위험의 원천과 더불어 파괴(destruction), 염탐(espionage), 사생활 침해(invasion of privacy), 부정행위(fraud)와 같은 네 가지의 위험을 이해해야 한다.

(1) 데이터 파괴

모든 회계데이터가 내부 · 외부 보고를 위한 기초를 제공한다는 점에 있어서 중요하겠지만, 그중에서도 조직운용에 있어서 급소가 될 수 있는 특정 데이터 파일이 있다. 외상매출금과 외상매입금에 대한 세부기록이 이러한 것인데, 이들은 일단 파괴되면 정확한 복구가 어렵다.

데이터의 파괴는 의도적일 수도 있고 우연적일 수도 있다. 정보시스템 부서는 훈련된 컴퓨터 조작자의 채용과 파일보호 절차를 설명하는 컴퓨터 운영규정집의 마련, 표준파일 백업 방침의 수행으로 우연적 파괴의 위험을 최소화시켜야 한다. 또한 데이터파일에의 무단접근 가능성을 제거하는 보안절차의 채택으로 고의적 파괴를 방지해야 한다.

고의적 데이터 파괴의 원인은 다음과 같다. 하나는 불만이 있는 종업원이나 전직 종업원이 복수의 수단으로서 고용주의 시스템에 무단접근을 하여 파일을 파괴하는 것이다. 다른 하나는 해커들이 시스템의 보안 기능을 회피할 수 있는 자신의 능력을 입증하기 위하여 마치 스포츠를 하듯 파일을 파괴하는 것이다.

다음은 데이터 파괴의 위험을 보여 주는 컴퓨터 관련 범죄의 사례이다. 이 사례에서 알 수 있는 바와 같이 전직 종업원은 부적절한 시스템 접근통제활동을 이용하여 범죄를 저지를 수 있었다.

[참고] 데이터 파괴의 예

19○○년 9월, 텍사스 배심원은 보험중개회사 전직 종업원이었던 진 벌리(Jean Burley)에 대해서 컴퓨터에의 불법접근에 대한 중죄로서 10년형을 구형했다.

벌리는 9월 18일 해고되었는데, 3년 후 새벽 3시경, 그녀가 과거에 근무했던 사무실로 침입하여 과거 자기가 사용했던 단말기에 앉아서 데이터 보안 직책이라는 그녀의 과거 직무를 수행할 수 있게끔 해 주었던 암호로 시스템의 사용을 시작하였다. 그리고는 그 회사의 급여기록 시스템 중 168,000개의 레코드를 지워버렸다. 벌리는 또한 매달마다 이들 레코드를 지워버릴 목적으로 시한폭탄 프로그램을 장착했다.

지역검사는 다음과 같이 말했다. "그녀는 회사와 계속적으로 마찰이 있어서 해고가 예견된 상태에 있었다. 벌리는 Q자로 시작되는 새로운 프로그램에 시한폭탄을 장착했다. 이 문자는 운영체계 소프트웨어에서 제공된 프로그램 이름과 같은 것이었기 때문에 이 프로그램은 탐지되지 않았다. 그녀는 파일을 지울 목적으로 정당한 파일에 이 프로그램을 묶은 뒤 타임스위치를 넣어두었다."

벌리가 해고된 뒤 회사는 계정을 대충 검토해 보았으나 숨겨진 프로그램 파일을 발견하지 못했다. 벌리가 침입한 후 토요일 아침, 한 프로그래머는 새로운 보너스 시스템이 회사의 급여에 어떻게 영향을 미치는지를 계산해 보기 위해 출근했다. 프로그래머가 시스템을 시행할 때마다 급여가 '0'이 되는 것을 발견했다. 회사는 이틀 동안 컴퓨터의 가동을 중단시켜 시스템을 복구했으며 시한폭탄 장치를 발견해냈다.

컴퓨터 장애시간과 급여 계정의 수리비용을 합쳐서 손실액은 12,000달러 정도였다. 손실액은 그다지 크지 않았지만 550명의 종업원들은 1주 내지 2주 동안 급여수표를 받지 못했으며, 만약 프로그램이 계획된 대로 실행되었다면 큰 혼란이 야기되었을 것이라고 지역검사는 말했다.

(출처: 'Computer Time Bomb Defused; Felon Nailed', Computer world, september 26. 1988.)

(2) 염탐

관리자들은 경쟁회사들의 조치와 계획에 대해서 끊임없이 관심을 기울인다. 관리자들은 전산화된 데이터파일에의 접근으로 경쟁회사에 관한 유용한 정보를 상당 부분 획득할 수 있다. 예를 들면, 외상매출금 기록계정의 고객명단은 경쟁회사의 판매력에 대한 유용한 정보가 된다. 경쟁회사들은 특정 생산파일에의 접근으로 생산과정에 대한 비법을 입수하게 된다. 그들은 판매기록이나 원가회계기록에의 접근으로 가격전략을 탐지할 수도 있다. 예산파일은 미래의 영업활동이나 자금지출에 대한 계획을 노출시킬 수 있다. 급여파일은 임금수준에 대한 정보를 노출시켜, 경쟁회사가 핵심 종업원들을 회유하는 데 이용할 수도 있을 것이다.

[산업스파이의 염탐활동: 조지아大 Hedieh Nasheri 교수의 저서, 케임브리지 대학 출판부 2004. 12.]

염탐(espionage)은 본래 외부적 위협이지만 경쟁회사들은 종업원들과 공모하여 민감한 데이터에 접근할 수도 있다. 다음은 경쟁적 이점을 위하여 염탐을 해서 얻은 데이터를 회사가 어떻게 이용하는지를 설명해준다. 이것은 부적절한 접근통제 때문에 염탐의 범죄가 발생가능하게 된 사례이다.

[참고] 데이터 염탐의 예

19○○년 2월 7일 컴퓨터 시스템에 대한 침입혐의로 미국 플로리다주의 한 뉴스리포터가 14가지 중죄항목으로 고발, 체포되었다. 각 항목은 최고 징역 15년 및 벌금 10,000달러에 해당되는 범죄이다. 전해지는 바에 의하면 WTSP-TV(채널 10)의 뉴스 조감독인 미셸 샤퍼(Michelle Shaffher)는 중요한 뉴스정보를 훔치기 위해서 경쟁회사의 시스템에 적어도 여섯 번은 침투했다고 한다. 없어진 파일 내에는 진행 중이거나 계획된 뉴스거리, 낮과 저녁 뉴스 방송시의 뉴스거리 취급방법의 요약, 계획된 양식 변경과 특별 프로젝트 등이 포함되어 있었다.

기소된 뉴스 감독은 전에 WTVT-TV(채널 13)에서 편성관리자로 일했었다. 거기에서 그녀는 약 6개월 전 시스템의 설치업무에 참여하였고 또 그 시스템의 관리책임도 맡았었다. 그녀는 경쟁회사로 가기 위해 채널 13을 사직했다. 채널 13의 한 직원의 말에 따르면 방송국의 컴퓨터 이용자와 시스템 관리자들은 종업원이 이직을 할 때마다 정기적으로 컴퓨터 시스템 접근 코드와 통과암호를 변경하지만, 샤퍼가 이직했을 때는 변경되지 않은 것이 조금 있었다.

1월 12일 아침, 프로듀서가 출근하여 중요한 파일이 분실된 것을 처음 발견했다. 채널 13의 관리자들은 플로리다 경찰서에 신고를 하여 방송국의 컴퓨터와 통신한 장소를 추적했다. 샤퍼가 집과 사무실에서 통화를 했던 사실은 전화기록으로 입증되었다. 수사관이 수색영장을 발부받아 PC, 플로피 디스크 200장 및 시스템 운영 규정집을 압수했다. 샤퍼는 채널 10에서 곧바로 해고됐다.

(출처: 'Newsman Faces Tamper Charge', Computer world, February 13. 1989, p.4 및 'TV NEWS Execs Ousted after Haching Charges from Rival', Computer world, March 20. 1989, p.16)

(3) 사생활 침해

전산화된 데이터 파일은 많은 개인적 정보를 수록하고 있는데 이들 정보가 공개되면 사생활 침해가 된다. 예를 들면, 많은 종업원은 그들의 보수, 연령, 주소와 같은 데이터의 유포를 반대한다. 국내외의 법규는 데이터 파일에 저장된 개인 정보의 유출로부터 개인을 보호하고 있다. 이들 법규는 조직에 대해서 개인 데이터에 대한 적절한 보안을 유지하도록 요구하고 있다.

사생활 침해의 위협은 해커와 종업원에 의해서 야기될 수 있다. 해커는 단순히 사람들의 정보에 대해 알기 위해서 컴퓨터 파일의 내용을 확인하려 하거나 데이터 보안을 회피하는 능력을 입증하고 싶어 해킹을 한다. 종업원들은 그들의 보수에 불만이 있을 때 급여 데이터에 무단접근을 시도할 수 있다.

(4) 부정행위

앞에서 살펴본 바와 같이, 부정은 회계기록의 정확성에 영향을 미치는 위험이다. 부정은 재무구조 및 자산과 비용의 왜곡표시를 초래한다. 또한 주요 부정은 조직의 지속적인 운영능력을 크게 약화시킨다. 조직에 바람직하지 못한 부정행위는 자산의 절취, 자산의 변환(현금화), 자산은닉의 세 가지로 구성된다. 기록을 변조하기 위해서는 엉터리 회계거래를 기입하여 계정잔액이 허위로 되게 해야 한다. 컴퓨터시스템에서 절취자들은 데이터접근 통제를 회피하려고 한다.

다음은 종업원들이 비리행위를 저지르기 위해 통제절차를 회피한 실례를 예시한 것이다.

[참고] 비리행위의 예

새뮤얼 스탠포드(Samuel Stanford)는 동료들에 의해서 현장에서 붙잡히게 되지 않을까 하는 염려를 별로 하지 않았다. 스탠포드는 수사관 앞에서 다음과 같이 증언했다. "대부분의 사람들은 컴퓨터에 대해서 많이 알고 싶어 하지 않는다. 내가 무언가를 하고 있는 것을 볼 때마다 그들은 등을 돌리고 떠나곤 했다. 그들은 나를 보고 '저 별 볼일 없는 기술자, 그가 하는 일이라곤 (컴퓨터)신호음과 대화하는 것뿐이지…… 저 사람은 우리의 대화상대가 될 수 없지'라고 말하곤 했다." 이런 분위기 속에서 스탠포드는 혼자 남아 워싱턴주의 재산을 빼낼 수 있었다.

스탠포드는 부상당한 목수와 기타 재교육을 필요로 하는 사람들에게 보조금을 승인하는 워싱턴주의 직업재활 부서에서 사용되는 소프트웨어를 개발한 직원이었다. 어릴 때의 사고로 그는 팔이 한쪽밖에 없었다. 그는 신체장애 때문에 훨씬 더 신뢰를 받았으며, 프로그램 전문가였다. 그는 그 시스템을 이용하여 그 자신과 두 명의 친구에게 약 17,000달러가 지급되도록 승인하였다. 컴퓨터를 이용해서 보조금 지불을 받는 데 주정부가 요구하는 기록들을 준비했다. 지불을 받고 나서는 기록을 지워버렸으며, 또한 그는 컴퓨터의 사소한 실수를 무시하는 사람들의 속성을 이용했다. 즉 그는 컴퓨터로 하여금 새뮤얼 스탠포드 앞으로 수표를 발행하도록 했다. 어떤 은행도 그의 마지막 이름에서 사라진 S자에 대해 이의를 제기하지 않았다. 그는 그의 친구들 중의 한 명의 딸이 그의 범죄사실을 밀고함으로써 체포되었다.

문서기록들을 조사해 본 결과 탠포드라는 이름이 발견되었다. 수사관은 스탠포드의 주소를 알고 있었고 마침내 그는 유죄를 인정했다.

스탠포드는 그 자신을 위해서는 한 푼도 사용하지 않고 오히려 실의에 빠진 친구들에게 돈을 주었다고 주장했다. 그는 그 스스로를 외팔이 산적이라고 불렀으며 그 자신을 로빈 후드로 자칭하고 싶어 했다. 판사는 범죄행위에 대한 이러한 견해를 수용하지 않고 10년형을 선고했다.

(출처: 'Computer Turn Out to Be Valualbe Aid in Employee Crime', the Wall Street Journal, Dow Johnes & Company, Inc., 1985)

부정의 형태 중 잘 알려진 것은 래핑(lapping)으로, 이것은 외상매출금에 대한 적절한 업무분장이 이루어지지 않을 때 발생한다. 래핑의 예를 들어 보자. 외상매출금 담당자는 고객으로부터 송부되어 온 수표를 가로채서 현금으로 교환하여 착복한다. 그러면 대금을 지급한 고객계정이 미결제 상태로 되어 있기 때문에 종국적으로 그 고객이 이의를 제기하면 감독자는 회수대금의 도난사건이 발생했다는 것을 발견하게 된다.

따라서 이러한 절취를 은닉하기 위해서 담당자는 두 번째 고객의 수표를 가로챈 다음 첫 번째 고객의 계정을 결재한다. 두 번째 절취(횡령)사실을 은닉하기 위해서 세 번째 수표를 가로채서 두 번째 고객계정을 결재해야 한다. 담당자는 고객의 지급수표를 계속해서 가로채야 하며, 절취행위를 숨기기 위해서 허위기장을 계속해야 한다. 현금수령과 외상매출금 기록 유지에 대한 책임을 분리시킴으로써 래핑을 막을 수 있을 것이다. 기업은 그들의 고객이 래핑을 발견할 수 있도록 고객에게 매월 계산서를 발송할 필요가 있다.

제2절 데이터관리와 통제

1. 데이터의 일관성

정보자원을 효과적으로 관리하기 위하여 조직은 데이터의 초기 입력에서부터 처리과정, 출력에 이르기까지 데이터에 내포된 오류나 비일관성을 적발할 수 있는 방법을 개발해야 한다. 단순한 수작업 비교를 통한 오류점검절차가 수행될 수도 있지만 보다 정교한 오류점검절차가 개발되어야 한다. 그리고 컴퓨터 오류점검의 결과물을 모니터해야 한다. 나중에 이러한 결과물들은 모든 자원들의 평가업무에 이용될 수 있다.

2. 데이터 보안

[출처: 구글]

데이터를 비롯한 정보 자원들을 안전하게 관리하는 일은 매우 복잡한 문제가 되고 있다. 과거 시스템에서는 모든 중요 데이터가 메인프레임 컴퓨터하의 중앙집중식 환경에 보관되어 있었고, 주요 관심사는 기기와 저장매체들이 안전한 장소에 보관되도록 하는 것이었다.

데이터 보안(data security)과 관련된 주요 과제로는 접근통제(access control), 바이러스로부터의 보호(virus protection) 및 전송보호(transmission protection)가 있다.

우선 데이터 보안을 위해서는 데이터접근(access to data)에 대한 구체적인 절차가 마련되어야 한다. 예컨대 기업의 운영에 중요한 데이터 파일목록이 기재된 레코드는 작성되고 유지되어야 한다. 즉 이런 파일이 없다면 기업은 성공적으로 운영을 계속할 수 없다. 또한 각 유형별 데이터파일에 대한 접근 및 사용을 인가받은 사람의 명단도 레코드로 기재되어 유지되어야 한다.

또한 개발된 모든 시스템은 데이터파일을 모니터하여 파일이 누구에 의하여, 몇 번, 무슨 목적으로, 시간적으로 얼마 동안 접근됐는지에 대한 보고를 경영자에게 할 수 있어야 한다. 어떤 사람이 민감한 파일로부터 데이터출력물을 입수했는지 그리고 어떤 데이터가 들어 있었는지를 모니터할 수 있는 시스템도 있다.

각종 데이터파일에 접근하는 사람들이 사용인가를 받은 사람인지 여부를 식별(신원확인)하는 가장 보편적인 장치는 패스워드이다. 예를 들면, 매주 혹은 매월별 패스워드의 변경횟수에 대한 지침도 포함시켜야 한다. 특정한 시간주기가 도래하면 사용자들이 패스워드를 변경해야만 해당 시스템에 계속 접근할 수 있도록 되어 있는 시스템도 있다. 카드, 서명, 지문, 음성패턴 및 망막(눈)패턴을 이용하여 인가받은 사람인지 여부를 식별하는 방법도 있다.

데이터 접근권을 획득한 시스템이용자에게 제공되는 데이터유형이 인가된 파일에 국한되도록 하는 방식의 통제기능(controls)이 시스템에 내장되는 경우도 있다. 예를 들면, 시스템이용자가 본인의 성명과 패스워드와 같은 데이터를 입력시킬 것으로 예상되는 경우, 어떤 데이터를 어디에서 입력시켜야 하는지를 표시한 스크린양식이 설계될 수 있다. 이러한 양식은 대체로 프로그램에 내장되어 있는 경우가 많다. 그리고 이들 프로그램은 입력데이터와 예상된 데이터와의 비교를 통하여 만약 엉터리데이터가 입력되었다면 즉시 보고할 수 있다.

데이터 보안을 위해서는 바이러스로부터 보호하는 것도 주요과제이다. 바이러스(virus)란 불필요한 명령어로서, 시스템의 데이터나 프로그램을 무단 변경시킬 수 있다. 몇몇 바이러스는 디스크상의 파일에만 영향을 미치도록 설계되거나(파일감염 바이러스) 그들 자신을 실행가능(즉 exe 또는 com)파일에 침투시키도록 설계되어 있다. 이런 파일 중 하나를 작동시키면 바이러스가 활성화되어 데이터를 파괴하고 디스크상의 다른 파일을 감염시킨다. 최근에는 전자게시판에서 감염된 소프트웨어를 내려 받는 이용자들이 종종 있다.

바이러스 중에는 13일의 금요일, 예루살렘 바이러스와 같은 특정 날짜에만 활동하도록 설계된 것도 있다. 이에 대하여, 어느 정도의 바이러스 방지기능을 갖춘 소프트웨어 패키지들이 많이 나와 있다. 이들 제품의 대부분은 발견된 바이러스를 자동적으로 없애는 기능도 갖추고 있다. 바이러스 방지를 위한 신 기법을 추가하고 또한 새로 출현한 바이러스 프로그램에 대응하기 위하여, 많은 소프트웨어 공급업체들은 자신들의 항바이러스(anti-virus) 소프트웨어를 정기적으로 갱신하고 있다.

데이터 보안을 위한 또 다른 주요과제는 전송보호이다. 전송보호는 정보자원관리의 중요한 관점의 하나이며, 전송 중인 데이터의 정확성 및 안전성을 확보하기 위한 통제의 구축을 포함한다. 그러나 많은 기업들이 직원들에게 스마트폰의 위험을 주지시키지 않고 있다. 때때로 쉽게 도청될 수 있는 전화선을 통해 민감한 사안들이 논의되는 문제점이 발생한다.

또한 데이터 보안을 위한 일반절차(general procedures)를 만들어, 이런 절차를 조직의 모든 구성원에게 명확하게 알리고, 제반 절차가 준수되도록 운영활동을 모니터해야 한다. 아래에 나오는 제안사항들은 일반절차의 목록에 일차적으로 포함될 수 있겠다.

- 종이문서의 처분을 통제한다. 각종 편람과 기타문서들을 다른 사람이 검색할 수 있는 쓰레기통에 버려서는 안 된다. 이런 종이인쇄물에는 때때로 민감한 데이터나 패스워드가 기록되어 있는 수도 있다. 복사기 옆에 문서분쇄기를 비치해 둠으로써 종이인쇄물들이 즉시 폐기되도록 유의해야 한다.
- 사용자 ID나 비밀번호와 같은 데이터 접근제한방법을 마련한다.
- 온-스크린 데이터의 보안방법을 마련한다. 직원들은 다른 사람들

이 볼 수 있도록 자신의 스크린에 민감한 데이터를 남겨 놓아서는 안 된다. 잠시 동안 사용되지 않는 컴퓨터들에 대해 화면보호기 작동메커니즘과 키보드 잠금기능이 설정될 수 있다. 다른 직원들이 볼 수 있도록 패스워드를 써 놓거나 남겨두어서는 안 된다.

- 데이터 보안절차를 대형 전산센터에 국한시키면 안 된다. 스마트폰, 팩시밀리, 프린터, 휴대용 컴퓨터 및 USB 등의 소형저장매체 등의 보안에도 유의해야 한다.
- 데이터에 접근사용하거나 데이터를 전송할 때 따라야 할 적절한 절차를 직원들에게 훈련시킨다.
- 데이터 처리업무를 위해 자리를 잠시 비우는 경우를 제외하고 데스크에 아무도 없을 때는 컴퓨터를 끄고 자물쇠를 채워두도록 한다.
- 직장을 그만두거나 불만을 가진 직원들을 세심하게 관찰한다. 때로는 이들이 데이터에 손상을 입히거나, 민감한 데이터나 프로그램을 외부로 유출시키는 경우가 있기 때문이다.

제3절 인터넷 보안사고

1. 인터넷 보안사고의 증가

인터넷 보안사고의 증가에 대한 검토 시 두 가지 요소가 균형 있게 고려되어야 한다. 첫째, 인터넷 자체의 놀랄만한 성장률이다. 보안사고 또한 증가되었다. 둘째, 보안사고의 연대별 과소보고는 인터넷 보안사고에 관한 통계치의 정확성에 영향을 미쳤다. 많은 기업들은 보안사고를 밝히기를 싫어했다. 즉 일반대중 및 투자자의 신뢰를 잃는 것을 두려워했고, 추가적인 노출손실위험에 대한 두려움 때문이다.

인터넷을 통해 상거래를 함에 있어서 가장 문제가 되는 분야는 보안과 규정의 적용이다. 인터넷상에서의 보안시스템은 아직까지는 미흡한 실정이다. 현재 정보는 여러 개의 네트워크를 거쳐서 이동되고, 그 과정에서 많은 컴퓨터와 통신장비를 통과하기 때문에 정보가 가로채일 가능성이 있는 수많은 지점과 경로를 거치게 된다.

전자통신보안에 관한 법률들이 전자통신의 도청을 명시적으로 금지하고 있지만 이러한 종류의 법률을 집행하는 데는 많은 어려움이 따른다. 그 이유는 어떤 경찰기관도 네트워크상의 모든 접근지점을 통제할 수는 없기 때문이다. 이러한 근본적인 통제시스템의 부족은 전자상거래가 확산되는 데 있어서 가장 중요한 장애요소 중 하나이다.

보안에 관련된 두 번째 문제는 정보의 무결성(integrity)을 보장하는 것이다. 일단 정보가 온라인상에 올려지면, 정보를 창출한 사람이나 기관이 그 정보를 전자적으로 변조되지 못하도록 보장할 수 있는 방법이 별로 없다. 인터넷의 특성상 정보의 탈취를 감지하기도 어렵고, 인터넷의 구조 때문에 정보의 변조를 추적하기도 실질적으로 불가능하다. 왜냐하면 아무나 가명으로 온라인으로 접속할 수 있기 때문이다.

「뉴욕 타임스」에 실린 시사만화 한 편이 이러한 점을 풍자해 주고 있다. 컴퓨터 앞에 개 한 마리가 앉아서 옆에 있는 다른 개를 돌아보면서 "인터넷상에서 아무도 네가 개라는 사실을 모르고 있지"라고 말하고 있다. 인터넷이 확산되면서 보안에 관련된 문제는 더 중요해질 것이다.

[참고] Image from The New Yorker cartoon by Peter Steiner, 1993.

"On the Internet, nobody knows you're a dog."

2. e-비즈니스 보안대책

인터넷환경의 특징인 개방성과 익명성 때문에 인터넷상거래의 보안은 취약하다. 몇 가지 보안 및 지불 프로토콜들을 이용하여 보안수준을 높일 수 있을 것이며 그 외에 다음과 같은 보안대비책들을 고려할 수 있다.

(1) 시스템보안 결함탐지도구

인터넷전산망에서의 보안결함을 크게 분류해보면 시스템 자체 버그에서 오는 결함이나 응용프로그램의 결함 같은 호스트 컴퓨터 내부의 보안, 네트워크에 연결된 부분에서의 보안, 이러한 호스트와 외부네트워크 사이의 방화벽에서의 보안, 그리고 나머지 네트워크선상에서의 보안의 문제로 나누어 볼 수 있다. 이러한 보안결함을 탐지해 내는 도구들을 사용함으로써 그러한 시스템보안사항들이 관리될 수 있다.

(2) 방화벽

인터넷에서의 방화벽(fire wall)이란 인터넷과 내부호스트(인트라넷) 사이, 즉 네트워크와 네트워크 사이에 위치해서 인증된 정보만이 전송될 수 있게 해주는 시스템을 의미한다. 방화벽은 접근통제기능, 패스워드나 보안아이디(Secure ID)를 통한 인증기능, 암호화를 통한 프라이버시 보호기능 등을 갖추고 있다.

아마도 모든 인터넷 보안대책 중에서 가장 잘 알려지고 효과적인 것은 방화벽일 것이다. 네트워크 방화벽은 화재발생 시 옆의 건물과 건물로 화재의 확산을 차단하기 위해 건물과 건물 사이에 벽돌로 쌓아 놓은 울타리와 같다.

(3) 보안전략의 개발

어떤 조직이 얼마나 많은 혹은 얼마나 정교한 보안을 필요로 하는가? 조직의 데이터가 얼마나 중요한 것인가? 어떤 데이터가 타인 혹은 타 조직으로 넘어간다면, 어느 정도로 문제가 심각하게 될 것인가? 지나친 보안은 높은 비용을 부담시킬 뿐 아니라 방해가 된다. 그런가 하면 이제까지의 인터넷 보안사고기록을 감안해 본다면 가급적 보다 높은 수준의 보안을 유지함이 바람직하다는 견해도 강하다.

(4) 보안예산

보안비용을 예산에 반영시킨다. 많은 시스템이 보안에 대한 고려가 없이 개발되는 문제점이 있다. 전문가들의 추정에 의하면 새로운 응용을 개발할 때, 보안을 포함시킨 개발비는 그렇지 않은 경우에 비하여 90% 이상 높다고 한다. 예산상의 제약으로 인하여 종종 보안항목은 우선순위에서 밀려난다. Ernst & Young과 Information Week의 한 공동연구에 의하면 기업의 경영진 중 42%는 보안을 단지 '어느 정도 중요하게' 고려하거나 혹은 '중요하지 않은 것으로' 본다고 응답했다고 한다.

(5) 보안컨설턴트

포렌식 전문가가 뉴스그룹에서 제공된 정보, 보안 관련 외부 학술회의에 참여, 관련 정기간행물 구독, 인터넷 메일가입 등을 통하여 자신을 교육시킬 수 있을 것이다. 그러나 이러한 일이 다른 책무에 비하여 과다할 수도 있을 것이다. 그래서 전담 보안책임자를 두고 부단히 출현하는 신종 바이러스, 소프트웨어의 부분 수정, 보안정책의 실시 및 훈련 등의 업무를 수행하도록 하는 것이 유일한 대안이 될 수 있다.

어떤 조직은 심지어 해커를 전문가로 고용하기도 하는데, 소기의 성과를 거두지 못한 사례도 있다. 예컨대, 미국의 연방수사국(FBI)이 '케빈 미트닉(Kabin Mitnick)'이란 해커를 추적하려고 교도소에 수감 중인 또 다른 해커 '저스틴 패터슨'을 전문가로 이용했지만 실패한 적이 있었다.

[참고] 해커/보안전문가/FBI

1994년 크리스마스가 지난 지 얼마 되지 않아, 미국 컴퓨터업계는 한 흥미로운 사건, 소위 사이버 침입(break in)과 수사당국의 추적 결과 체포된 해커 이야기로 떠들썩해 있었다. 케빈 미트닉으로 불리는 잘 알려진 해커가 쓰토무 시모무라의 개인용 컴퓨터에 침입하여 수십 개의 중요한 파일을 빼내갔다. 그중 한 파일은 최고의 통신보안망을 뚫을 수 있는 매우 위험한 소프트웨어를 담고 있었다. 미트닉은 전에도 이런 불법적인 행동을 했지만 이번에는 그가 희생시킬 사람을 잘못 선택했다.

쓰토무 시모무라는 미국 캘리포니아주의 샌디이고 컴퓨터 센터에서 근무하는 컴퓨터 보안전문가로 높은 명성을 얻고 있는 컴퓨터과학자였다. 시모무라는 침입자가 통신보안망을 뚫는 데 사용되는 프로그램을 빼내갔다는 사실을 알았을 때 격노했고 곧 침입자 추적에 착수했다. 그러나 이것은 보통 힘드는 일이 아니다. 시모무라의 친구인 존 게이지는 그 일을 다음과 같이 비유했다.

"분실된 5센트짜리 동전을 찾으려고 연방정부의 총예산을 투입하는 일과 다를 바 없지."

처음에 시모무라는 범인이 누구인지 알지 못했지만, 행동패턴이 미트닉과 비슷하다는 것을 재빨리 알아차렸다. FBI와 동료의 도움으로, 시모무라는 해커가 노스 캐롤라이나(North Carolina)주의 롤리(Raleigh)에서 이동전화를 사용하고 있음을 알아내었다.

시모무라는 비행기로 롤리에 가서 전화회사 기술자의 도움을 받아 미트닉의 아파트까지 추적할 수 있었다. 경찰은 가택수색영장을 발부받아 미트닉을 체포하였다. 미트닉은 체포될 당시 1백만 달러 이상 가치의 데이터와 약 2만 개의 신용카드번호를 보유하고 있었다. 그는 전화접근장치 불법사용과 컴퓨터 사기죄로 기소되었다.

그 후 법정에서 시모무라를 보자, 그는 "여보시게, 시모무라 씨. 당신 기술, 대단합니다"라는 말을 건넸다. 미트닉의 인사말에 시모무라가 응답하지 않은 것은 두 사람의 감정이 공통적이지 아니했음을 의미한다. 그러한 불법적인 해킹은 흔히 볼 수 있는 집털이 도둑질(절도)과 다르지 않다는 것이 시모무라의 생각이다.

1999년 6월 11일에는 다국적 해커들이 미국 상원 웹사이트(www.senate.gov)를 점령하며 "케빈 미트닉과 지크롱을 석방하라 ! "는 메시지를 남겼다. FBI는 1주일쯤 지난 뒤에야 웹사이트를 겨우 탈환했다. 미트닉은 5년 징역형을 선고받고 복역 후 2000년 1월 21일 출감하였다.

출소 후 2013년 현재 그는 보안 컨설팅 전문회사(Mitnick Security Consulting)를 운영하고 있다.

"Eighteen years ago I was busted for hacking. I do the same thing today but with full authorization. How cool is that?" Mitnick wrote on his @kevinmitnick Twitter account

(출처: Agence France-Presse, 17 February 2013)

(6) 훈련

인터넷 상거래기업들이 보안정책을 실행하고 또한 그 준수여부를 모니터해야 하며, 만약 그렇지 않다면 기타의 모든 보안 조치들은 결국 무용지물이 될 것이다. 기업 시스템의 이용자들은 보안문제에 대한 경각심을 높여야 하며, 민감한 정보를 유출시키지 않도록 훈련받아야 한다. 패스워드(암호)의 관리를 중앙 집중화시킬 필요가 있다. 적절한 훈련과 가시성의 확보를 통하여 조직의 전반적 보안수준이 제고될 것이다.

제4절 사이버 범죄와 포렌식 탐정의 역할

오늘날 컴퓨터 범죄자들은 과거에 비해 보다 대담해졌고 또한 훨씬 영리해졌다. 인터넷의 이용확대에 따라, 컴퓨터범죄는 이제 글로벌화되고 있다. 정보의 보호 내지 IT보안의 취약성으로 인하여 컴퓨터 부정 혹은 범죄가 발생한다. 컴퓨터 부정은 일종의 불법행위이다. 그러한 불법행위를 저지르는 범죄자, 그것을 조사 · 기소하는 수사기관 및 법원의 관계자에게 반드시 필요한 것이 컴퓨터 기술에 관한 지식이다.

미국의 Time지(1979)는 일찍이 컴퓨터 범죄를 '성장산업'의 하나로 분류한 바 있다. 부정이 꾸준히 증가하는 이유는 ① 유능한 컴퓨터 사용자의 증가 ② 공용 및 전용 데이터 네트워크를 통하여 원거리 컴퓨터에 대한 접근이 보다 용이하게 됨 ③ '우리에겐 그런 일이 생기지 않을 것'이라는 많은 회사의 그릇된 믿음 등을 들 수 있다.

IT 관련 부정과 사이버범죄의 증가에 따라 디지털 지식 · 기법에 정통한 컴퓨터 포렌식 전문가 집단의 역할도 점점 증대되고 있다. 어떤 경우에는 범행주체, 시기, 수법, 장소 등에 관한 증거가 디지털 형태로만 존재한다. 디지털형태의 매체 및 정보가 조직 업무의 거의 전반에 확산되어 있는 현실은 사이버 포렌식(cyber forensics)전문직에 대한 수요증가로 나타난다.

이러한 환경하에서 포렌식 탐정도 운영시스템(OS), 컴퓨터 하드웨어, 소프트웨어 시스템, IT환경하의 조사 및 증거수집 프로토콜 등에 대한 지식기반을 갖추어야 한다. 또한 사이버범죄 유형, 관련 법규에 대한 기본지식도 포함된다. 이러한 지식기반의 중요성은 다음과 같은 발행기관에서 부여하는 전문인증서 요건지식체계에서도 강조되고 있다.

- 미국 공인회계사회(AICPA)의 공인재무포렌식(CFP) 자격증
- 미국 공인회계사회(AICPA)의 공인IT전문가(CITP) 자격증
- 미국 공인부정조사관협회(ACFE)의 공인부정조사관(CFE) 자격증

컴퓨터 포렌식의 가장 두드러진 적용분야는 사이버범죄(cyber crimes)에 대한 조사다. 사이버범죄는 모든 개인과 조직에 중대한 위협이다. 디지털 정보가 여러 목적에 유익하게 이용되지만, 한편으로 불법행위(금융범죄나 테러)를 부추기는 데 악용되기도 한다. 컴퓨터기술이 대다수 범죄활동에 이용되고 있다. 즉 범죄의 도구, 범죄의 목표물, 범죄 관련 잠재적 증거원

천이 되고 있다. 많은 사이버 범죄가 적발되지 않음에도 불구하고, 그로 인한 피해는 광범위하다.

개인을 대상으로 한 사이버 범죄로는 각종 사칭(은행, 검찰, 경찰, 국정원, 금융감독원 등) 사기, 명의 도용, 수수료 선금명목의 수수료 편취사기가 빈발한다. 조직을 대상으로 한 사이버 범죄 중에는 데이터 절취 및 파괴가 주요 우려 사항이다. 이러한 사이버공격의 원천은 외부자(개별 해커, 조직화된 범죄네트워크) 또는 회사 내부직원이 될 수 있다.

사이버범죄로 인한 개별조직의 피해금액이 연간 평균 3.8백만 달러[직접비(정보손실, 사업붕괴, 재산 파괴) + 간접비(조사와 적발활동)]라는 2010년 미국 통계수치도 있다.

1. 사이버 범죄의 분류

(1) 컴퓨터 입력(input) 변경

컴퓨터부정을 저지르는 가장 간단하고도 일반적인 방법은 컴퓨터 입력(input)을 변경시키는 것이다. 이것은 컴퓨터 기술을 거의 필요로 하지 않는다. 범죄자는 흔적을 감추기 위하여 시스템이 어떻게 운영되는지만 알고 있으면 된다.

급여 관련 부정을 저지르기 위해서 범죄자들은 자신의 급여를 인상시킬 데이터를 입력하거나, 레코드에 가상의 직원을 만들거나 퇴직한 직원을 레코드에 계속 유지하기도 한다. 뒤의 두 방법을 이용한 범죄자는 계속 중간에서 '부정한' 수표를 가로채 현금화한다.

수취현금 관련 부정을 저지르는 범죄자는 시스템입력을 거짓으로 함으로써 자신의 절도행위를 은닉한다. 예를 들면, 박물관이나 극장 매표소의 직원이 고객에게 정가 티켓을 팔고서 반값 티켓을 판 것으로 해 그 차액을 챙긴 사례도 있다.

(2) 시스템의 무단사용

직무기술서 기재사항 이외의 목적을 위하여 시스템을 사용하는 것뿐 아니라 컴퓨터 시간과 서비스의 절도를 비롯한 시스템의 무단사용에 의해서 컴퓨터부정이 발생되기도 한다. 예를 들면, 일부 회사는 직원들이 회사컴퓨터를 이용하여 직원 개인의 레코드나 업무 외의 레코드를 보관하지 못하도록 한다. 이 방침을 위반한다면 부정이 된다.

(3) 소프트웨어의 조작

회사 데이터를 처리하는 소프트웨어를 조작함으로써 컴퓨터 부정을 저지르기도 한다. 여기에는 소프트웨어 수정, 불법 복제, 무단 사용 등이 포함된다. 또 무인가 활동을 하기 위해 소프트웨어 프로그램이나 모듈을 개발하는 것도 포함된다. 이 방법은 대부분 사용자의 역량을 넘어서는 컴퓨터 프로그래밍에 관한 특별한 지식을 필요로 한다.

(4) 데이터 파일의 변경, 손상 및 무단복제 등

회사의 데이터 파일을 변경하거나 혹은 손상시키거나, 무단복제, 이용, 탐색을 통하여 컴퓨터 범죄가 저질러질 수 있다. 회사에 불만을 품은 직원이 데이터 파일을 뒤섞거나, 변조 혹은 파괴시킨 예는 수없이 많다. 일례로 한 직원은 수백 개의 디스크 파일에서 외부의 레이블을 전부 제거해버렸다. 강력 자석을 이용하여 자기디스크 파일상의 모든 데이터를 엉망으로 만든 예도 있다.

회사 데이터는 도난당할 수도 있다. 일례로 미국의 월스트리트 금융가 소재 법률회사의 한 회사 지배인이 회사의 워드 프로세싱 파일에서 인수합병(M&A) 예상기업에 관한 정보를 발견했다. 그는 그 정보를 친구와 친척에게 팔았고 그들은 불법 유가증권 거래로 수백만 달러를 벌었다.

불만을 품은 직원이 컴퓨터실에서 회사의 데이터 파일 전부를 없애 버린 사건도 있었다. 사외(社外, off site) 저장실로 자신의 차를 몰고 도착한 다음 회사의 백업 파일을 없애버렸다. 그는 파일 교환에 대한 대가로 50만 달러를 요구했지만 테이프와 대금을 교환하려 하던 중 체포됐다.

(5) 시스템 출력물(output)의 절취 또는 악용

시스템 출력물(output)의 절취 혹은 악용을 통하여 컴퓨터 부정을 저지를 수 있다. 시스템 출력은 보통 모니터에 나타나거나 종이에 인쇄된다. 적절하게 보호되지 않는다면 모니터와 프린터 출력물을 몰래 엿보거나 무단 복제하는 사건이 발생되기 쉽다.

한 연구에 의하면 많은 컴퓨터 모니터들이 TV와 같은 신호를 내보내므로 값싼 전자기기만 있으면 이 신호를 포착하여 재구성한 다음, 표준 TV 스크린에 나타낼 수 있다고 한다. 예컨대, 빌딩 지하실에 설치한 기기로 그 빌딩의 8층에 있는 컴퓨터 단말기 스크린화면을 즉시 읽어낼 수 있다.

2. 사이버범죄의 억제 및 적발 대책

(1) 부정 발생가능성 줄이기

① 채용과 해고 업무

경영관리자의 가장 중요한 책임 중의 하나는 정직한 사람들을 채용해서 유지하는 것이다. 이와 비슷하게, 회사는 직원을 해고할 때 매우 신중해야 한다. 예를 들어, 미국 CIA는 해고된 전직 정보요원들의 암호해독기밀 누설위협 등 협박에 골치를 앓고 있다. 이 때문에 CIA는 3년간 월급지급, 새 직장알선 등 복지대책을 마련하고 있다고 한다.

해고된 직원들은 회사를 떠나기 전에 기밀데이터를 파괴하거나 복사하지 못하도록 민감한 일에서 즉시 물러나게 하고 컴퓨터 시스템에 접근하지 못하게 해야 한다.

② 불만이 있는 직원의 관리

부정을 저지르는 많은 직원들은 불의(不義)라고 생각되는 것에 대한 복수나 정의를 나름대로 추구한다. 그래서 회사에는 이런 구성원들을 식별해내어 감정을 풀도록 돕거나 시스템에 접근할 수 있는 일자리에서 물러나게 하는 절차가 있어야 한다.

③ 직원교육

보안은 모든 사람들의 일이라고 생각하는 상황에서는 부정행위가 잘 일어나지 않는다. 부정비리 억제를 위한 이상적인 기업 문화는 직원들이 자기 회사를 자랑스럽게 여기고 회사의 자산을 보호할 때 형성된다.

④ 보안조치

직원들은 보안방침 · 절차에 대한 훈련을 받아야 하며 왜 그것이 중요한지 배우고 그것을 진지하게 받아들일 동기가 부여되어야 한다.

⑤ 부정에 대한 경각심

직원들은 부정, 부정의 만연 및 부정의 위험에 대하여 잘 알고 있어야 한다.

⑥ 윤리적인 고려사항

회사는 회사의 간행물을 통해 업무에 관련된 윤리적인 기준을 제시, 준수를 장려해야 한다. 미국 500대 기업 중에서 직원들이 구체적 상황에서 어떻게 행동해야 하는지를 가르치는 윤리 프로그램을 갖고 있는 곳이 1997년 말 현재 84%에 달하는 것으로 나타났다.

⑦ 비윤리적인 행위에 대한 처벌

직원들에게 비윤리적인 행위의 결과(징계, 해고, 구속 등)가 어떤지를 알려야 한다. 예를 들어, 미국의 한 증권회사는 전자우편을 통해 포르노 사진을 보내는 등 회사에 유무형의 손실을 끼칠 수 있는 해사행위가 적발될 경우 즉시 해고한다고 전 세계의 자사 직원에게 경고하였다.

(2) 부정발생 억제력의 증대

① 적절한 업무분장

조직구성원들 중 누군가가 자산을 훔친 후 그 흔적을 감출 수 없도록 적절한 업무분담이 필요하다.

② 명령휴가의 실시와 직무교대

래핑과 카이팅 같은 부정을 저지르는 자는 자신의 범행이 탄로 나지 않도록 지속적으로 신경을 써야 한다. 명령휴가제와 일시적 직무교대를 결합시킨다면 이런 식의 지속적인 부정술책을 적발할 수 있다.

③ 접근통제

컴퓨터 설비와 데이터 파일에의 접근을 인가받은 자에 국한시킨다면 컴퓨터 부정은 현저히 감소될 수 있다. 컴퓨터 설비에 대한 물리적 · 논리적인 접근을 모두 제한해야 한다. 직원들이 회사를 그만두거나 다른 부서로 이동하는 경우, 회사는 종종 해당 직원의 ID코드와 패스워드를 즉시 삭제 혹은 변경조치를 취하지 않는 수가 있으며 그 경우 부정이 발생할 수 있다.

④ 암호화

데이터를 보호하는 또 다른 방법은 그것을 비밀코드로 바꾸는 것이다. 해독하는 수단이 없는 사람에게는 암호화된 데이터는 아무런 의미가 없게 된다.

⑤ 전화선보호

컴퓨터 해커들은 전화선을 이용하여 바이러스를 옮기고 데이터에 접근, 절도, 파괴한다. 또 그들은 전화선을 이용하여 전화 서비스를 훔치기도 한다. 전화선을 보호하는 한 가지 방법은 전자적인 자물쇠를 채우는 것이다.

⑥ 바이러스공격 차단

바이러스 백신 프로그램 등을 이용하여 바이러스로부터 시스템을 보호해야 한다. 매년 수십만 건의 바이러스공격이 있고 바이러스공격을 받은 PC의 약 90%가 30일 이내 다시 전염된다고 한다.

⑦ 민감한 데이터의 통제

민감한 데이터를 보호하기 위해서 회사는 폐기된 종이서류를 분쇄해야 한다. 복사를 방지, 억제하기 위해서 데이터 파일에 대한 통제가 필요하다. 직원들은 소프트웨어의 불법복제본을 사용하면 어떤 처벌을 받게 되는지를 숙지해야 하고 회사는 불법 복제본의 사용을 막기 위한 통제를 구축해야 한다.

민감한 기밀정보는 밤에 잠금장치가 된 곳에 보관되어야 하며 책상 위에 그대로 둬서는 안 된다. 폐쇄회로 TV를 이용하여, 민감한 데이터나 도난 가능성이 높은 자산을 다루는 구역을 모니터할 수 있다. 특히 민감한 데이터가 있는 일부 조직에서는 디스크가 없는 PC나 워크스테이션을 설치하고 있다.

(3) 적발방법의 개선

① 수시감사의 실시

정기적인 외부 및 내부 감사를 실시해서 부정적발 가능성을 높일 수 있다. 규칙적으로 시스템통제를 테스트하고 수상한 활동을 찾아내기 위하여 데이터 파일을 점검해야 한다. 직원들에게는 수시감사를 할 것이라고 알려 줌으로써 컴퓨터범죄를 억제하는 효과를 거둘 수 있다.

② 컴퓨터 보안담당자 활용

대부분의 부정은 내부감사인이나 외부감사인에 의해 적발되지 않는다. 한 연구에서 259건의 사기 중 4.5%만이 감사인에 의해 발견되었다고 한다. 통상적인 시스템통제로 45%를 밝혀내고 우연한 발견이 32%, 컴퓨터 보안직원이 8%를 발견했다고 한다. 연구에 의하면 컴퓨터 보안 담당자에게 부정 억제 및 부정적발의 책임을 맡기면 컴퓨터부정의 억제효과가 매우 크다고 한다. 보안 담당자는 시스템을 감시해서 시스템의 부당한 사용과 그 결과에 관한 정보를 확산시킬 수 있다.

③ 부정신고 직통전화 설치

조직 내의 문제와 비리는 실상 그 안에 있는 사람이 가장 잘 알 수 있기 때문에 내부고발자에 대한 우대제도가 도입될 필요가 있다. 직원이 익명으로 누군가를 신고할 수 있으면 대개 이런 문제는 해결된다. 그러므로 익명의 부정신고 직통전화는 부정을 밝혀내는 효과적인 방법이다. 한 연구에 의하면 조사대상이 된 212건의 부정 중 33%가 익명제보로 밝혀졌다고 한다.

직통전화로 인한 잠재적인 문제는 직통전화를 이용하는 사람들이 최고 경영층의 부정에 연루된 사람들에게 신고할 가능성이 있다는 것이다. 이 경우는 비리신고처리 대행 전문업체에서 설치한 부정신고 직통전화를 이용하는 것도 한 방법이 된다고 할 수 있다. 경영자 부정에 관한 신고는 이런 전문업체에 의해서 해당 회사의 이사회에 직접 전달될 수 있다.

④ 컴퓨터 컨설턴트 활용

많은 회사에서는 컴퓨터 컨설턴트를 고용하여 현 시스템의 약점을 찾아내게 한다. 시스템을 파괴할 수 있는 각각의 수단을 면밀히 평가하고 대응하는 보호조치를 시스템에 반영시킨다. 일부 회사는 취약점이 노출되는 것을 원치 않으며, 또한 회사의 시스템이 실제로 침입당할 수 있다는 사실을 직원들에게 알리고 싶지 않아서 이런 접근법을 원하지 않는다.

⑤ 시스템활동의 감시

모든 시스템 거래와 활동은 로그(log)에 기록되어야 한다. 로그는 누가 어떤 데이터를 언제, 어느 단말기에서 접근하였는지를 나타내어야 한다. 이 로그는 시스템 활동을 감시하고 모든 문제를 그 근원으로 추적해 가는 데 이용된다.

⑥ 포렌식 탐정의 활용

포렌식 탐정(forensic accountants)은 부정조사와 적발업무 등을 전문으로 수행한다. 과거 몇 년간 이것은 급성장을 해온 분야였다. 이들 전문가들 중 상당수가 미국의 경우 회계학 학위를 가지고 있고 연방수사국(FBI), 국세청(IRS) 혹은 법집행기관(검찰, 경찰) 등에서 특수 훈련을 받은 적이 있다.

이러한 전문직업 분야를 다루기 위해 미국 텍사스주 오스틴에 있는 공인부정조사관협회는 공인부정조사관(Certified Fraud Examinor: CFE) 자격인

증 프로그램을 개발 · 운용 중이다. 공인부정조사관만으로 구성된 회사는 거의 없다. 미국의 경우 이들은 대부분은 회계법인이나 로펌, 상장기업 혹은 비상장기업 등에서 근무한다.

(4) 부정으로 인한 손실의 최소화

① 적절한 보험에 가입

일본의 미쯔이 해상화재 보험회사는 PC 바이러스 보험상품을 1998년 초에 이미 출시한 바 있다. 또한 미국의 State Farm and Safeware 같은 보험회사는 5,000달러 가치의 노트북 컴퓨터를 년 70달러 내지 100달러 보험료로 커버해준 적이 있었다.

② 백업 및 복구계획 수립 및 운영

일상적으로 가동되는 컴퓨터시스템의 어떤 부분에 문제가 발생한다 해도, 기업 운영활동이 계속될 수 있도록 백업 및 복구(routine backup & recovery)계획이 수립되어야 한다. 문제의 발생 시 그에 대처하기 위한 시스템 복구계획은 물론이고 백업시스템의 현 상태와 백업시스템의 통상적인 갱신절차가 거기에 포함된다. 모든 프로그램과 데이터파일의 최신 백업용 사본을 별도의 안전한 장소에 유지한다.

③ 비상복구계획 수립 및 운영

부정의 발생 및 기타 발생가능 재난에 대비하기 위하여 비상복구계획(contingency planing)을 수립하여 정기적으로 테스트해야 한다. 재난복구 계획이란 테러, 홍수, 태풍, 화재 등 인재와 자연재해로부터 시스템을 재빨리 복구하기 위한 계획을 말한다. 매일 또는 매주 단위의 백업시스템 계획에 부가하여 주요 재난발생에 대비한 별도의 계획이 요구된다. 일본 고베지진과 미국 뉴욕의 세계무역센터건물 테러사건 때 어떤 회사들이 살아남았는지를 보면 재난복구계획의 중요성을 실감할 수 있을 것이다.

④ 복구 소프트웨어의 사용

시스템활동을 감시하고 부정이나 유해 행위로부터 회복되는 데 도움이 되는 특수 소프트웨어를 사용한다. 어떤 범죄자는 PC에서 각종 카드와 케이블을 뜯어내고, 재고통제 파일을 바꾸었다. 또 사람들이 LAN에 로그인하지 못하도록 패스워드 파일을 편집했다. 이 사고가 난 후, 이미 설치된 특수 소프트웨어는 곧 훼손된 파일을 식별해서 회사 본부에 경고신호를 보냈다. 유틸리티 소프트웨어에 간단한 명령을 내림으로써 피해는 생기지 않았다. 그리고 이 소프트웨어는 훼손된 파일을 원래 상태로 복구했다.

Chapter_ 5 요 약

시스템보안위험과 데이터 관리·통제를 각각 논의하였다. 인터넷은 그 개방 지향적 특성 때문에 보안의 관점에서 취약성을 내재하고 있다. 인터넷에서의 보안을 크게 두 가지, 즉 시스템보안과 네트워크 보안으로 구분해 볼 수 있다. 시스템보안은 시스템에는 모든 고객의 거래내용이나 신용카드번호, 계좌번호 및 비밀번호 등과 같은 개인적인 정보들이 많이 저장되어 있는데, 이것을 해커들이 침입해 파괴·도용할 수 없도록 하는 것을 말한다. 네트워크 보안이란 인터넷을 통해 전달되는 각종 거래에 관한 비밀정보가 중간에 제3자에 의해 누출·변경되지 않도록 하는 것이다.

지난 20년 동안 우리 사회의 변화를 주도해 온 가장 중요한 원동력으로 인터넷을 꼽지 않을 수 없다. 예상을 초월할 정도로 인터넷의 보급이 확산됨에 따라 인터넷을 이용한 전자상거래도 급격히 증가하고 있다. 사이버범죄의 유형과 사이버범죄의 억제 및 적발대책을 폭넓게 논의하였다.

Chapter_ 6

포렌식 증거:
유형 · 조사방법 · 징후포착

Chapter_ 6

포렌식 증거: 유형 · 조사방법 · 징후포착

제1절 증거의 의의 · 유형 · 수집방법

1. 증거의 의의

증거(evidence)란 주장된 사항이나 전제를 입증하기 위하여 제시되는 증언, 문서나 장부 등의 기록물 및 물리적 형태가 있는 물건을 말한다. 증거 없이 부정의 발생사실을 입증할 수 없고, 배심원의 평결이나 형사재판에서 유죄판결도 어렵다.

증거는 주장을 입증하기 위하여 공판(公判)에 제출, 법관의 마음을 움직여 주장을 믿을 수 있게 유도하는 역할을 한다. 증거는 목격자의 증언, 기록물, 서류, 유체물, 데이터 또는 실제로 발생한 일(fact) 등의 입증물로서 인간의 오감을 통해 지각할 수 있는 것들이다.

법정에서 채택될 수 있는 증거(admissible evidence)는 단순한 의혹제기 혹은 추측 수준이 아니라 주장을 합리적으로 그리고 실질적으로 입증해주는 증거를 말한다.

증거는 관련성(relevance)과 신뢰성(trustworthy) 조건을 구비해야 한다. 당해 사건과의 관련성을 갖춘 증거는 법정(court)에서 증거능력이 인정된다. 신뢰성 있는 증거는 법정에서 면밀한 조사와 교차검증단계를 통과할 수 있을 것이다.

전문증거(傳聞證據, hearsay evidence)는 일반적으로 법정에서 증거로서 채택되지 않는다. 이는 다른 사람을 통해 전해들은 간접증언을 말한다.

【참고】[황재동 광주지검 검사] 디지털 증거법 시대의 개막

오늘날 우리는 급속한 과학기술의 발달로 대부분 업무 및 여가생활을 디지털기술을 기반으로 하는 컴퓨터, 스마트폰, 태블릿PC 등을 이용해 생활하고 있다. 손편지는 어느새 귀한 선물이 되었고, 지하철이나 길을 걸으면서도 스마트폰을 쉴 새 없이 보고 있는 사람들의 모습은 더 이상 낯선 풍경이 아니며, 사람들은 메신저 · 이메일 · 스마트폰을 이용한 대화방식에 더 익숙하게 되었다.

그렇기에 수사기관에서도 가장 중요한 증거로 여기는 것이 바로 이메일, 컴퓨터 및 스마트폰 속에 디지털 형태로 저장되는 파일 등 '디지털 증거'일 것이다. 그런데 수사기관에서 압수수색영장을 발부받아 디지털 증거를 확보하더라도 법정에서 증거로 인정받지 못하는 경우가 종종 발생해왔다. 그리고 이러한 디지털 증거가 범죄혐의자의 범죄사실을 입증하는데 핵심증거일 경우에는 형사재판의 결과가 뒤바뀌는 경우도 있었다.

여기서 복잡한 증거 이야기를 조금 할 필요가 있는데, 수사기관에서 관련자의 진술 · 이메일 등을 확보하였다고 해서 그것이 모두 증거로 사용되는 것은 아니다. 특히, 사실인정의 기초가 되는 경험적 사실을 경험자 자신이 직접 법원에 진술하지 않고 다른 형태에 의해 간접적으로 보고하는 '전문(傳聞)증거'의 경우가 그렇다. 다시 말해 ①경험사실을 들은 타인이, 그 들은 사실을 이야기하는 경우 ②경험자 자신이, 경험한 사실을 서면에 기재하는 경우에는 기억 · 표현 또는 서술의 과정 중에 잘못이 개입될 여지가 커, 피고인이 증거로 사용하는 것에 대해 부동의할 경우 증거로 사용할 수 없게 된다.

그러나 이러한 전문증거들이 모두 증거로서 인정받지 못하는 것은 아니고,

형사소송법에서 정한 일정한 요건을 갖추는 경우 증거로서 인정될 수 있다.

형사재판 중 검사가 컴퓨터 · USB에 저장된 파일 · 이메일을 증거로 제출해도 피고인이 이 디지털증거들을 증거로 사용하는 것에 부동의하면, 검사는 법에서 정한 요건을 충족하기 위해 파일 작성자를 법정에 불러 파일들을 작성한 사실이 있는지 물어봐야 한다. 이때, 파일 작성자가 법정에서 "그것들은 내가 작성한 파일이 아닙니다"라고 하거나 답변을 거부해버리면 이전 형사소송법에 의할 때 법상 요건을 충족하지 못해 이를 증거로 사용할 수 없게 된다. 필자 개인적으로는 파일 작성자의 말 한마디로 증거능력 여부가 결정되는 것이 매우 아쉬웠다.

그런데, 파일의 작성자는 왜 자신이 사용하는 컴퓨터 · 이메일계정 · 스마트폰임에도 자신이 작성하지 않았다고 부인하는 걸까? 그건 대부분 파일 작성자가 범죄혐의자와 밀접한 관계가 있어 이를 인정할 경우 이로 인해 범죄혐의자가 형사처벌을 받을 수도 있다는 것을 알고 있기 때문이다. 종이로 문서를 작성하던 시절에는 문서의 작성명의자가 아닌 사람도 누구나 타인의 명의를 손쉽게 도용하여 동일 내용의 서류를 만들 수 있었기에 법정에서 문서의 작성자에게 문서를 작성한 사실이 있는지 여부를 확인할 필요가 컸다.

하지만 디지털 증거들은 본인이 사용하는 컴퓨터에 특정 아이디와 비밀번호를 입력해 로그인을 통해 본인인증이 완료된 상태에서 많은 파일들을 생성해 내기 때문에 각 파일에 작성명의자가 입력되어 있지 않아도 누가 그 파일들을 작성했는지를 알 수 있다는 특수성이 있음에도, 이전 형사소송법은 이러한 기술발전에 따른 특수성을 반영하지 못해 범죄혐의자들에게 빠져나갈 구멍을 허용하고 있었던 것이다.

지난 5월29일부터 시행된 개정 형사소송법에 의하면, 파일의 작성자가 법정에 나와 자신이 파일을 작성하지 않았다고 진술하더라도 디지털포렌식(디지털증거를 수집해 분석하는 구체적인 기술 내지 일련의 절차) 등의 객관적 방법으로 컴퓨터에 저장된 문서파일이나 이메일 등을 증거로 사용할 수 있는 길이 열리게 되었다.

개정 형사소송법 제313조 제2항은 '과학적 분석결과에 기초한 디지털포렌식 자료, 감정 등 객관적 방법으로 성립의 진정함이 증명되는 때에는 증거로 할 수 있다'라는 규정을 신설함으로써 디지털 증거를 증거로 사용할 수 있는지 여부가 파일작성자의 진술에만 의존하는 것이 아니라, ①디지털 증거가 보관된 저장매체(하드디스크 · USB · 스마트폰)의 소유 · 관리 · 사용관계 ②디지털 증거의 작성 일시 · 장소에 작성자가 있었다는 사실 ③디지털 증거의 작성 전후에 그 작성에 사용된 컴퓨터나 스마트폰을 작성자가 이용한 사실 등을 입증하면 디지털 증거를 증거로 사용할 수 있게 한 것이다.

종이 증거법이 개정되고 진정한 디지털 증거 세상이 도래한 만큼 이를 기반으로 더 많은 정의가 실현되길 기대해 본다.

(출처: 광주일보, 2016. 07. 04.)

2. 증거의 유형

증거의 평가방식에 따라 증거를 직접증거와 상황(정황)증거로 구분할 수 있다. 직접증거란 직접 행한 증언, 눈으로 본 것, 자백 등을 말한다. 추론이 아닌 직접 관찰에 근거한 증거를 말한다. 상황증거란 증거로부터 어떤 의미를 도출해 내려면 추론 · 판단 · 해석과정이 요구되는 간접증거를 말한다. 피의자의 라이프 스타일에 관한 증거, 지문, DNA 샘플을 예로 들 수 있다.

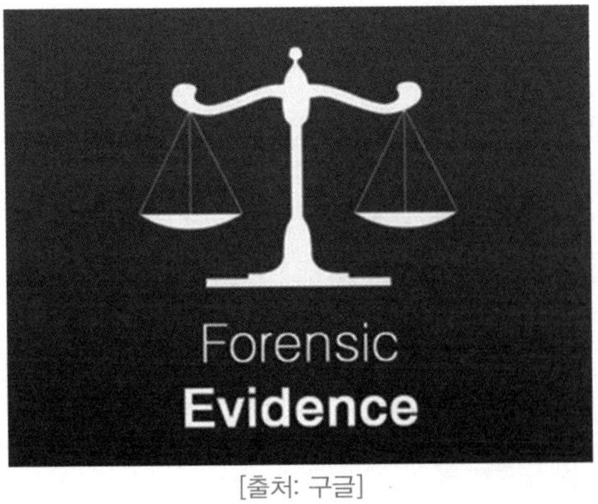

[출처: 구글]

다수의 부정사건은 상황증거로 입증되고 있다. 예컨대, 압박감, 합리화, 의도, 돈, 권력, 이념 등의 요소는 거의 항상 상황증거와 관계된다. 자백이나 공모자의 증언이 없는 상황에서, 대다수의 부정은 상황증거의 도움으로 해결되고 있다.

포렌식 감사인이나 비리 검사자가 항상 염두에 두어야 할 사항은 조사 업무의 수행결과가 결국 법정(法廷)으로 갈 수도 있다는 점이다. 그러한 가정하에 포렌식 증거의 수집과 보존의 원칙을 준수함이 대단히 중요하다. 수집된 많은 양의 데이터를 잘 요약하여 데이터의 이용 및 검색이 용이하도록 하는 것도 중요하다.

3. 유형별 증거의 수집방법

(1) 증언 증거

증언 증거(testimonial evidence)는 개인들로부터 수집된다. 이런 종류의 증거를 수집하기 위해 사용되는 구체적인 조사기법은 인터뷰, 필적확인이나 거짓말 탐지기 검사와 같은 진실성 테스트를 포함한다.

(2) 문서 증거

문서 증거(documentary evidence)는 서류나 컴퓨터를 통하여, 그리고 인쇄 출력물 형태의 기타 자료원을 통해 수집된다. 문서상의 증거를 수집하기 위한 구체적인 조사 기법은 문서검사, 공공기관에서 보관 중인 기록에 대한 검색, 감사, 컴퓨터 검색, 순가치 계산(net worth calculations) 및 재무제표 분석을 포함한다.

(3) 물리적 증거

물리적 증거(physical evidence)는 분실물임을 확인할 수 있는 식별번호, 분실물, 무기, 지문, 자동차 타이어 바퀴 흔적 등을 포함한다. 부정직한 행동과 연관될 수 있는 다른 유형적인 증거를 포함한다.

(4) 개인에 대한 관찰

개인에 대한 관찰(personal observation)은 조사자 자신이 감지한(보고, 듣고, 느낀 것 등) 증거이다. 이 조사 기법은 시험적인 감시활동, 비밀감시 및 미행, 그리고 은밀한 작전들을 포함한다. 유형별 증거수집방법은 제7장, 제8장 및 제9장에서 보다 자세히 다룬다.

제2절 조사 준비

1. 조사의 의의

자연과학이나 사회과학에 있어서 탐구(inquiry)의 목적은 연구대상인 주제에 관하여 새로운 지식을 얻는 데 있다. 이 새로운 지식은 장래의 활동을 예견하고 통제하고 또한 바람직한 결과를 얻는 데 이용된다. 그러나 거의 모든 감사상의 조사는 현재의 상황으로 본다면 새로운 지식을 얻는다는 고상한 목적을 가지고 있지 않다.

그럼에도 불구하고 감사에는 다른 탐구분야에서와 같은 목적—미래 활동에서 바람직한 결과를 얻기 위하여 이용 가능한 지식을 얻는 것—이 은연중에 나타나 있다. 개념상으로 본다면 감사의 조사적 측면은 모든 학문 또는 지식기반의 전문직에 적용가능한 체계적 탐구와 비교될 수 있을 것이다.

조사과정(investigative process)이란 명제의 신뢰도를 확립하는 데 목적을 둔 일종의 탐구라고 정의될 수 있다. 조사과정에 있어서 감사인의 역할은 어떤 명제의 신뢰도를 결정하기 위하여 적절한 탐구를 행하고 그 결과에 대하여 의견을 표명하는 것이다.

직업전문가(숙련된 탐구자)가 주장을 한다는 것은 그 주장에 정당한 사유가 있음(증거 등에 의하여 뒷받침되고 있음)을 의미한다. 근거 있는 주장(warranted assertion)을 하려면 믿음에 대한 적절한 기초가 있어야 한다.

조사의 목적은 진실을 발견하는 것이다. 즉 제반 징후들이 실제로 부정을 나타내는 것인지 혹은 비의도적인 오류 등을 나타내는지를 확인하는 것이다. 부정조사업무는 복잡하고도 민감한 일이다. 이것이 부적절하게 수행되는 경우 죄가 없는 사람들이 회복할 수 없는 손상을 입을 수 있다. 죄를 지은 측은 적발이 안 되고 범죄행위를 반복하는 수도 있다. 또한 피해를 입은 측은 불완전 정보로 인하여 피해에 대한 구제를 받지 못할 수도 있고, 유사사건의 재발방지가 어렵게 될 수도 있다.

조직 내에서 발견된 부정의 징후를 자세히 조사하려면 경영진의 승인을 받아야 하며, 많은 비용이 소요된다. 부정이 발생되었다는 합리적인 근거가 있을 때만 또는 예측(확증)이 있을 때만 조사업무가 수행될 수 있을 것이다.

조사의 전반적인 목적은 진실을 밝혀내는 것이다. 보다 구체적으로 보면 조사의 목적은 누가, 왜, 어떤 방법으로 부정행위를 저질렀는가를 확인하는 것이다. 여기서 잠재적인 부정 혐의자들 및 공모의 수준 정도, 그리고 부정행위의 동기, 부정수법 등이 조사대상이 된다. 부정행위는 절취(theft act), 은닉(concealment), 변환(conversion)이라는 세 가지 형태를 포함한다.

모든 감사는 증거의 수집 · 평가라고 하는 과정을 중심으로 전개된다. 따라서 부정적발감사는 의견 및 평가의 기초를 형성하는 조사과정(investigative process)과 보고과정(reporting process)으로 구성되어 있다.

2. 조사의 진행과정

어떤 활동 · 기능, 재화 · 용역, 어떤 공익사업 · 실체 · 조직 내에 아무런 부정이 없다고 말하거나 혹은 부정이 존재한다는 절대적 확신을 표명할 수 있는 사람이 과연 있겠는가? 물론 아무도 그렇게 할 수 없을 것이다. 부정은 누군가에 의하여 확인 내지 발견될 때까지는 은닉된 상태로 존재하기 때문이다.

어떤 원천에서 제공한 귀띔, 부정에 연루된 자나 부정으로 인하여 혜택을 입은 자로부터 나온 단서는 확인으로 연결된다. 다양한 내부통제수단 내지 절차에 의하여 부정이 발견될 수 있을 것이다. 통상적인 비즈니스 환경에서 발견된 부정을 분류해보면 대체로 다음과 같다고 한다.

- 감사인이 20−25%를 발견해낸다.
- 조직의 내부통제제도가 20−25%를 식별해낸다.
- 그리고 나머지 50−60%는 누군가의 밀고나 어떤 단서에 의하여 혹은 우연히 발견된다.

이러한 부정사건을 통일된 방식으로 조사할 수 있는 방법론 내지 조사단계를 확립하는 것이 중요하다. 다음과 같은 순서로 조사과정을 진행시킬 수 있을 것이다.

첫째, 입수된 정보에 대한 예비 검토단계이다. 이 결과를 토대로 부정조사업무를 진행시키는 것이 타당한지 여부가 결정된다. 부정조사팀에서 요구되는 제반 기술을 결정한다. 다음에 예비검토계획을 수립한다. 모든 서류를 조사한다.

둘째, 중립적인 위치에 있는 제3자 증인과 보충적 증인들을 대상으로 인터뷰를 한다. 이러한 검토 업무에 이어서 부정에 어느 정도 연루된 듯이 보이는 자들에 대한 인터뷰를 한다.

순서는 연루의 정도가 가장 미약한 자로부터 시작하여 가장 많이 연루된 자로 점차 진행시켜 나가도록 구성되어야 한다. 정보를 입수하는 대가로 어떠한 약속이나 언질을 주면 안 된다. 이러한 점을 부정조사자는 명심해야 한다. 다만, 사법당국 또는 법집행 당국의 개별적인 승인을 얻은 경우에는 예외이다.

최종적으로 공모자를 인터뷰한다. 여기서도 가장 낮은 단계에서 점차 공모의 강도가 높은 자에게로 진행시켜 나간다. 일반적으로 목표대상자에 대한 조사는 제일 마지막 단계에서 이루어진다. 그 자가 고백하지 않을 것으로 예견된다 하여도 인터뷰가 있을 것이다. 그 자의 진술과 제반 사실들이 일치하지 않을 경우 나중에 해명이 요구될 것이다.

3. 조사방식의 분류

부정을 조사하는 방법은 여러 가지가 있을 수 있다. 먼저, 부정의 단계 내지 요소를 중심으로 부정조사 방법을 분류할 수 있다. 부정의 세 가지 단계는 절도행위, 은닉, 그리고 변환으로 구성되어 있다. 따라서 조사기법을 ① 절취(절도)행위, ② 은닉행위 그리고 ③ 변환행위에 대한 조사로 구분할 수 있다. 여기에 심문(질문)조사법(interrogation or inquiry methods)을 부가시킬 수 있다.

[심문(interrogation)하듯 캐묻는 남녀: Nick Galifiankis cartoon in The Washington Post, 2013. 09. 25.]

절취행위 조사방법은 발생한 절도행위에 대한 정보수집과 횡령범죄자의 포착 등이 포함된다. 절취행위 조사기법은 ① 밀착 감시, ② 시험적인 감시활동 그리고 ③ 물리적 증거를 포함한다.

은닉행위 조사방법은 범죄자의 은닉 시도에 초점을 둔다. 일반적인 은닉조사 기법은 ① 문서검사, ② 감사, ③ 컴퓨터 검색 · 조회, ④ 물리적 자산에 대한 실사를 포함한다.

부정범죄자 중 극히 소수만이 횡령한 것을 저축한다. 그들은 훔친 자산을 재빨리 써버리는 경향이 있다. 변환행위 조사방법은 훔친 돈을 쓰거나 현금 이외의 다른 자산을 훔쳐 이를 현금화시켜 소비하는 점에 초점을 둔다. 일반적인 횡령에 대한 조사기법은 ① 금융기관 등에서 관리중인 공공기록물의 검색 ② 순가치분석을 포함한다.

상기의 세 가지로 조사기법을 분류하는 것이 간편하지만 이것은 가장 널리 활용되는 두 가지 방법을 고려하지 않고 있다. 즉 증인, 정보제공자, 혐의자 등에게 여러 가지 방식으로 물어보는 것이다.

가장 일반적인 심문(질문) 조사법은 ① 인터뷰 ② 필적확인 · 거짓말 탐지기검사를 포함하는 다양한 형태의 진실성 테스트이다. 조사자의 주된 도구가 인터뷰인 경우 이 기법을 사용하려면 여러 가지 공통적인 요인을 고려해야 한다. 따라서 본서에서는 다음과 같은 분류방식을 따르기로 한다.

[표 6-1] 조사방법의 분류

조사법	내용
절취행위 조사법	– 밀착감시 – 시험적인 감시활동 – 물리적 증거
은닉행위 조사법	– 문서검사 – 감사 – 컴퓨터검색 – 물리적 자산의 실사
변환행위 조사법	– 공공기록물 조사 – 순가치분석
심문(질문) 조사법	– 인터뷰와 심문 – 진실성 테스트

제3절 여섯 가지 의문사항 조사

포렌식 탐정이나 조사관이 부정행위조사업무를 완수하려면 여섯 가지–범행주체, 범행시기, 혐의내용, 범행장소, 범행수법 및 동기–의문사항을 해결해야 한다.

소송(분쟁) 관련 지원업무를 수행하는 경우에도 여섯 가지에 의거, 사건의 모든 측면을 납득할 수 있도록 재판관에게 설명해야 할 것이다. 이에 부가하여 포렌식 탐정의 비판적 사고 및 논리적 추론은 여섯 가지 속성의 증거에 의거 일관성을 갖춘 줄거리(story line)를 작성하는 데 긴요하다. 증거의 토대 위에 작성된 줄거리(story line)는 검사, 변호인, 배심원 및 판사에게 훨씬 더 강력한 영향력을 미친다.

포렌식 탐정은 가능한 범위까지, 부정행위 · 은닉 · 변환 요소, 부정의 삼각형(기회, 압력 및 합리화) 및 동기에 관련된 제반 증거를 밝혀낼 필요가 있다. 부정의 삼각형 중 기회를 제외한 요소에 대해서는 설득력 높은 증거의 확보가 어려울 수가 있다. 그래서 이 세 가지 요소에 대한 증거의 궤적들을 추적 · 개발해가는 시도가 필요하다.

제4절 비리발생의 암시

부정비리 조사나 고객 불평에 대한 조사 등 어떤 조사에 착수하기 이전에, 포렌식 탐정들은 사전암시나 징후(symptom)를 나타내는 무언가를 필요로 한다. 징후(암시)란 어떤 부정이 발생했거나, 발생하는 중이거나, 발생하려는 것 같다고 전문가들이 믿을 만한 상황들의 총체를 말한다.

사전암시나 조짐이 포착되었을 때, 공식적 부정비리 조사업무가 시작되는 출발점이 된다. 상황증거를 보강시켜 줄 증거 없이 의심만으로는 조사업무의 수행을 위한 충분한 토대가 될 수는 없다. 어느 정도의 뒷받침 증거로 입증되는 익명의 제보나 불만사항은 징후의 기준을 충족시켜준다. 예를 들어, 현금이나 자산의 분실사실이 발견되었다면 조사착수의 근거가 일반적으로 충족되었다고 본다.

종업원, 관리자들 및 임원들에 관한 많은 위험신호들이 나타나지만 그 나름의 합리적 이유를 구두로 대면 부정적발이나 시도된 분식회계의 적발 없이 조사가 마무리되는 경우가 흔하다.

경고신호에 의한 조사의 경우 포렌식 감사인은 증거자료에 근거한 논리적 결론을 내려야 한다. 회사 임직원들의 구두설명은 말 이외의 어떤 증거로 뒷받침되어야 하는 것이다.

부정에 대한 조사는 대개 부정의 잠재가능성을 나타내는 신호 내지 징후의 포착시점에 개시된다. 그러면 분실서류, 중복된 서류 혹은 가짜서류 등의 증거를 통하여 회계기록의 은폐 사실을 추적하는 것이다. 신호나 징후를 포착해내려면 어느 정도의 경험 · 숙련을 필요로 한다. 이러한 징후 목록은 위험신호, 기이함, 비경상적인 사건 등의 관점에서 선택된 것이다.

1. 종업원부정(자산절취)의 징후

종업원부정에는 최고경영층 아래의 사람 및 상층관리자가 포함될 수 있다. 조직구성원의 습관 · 라이프 스타일의 변화를 주목해서 관찰하면 어떤 위험신호(red flags)를 포착할 수 있다. 과거의 부정행위자들은 다음과 같은 특성을 보여주었다.

- 잠을 자지 못한다.
- 과음한다.
- 약물을 복용한다.
- 쉽게 화낸다.
- 편하게 휴식할 수 없다.
- 혼자 일하며, 늦게 일한다.

- 상대방의 눈을 바로 쳐다보지 못한다.
- 땀을 과다하게 흘린다.
- 일어선 채로 일한다.
- 상담 혹은 고백하려고 스님 · 신부님 · 정신과의사 등을 찾아간다.

정직한 사람도 때로는 상기의 모습을 보인다. 또한 개인적인 특성은 잘 드러나지 않는다. 그래서 변화에 주목하는 것이 보다 쉽다. 예를 들어, 집, 가구, 보석, 옷, 자동차, 해외여행 등에서 분(급여수준)에 넘치는 돈을 쓴다든지, 최근에 라이프 스타일을 바꾼 사람을 주목할 필요가 있다.

포렌식 탐정은 흔히 은폐의 단서를 포착할 수 있다. 일반적으로 은폐의 흔적은 회계기록에 나타나 있다. 예외사항과 기묘한 것을 관찰하는 것이 핵심이다. 예를 들어, 특정한 일, 월, 계절의 홀수 시간대의 거래, 지나치게 많거나 적은 거래, 위치가 잘못된 지점에서 일어난 거래, 지나치게 높은 금액 혹은 낮은 금액의 거래, 지나치게 일관성이 유지된 거래, 너무나 상이한 거래들을 주목할 필요가 있다. 예외사항 및 특이한 사항들의 예는 다음과 같다.

- 서류 중 분실된 것들이 있다.
- 현금의 과부족 현상이 나타난다.
- 폐기된 서류 및 외상채권 감액처리 서류가 지나치게 많다.
- 고객이 불평한다.
- 금액 환불서류에 흔히 들을 수 있는 이름 · 주소가 있다.
- 외상채권 및 외상채무 금액의 수정사항이 있다.
- 총계정원장의 대차 금액이 일치되지 않는다.
- 기간이 경과된 외상채권이 증가한다.
- 재고가 부족하다.
- 이중 지급된 것이 있다.

- 종업원들을 볼 수 없다.
- 수표에 대한 배서가 두 번 되어 있다.
- 복사된 서류가 있다.
- 휴면계좌가 활동을 시작한다.

2. 경영자 부정(허위재무보고)의 징후

분식회계 스캔들은 범국제적인 현상이다. 재무보고서를 중대하게 오도시키는 영향을 주는 부정은 소위 어려운 시기를 빠져나가 보자는 인식에서 비롯되는 수가 있다. 어려운 시기란 현금의 부족, 경쟁의 격화, 원가의 상승 등 재무적 위기에 처했을 때를 의미한다. 경영자들은 흔히 이러한 상황을 일시적인 것으로 간주하고 신규차입이나 주식매각 혹은 회복을 위한 시간벌기 등의 방법으로 극복할 수 있다고 믿는다. 또한 회사에 도움이 되도록 허위재무보고서가 이용되기도 한다.

부정의 존재가능성을 시사해주는 상황은 다음과 같다.

- 내부통제환경이 취약하다.
- 경영 의사결정권이 한 사람 혹은 소수집단에 의하여 지배되고 있다.
- 경영자가 예상이익수치를 지나치게 강조한다.
- 적절한 감시체제 없이 분권화되어 있다.
- 외부감사인이 계속 기업으로서의 존속여부에 대한 의문을 제기한다.
- 외부감사인이 질문하면 경영자와 종업원들은 대답을 회피하거나 적당하게 얼버무리곤 한다.
- 경영자가 외부감사인과 종종 다툰다.
- 회계부서 직원의 기강이 해이하거나 회계업무에 무경험자가 배치되어 있다.

수익과 자산의 과대표시, 비용과 부채의 과소표시, 오도시킬 정보의 공시 혹은 중요 정보의 누락 등의 방법으로 부정과 분식회계가 자행된다. 이러한 행위는 재무보고서를 중대하게 오도시킨다.

일반적으로 허위재무보고서상의 재무성과 및 비율은 당해 산업의 경험수치나 과거의 당해 회사의 실적수치보다 더 높다. 때로는 경영자가 몇 개월 전 발표한 목표수치와 실적수치가 정확히 일치하는 경우도 있다.

특히 외부감사인은 법규위반 행위의 잠재가능성을 시사해주는 다음과 같은 상황 내지 징후를 주목할 필요가 있다. 법규위반행위(illegal acts)로 인하여 재무보고서가 왜곡표시되는 수가 있다.

- 승인받지 않은 거래, 엉터리로 기록된 거래 혹은 완전성과 적시성이 충족 안 된 거래
- 정부기관에 의한 조사 혹은 비경상적인 벌금지급
- 규제기관의 조사보고서에 인용된 법규위반
- 컨설턴트, 제휴회사 혹은 종업원에게 불특정 서비스제공에 대한 대가로 거액의 지급
- 판매수수료나 대리점지급 비용의 과다
- 정부관료에게 용도미상의 현금지급
- 과세표준신고서의 미제출, 세금 및 공과금의 체납

제5절 부정의 삼각형 모형

부정이 일어나려면 압력(압박이나 동기), 기회 그리고 합리화의 세 가지 조건이 필요하다. 이는 부정발생의 세 가지 조건이며 이를 부정의 삼각형 모형이라 한다.

1. 압력

압력(압박감)은 개인이 부정을 저지르게 되는 동기가 될 수 있다. 부정을 유발시킬 수 있는 동기를 세 가지로 나누어 살펴보기로 한다. 우선 재무적인 압박감이 있다. 이러한 압박감은 수입을 넘는 생활이나 과다한 부채, 고액의 대금 청구서 등과 같은 재무적인 것, 즉 재정난에서 나올 수 있다. 흔히 이러한 압박은 타인과 공유할 수 없고 따라서 범죄자는 이를 비밀로 해야 한다고 여긴다.

[표 6-2] 압력요인들

재무적인 것	업무 관련 사항	기타
– 수입을 넘는 생활 – 과다한 부채 – 부적절한 수입 – 낮은 신용도 – 재무(금전상)의 손실 – 투자(증권, 부동산 등)의 실패	– 저임금 – 성과의 불인정 – 직무 불만족 – 실직에 대한 두려움	– 도발의식 – 가족, 동료의 압력 – 정서불안

최근 들어 금융기관이나 사기업체의 임직원 중 고객예치금이나 회사공금을 유용 또는 횡령한 뒤 해외로 도주하거나 체포되는 사건이 종종 보도되고 있다. 그리고 이런 범죄자들은 자신이 주식투자로 인한 손실을 메우기 위하여 그런 짓을 했다고 자백하곤 한다. 이것은 개인의 재무손실이 얼마나 큰 압박요인이 될 수 있는지에 대한 예가 된다고 하겠다.

업무에 관련된 압박감도 있다. 깊은 원한을 가지고 있거나 부당한 처우를 받고 있다고 믿기 때문에 부정을 저지르는 직원들도 있다. 그들은 자신들의 봉급이 너무 적거나 회사에 대한 자신의 기여도가 충분히 평가되지 않고 있다거나 회사가 자신을 이용하고 있다고 여긴다. 혹자는 실직이 두려워서 자신이나 회사를 실제보다 더 좋게 보이도록 함으로써 자신의 지위를 보전하려고 부정을 저지른다.

어떤 범죄자는 평균 인상액인 10%까지 자신의 봉급을 인상 계상했다. 체포되었을 때 그는 자신의 행동이 정직했다고 변호했다. 즉 자신이 당연히 받아야 하는 몫을 취했을 뿐이라는 것이다. 자신의 봉급을 11% 올렸다면 어땠을까 하는 질문을 받자 그는 "1%를 훔치게 되는 셈이지요"라는 말을 남겼다. 그 외에도 가족이나 동료의 압력, 정서불안, 시스템을 파괴해 보겠다는 모험심 등이 부정행위를 유발시킬 수 있다.

2. 기회

개인이 비리행위를 한 뒤 그것을 은폐할 수 있게 해주는 조건이나 상황이 부정의 기회가 된다. 쉽게 부정을 저지른 다음 이를 은폐시킬 수 있는 기회의 목록은 거의 끝이 없다. [표 6-3]은 자주 언급되는 기회들이다.

[표 6-3] 기회요인들

내부통제 요인들	기타 요인들
– 내부 통제가 실행(운용)되지 않음 – 적절한 승인 절차의 결여 – 거래의 승인과 자산보관기능의 비분리 – 내부감사기능의 미비 – 명확한 권한계통 결여 – 빈번한 점검 결여 – 부적절한 문서화 – 신원 조사의 결여	– 핵심직원에 대한 지나친 신뢰 – 공급자 · 고객과 밀접한 연계 – 무능력한 직원 – 위기상황하의 운영 – 규정위반자를 처벌하지 않음 – 윤리의식의 혼란 – 부적절한 물리적 보안 – 부적절한 직원 배치 – 부실한 경영철학 – 직원의 충성도 결여 – 적절한 훈련의 결여 – 무관심 – 세부사항에 대한 부주의

기회는 종종 내부통제의 취약성에서 생긴다. 예를 들어, 적절한 승인 절차, 명확한 권한계통 혹은 성과에 대한 독립, 제3자의 검토가 결여된 회사가 있을 수 있다. 또는 거래의 승인, 거래의 기록 및 거래 관련 자산의

보관 기능이 제대로 분리 안 된 경우도 있다. 부정의 기회는 내부통제 절차의 불이행으로 생긴다.

신규채용 대상자에 대한 신원조사절차를 소홀히 하는 회사에서도 부정의 기회가 발생한다. 신원 조사를 사전에 제대로 했더라면, '가짜 회계부장'으로부터 회사를 구할 수 있었을 사례를 살펴보자.

모 회사의 사장이 어느 날 밤 느닷없이 자신의 회사에 들렀다가 회계부장의 사무실에 불이 켜진 것을 보고 왜 그렇게 늦게까지 일하고 있는지 보러 거기에 가보았다. 그는 전혀 낯선 사람이 일하고 있는 것을 보고 놀랐다. 조사결과 회계부장은 지난 8년간 이전 직장 다섯 개 중 세 곳에서 해고된 전력이 있는 사람이었다. 그는 차변과 대변도 구분하지 못하는 자였다. 회계업무를 몰랐기 때문에 누군가를 고용하여 자기 대신 일하도록 밤에 오게 했던 것이다. 조사결과 그간 회계부장은 회사공금 수백만 달러를 횡령했음이 탄로 났다.

핵심 직원에 대한 지나친 신뢰, 감독계층의 무능력, 세부사항에 대한 부주의, 부적절한 직원 배치, 훈련의 결여, 불명확한 회사정책, 기타 많은 상황으로 인해 비리행위가 발생되기 쉽다. 또한 직원이 고객이나 공급자와 사적인 상호이익관계를 맺었을 때 부정이 많이 일어난다. 예를 들면, 구매자가 공급자로부터 리베이트를 수수한 뒤 부풀린 가격에 상품을 구매하기로 합의할 수 있다.

위기가 닥쳐 회사가 정상적인 통제절차를 무시했을 때도 역시 부정이 일어날 수 있다. 구체적인 예를 몇 가지 추가해보기로 한다.

- 아무도 재고실사를 하지 않으므로 수량감소 여부를 알 수 없다.
- 소액현금 금고가 종종 방치되어 있다.

- 또 한 사람의 종업원이 도둑질하는 현장에서 발각된 후 해고되었다. 그렇지만 검찰에 기소되지는 않았다.
- 상급경영층에서는 윤리헌장을 준비했지만 공표하지 않기로 했다.
- 재무담당 부사장은 투자에 대한 권한은 있지만 자신의 행위에 대하여 어떠한 감독이나 검토도 받지 않는다.
- 긴급작업 지시가 수시로 내려오며 그때마다 과다한 자재들이 여기저기 동원된다.

3. 합리화

정직하고 성실한 사람은 높은 도덕적 가치와 윤리적 가치에 따라서 행동한다. 그리고 아무리 잔악한 폭력범이라 할지라도 옳고 그름을 분간할 줄은 안다. 그러므로 대부분의 범죄자(부정행위자)들은 자신들의 불법적인 행위를 정당화할 핑계나 구실을 만든다.

아마도 가장 자주 이용되는 합리화 방법은 범죄자가 훔친 재산을 단지 빌렸을 뿐이라고 주장하는 것이다. 그는 그저 잠시 힘든 상황을 극복하기 위해 약간의 돈이 필요했을 뿐이라는 것이다. 따라서 자기는 정말 부정직한 사람이 아니라는 식이다. 왜냐하면 나중에 갚을 생각이었기 때문이다.

일부 범죄자들은 자신들이 진짜 사람을 해친 것은 아니라고 합리화한다. 영향을 받은 것은 얼굴도 이름도 없는 컴퓨터시스템이나, 그 돈을 놓치지 않으려는 비인간적인 대기업일 뿐이다. 예를 들면, 어떤 범죄자는 온갖 계책을 꾸며 50억 원을 훔쳤는데, 아이러니하게도 이것은 그 회사가 사고 발생 시 보험회사로부터 지급받을 수 있는 보험금의 최대금액에 해당하는 것이었다.

사람들이 흔히 이용하는 합리화의 목록 중 일부가 아래에 제시된다.

- 내가 그것이 얼마나 절실하게 필요했는지 안다면 당신은 이해할 것이다.
- 그렇게 한 것은 나의 진심이 아니었다.
- 그럴만한 충분한 이유가 있었다(이것은 가난한 사람들에게 나눠주기 위해서 부자로부터 훔친다는 '로빈 후드 증후군'이다).
- 나는 회사의 핵심참모로서 사장의 절대적 신임을 얻고 있다. 따라서 회사 내의 제반 절차가 나에게는 적용되지 않는다.
- 다른 사람들 모두가 부정을 저지른다.
- 내가 한 일을 아무도 모를 것이라고 생각했다.
- 회사가 나한테 진 빚이 있고 따라서 내가 내 것을 취하는 것은 정당하다.

제6절 부정의 신호들

1. 귀띔이나 고객의 불평

재무제표 감사과정에서 외부감사인은 흔히 부정적발의 역할을 제대로 수행해내지 못한다고 비난받을 수도 있다. 그러나 부정의 속성 때문에 외부감사인은 부정을 적발할 수 있는 좋은 위치에 있지 않다. 피감사회사의 동료직원이 부정발생을 가장 잘 알 수 있는 위치에 있다.

부정행위는 절취, 은닉 및 변환의 세 가지 국면 내지 요소로 구성되며, 세 단계 중 어느 단계에서도 부정의 적발이 가능하다.

절취행위는 현금이나 재고자산, 정보 · 기타자산을 훔치는 것을 말한다. 컴퓨터시스템이든 수작업시스템이든 간에 절취행위는 항상 일어날 수 있다. 범죄자들은 다른 사람에게 자신의 부정을 감추기 위한 은닉행위를 한다. 은닉은 재무기록을 변경하거나 현금이나 재고수량을 의도적으로 잘못 산정한 뒤 증거를 없애는 것을 포함한다. 변환은 훔친 자산을 팔거나 현금화하여 현금을 소비함을 말한다. 만약 자산이 현금이라면 전환은 단순히 훔친 돈을 써버리는 것을 의미한다.

이 중 어느 단계에서도 다음과 같이 부정의 적발을 할 수 있다.

첫째, 절취단계에서 어떤 사람이 현금이나 자산을 훔치는 행위를 목격할 수 있다.

둘째, 은닉단계에서 자료기록이나 현금의 흐름을 누락하거나 재고수치의 변조를 누군가가 인지하는 수도 있다.

셋째, 변환단계에서 횡령한 자산을 변환(현금화)할 때 필연적으로 나타나는 사기꾼들의 변화된 생활양식에 주목할 수 있다.

이 각 단계에서 부정을 파악하기 위해 조직에서 가장 좋은 위치에 있는 사람은 누구인가? 확실히 절취행위 단계에서는 외부감사인은 아닐 것이다. 외부감사인은 자금의 도난시점에 그 자리에 있는 경우가 없다. 오히려 외부감사인은 1, 2주의 주기적인 회계감사를 하고 도둑들은 회계감사 기간 동안에 절도행위를 중단할 뿐이다. 따라서 절취행위 단계에서 부정행위를 발견하기에 일반적으로 가장 좋은 위치에 있는 사람은 매니저와 다른 동료 사원들이다.

은닉 단계에서는 외부감사인도 부정을 찾아낼 기회를 가진다. 만일 감사표본에 변조된 문서, 틀린 계산 또는 기타 은닉흔적이 포함된다면 외부감사인은 이 단계에서 부정을 적발할 수도 있다. 그러나 은닉 단계에서 부정을 찾아내기에 더 좋은 위치에 있는 사람은 피감사회사 내부의 회계직원들이나 동료이다.

변환단계에서 외부감사인은 부정을 찾아내기 위한 최적의 위치에 있지 않다. 예를 들면, 평소에 국산 소형차를 운전하던 직원이 외제 신차로 바꾸어도 외부감사인은 이런 변화를 감지할 수 없다. 마찬가지로 외부감사인은 고가 핸드백을 지니고 있거나, 값비싼 해외여행 휴가를 가거나, 값비싼 보석류를 사거나 훔친 자금으로 새로운 집을 사는 특이한 활동들을 감지할 수 없다. 외부감사인은 이들의 생활양식 변화를 볼 수 있는 관련된 위치에 있지 않기 때문이다. 변환단계에서도 부정을 찾아낼 수 있는 사람은 동료, 친구와 매니저들이다.

이렇듯 부정 단계 세 가지 모두에서 부정행위를 적발할 수 있는 좋은 위치에 있는 사람은 동료와 매니저들이다. 불행하게도 동료와 매니저들은 부정을 인지하고 부정이 존재한다는 것을 알기 쉬운 위치에 있음에도 불구하고 부정적발에 관한 최소의 훈련만을 받은 경우가 많다. 그렇다 하여도 직원, 친구, 매니저, 고객 또는 훈련되어 있지 않은 사람도 어떤 정보를 제보하거나 무엇인가 나쁜 불평을 제보함으로써 많은 부정이 발견될 수 있을 것이다. 예를 들면, 1992년 한 해 동안 1,500건 이상의 부정들을 찾아낸 어떤 회사는 고객의 불평 또는 직원의 불만 섞인 어투를 기초로 하여 부정사건의 43%를 발견했다고 한다.

많은 불평과 귀띔은 타당성이 없기 때문에 부정에 대한 실제적 증거라기보다는 오히려 부정 징후로 분류된다. 사람들에게 불평을 하거나, 귀띔을 제공하는 동기가 무엇인지를 파악하기란 매우 어렵다. 그러나 예를 들어, 고객들은 자신이 이용당하고 있다고 느끼기 때문에 불평을 할지도 모른다. 직원들이 귀띔해주는 이유나 동기는 근무성적점수에의 욕구, 개인적인 문제들 또는 질투, 심지어 악의 등에서 유래될 수 있다.

불평과 귀띔은 회사와 무관한 타인이 동기를 유발할 수도 있다. 예컨대 배우자나 친구로부터 기인된 노여움, 이혼 또는 공갈협박 등이 유발원인이 되기도 한다. 귀띔 또는 불평은 언제라도 주의 깊게 다루어야 하며, 부정의 징후로서 고려되어야 한다. 주의할 점은 부정혐의가 유죄로 판명되기 전까지는 항상 무죄인 것으로 간주되어야 한다는 점이다. 그리고 또한 부당하게 의심받거나 기소되어서는 안 된다.

대부분의 조직에서 부정이 일어나고 있다는 의심을 하게 되는 동료나 주변 사람은 앞에 나서기를 꺼린다. 이런 망설임에는 다섯 가지 이유를 들 수 있다.

첫째, 부정이 일어나고 있음을 확실하게 아는 것이 보통은 불가능하다. 부정도 일종의 범죄지만 죽은 시체나 영상녹화물(CCTV)이 없다는 점에서 살인 또는 은행 강도와는 구별된다. 잠재적인 정보 제공자가 눈으로 보는 모든 것은 징후들이다. 그들은 달라진 라이프 스타일 속에서 생활하는 누군가를 보거나, 이상한 행동을 보이거나 차고에 회사 자산을 숨기고 있는 사람을 만날지도 모른다. 그들은 징후들만 보고 있다고 인식하기 때문에, 부당하게 다른 사람을 고발하길 꺼린다. 강한 의심이 들어도 징후의 이면에 법적이고 합당한 이유가 있을 수 있다고 믿기 때문이다.

둘째, 밀고자나 제보자에게 안 좋은 일이 일어났다는 이야기를 읽었거나 들은 적이 있기 때문에, 대부분의 정보 제공자들은 발설하기를 주저한다. 비록 그런 언론보도가 보통 비상식적이거나 많이 과장되었다 해도, 사람들은 만일 자신이 정보제공자가 되면 고생하거나 일자리를 잃어버리거나, 다른 어떤 종류의 보복을 당할까 두려워한다.

셋째, 부정을 저지른 자가 직원들과 관련된 사람들을 종종 협박한다. 특히 부정행위자가 상급자인 경우 부하들은 상급자의 부정혐의를 세상에 드러내기를 꺼린다. 예를 들면, 대부분의 동료 직원이 상급 책임자의 부정을 알고 있었음에도 불구하고 6년 동안이나 부정행위가 계속된 사건도 있었다. 그는 문자 그대로 다른 사람들이 자기를 두려워하도록 행동했으며, 자신의 성실성에 대해 의문을 제기한 사람들을 해고했다.

넷째, 누군가 나쁜 일을 하고 있음이 사실임에도 불구하고, 다른 사람에 대해 비난하는 것은 좋지 않다고 믿게 하는 분위기가 있다. 고자질하지 않도록 가르치는 사람은 윤리적으로 볼 때 오히려 거짓말쟁이에 가깝다. 이는 밀고하지 않는 것을 신조로 삼는 마피아(mafia: 범죄조직) 조직과 유사하다.

다섯째, 조직 내에서 대부분의 직원은 자신의 의심을 밖으로 나타내지 않는다. 대부분의 조직에서 직원들은 만일 그들이 부정 관련 정보를 인지하게 되면 누구에게 말하고 어떻게 전달하고 그것을 제보한 후에는 어떤 일이 일어날지를 알지 못한다. 나아가 제보에 대한 익명성이 보장되지 않으며, 밀고행위가 탄로가 날 수도 있다는 점을 두려워한다.

부정 징후로서 귀띔과 불평을 잘 활용하는 조직은 직원들의 불만 섞인 어투들을 파악하기 위해 동기부여를 할 필요가 있음을 알고 있다. 그리고 직원들이 쉽게 밀고할 수 있도록 어떤 통로를 만들어 주어야 한다.

또한 밀고에 대해서 완전한 익명성이 보장되도록 한다. 마약 사용, 안전 위반, 인종차별, 그리고 성적 희롱 같은 바람직하지 않은 행위를 보면 신고할 수 있도록 교육훈련프로그램을 실시하는 회사도 있다. 이때 포스터를 회사 내에 부착한다. 정기적으로 윤리규정을 주지시키고, 각 직원에게 봉함카드를 제공한다. 만일 그들이 위반사항을 목격하는 경우 할 수 있는 대안 행위들을 열거한 리스트와 영상물을 정기적으로 보여준다. 직원들은 만일 그들이 이 부분에 대해 무언가 문제를 의심하면, 다섯 개의 옵션을 가진 봉함 카드에 기재할 수 있다. 정보는 봉함카드에 의해 보강된다. 옵션은 다음의 다섯 가지이다.

① 그들의 매니저에게 또는 매니저의 매니저에게 말할 수 있다.
② 지정된 장소에서 회사의 보안담당관을 부를 수 있다.
③ 지정된 장소에서 내부감사인을 부를 수 있다.
④ 불평 또는 불만을 접수할 회사의 고충 처리책임자에게 전화를 걸 수 있다.
⑤ 통화 내용을 보호하며 익명성을 보장하는 외부 전화 서비스에 접속할 수 있다. 그러면 직통전화 취급기관은 이러한 문제를 잘 처리할 수 있는 관련된 회사 동료들에게 정보를 제공한다.

부정용의자에 대한 정보들은 조직의 관리계층이나 내부감사실 또는 회사 내의 보안부서 또는 준법부서에 즉각 신고되도록 조직 문화(여건)가 조성되어야 한다.

그러나 만일 조직 구성원들이 기타의 다른 옵션들에 대해 불편하게 느낀다면 긴급 직통전화를 사용할 수 있도록 마련되어야 한다. 긴급 직통전화를 제공하는 회사들은 매년 그렇지 않은 경우 몰랐을 많은 부정사건들을 찾아냈다. 이런 회사들은 또한 긴급 직통전화의 사용이 많은 기간과 극히 적은 기간으로 나누어 분석해 보았다. 중요한 것은 긴급 직통전화가 없으면 의심스런 활동을 신고하지 않을 직원들이 긴급 직통전화를 이용할 수 있도록 어떤 옵션을 제공하는 것이다. 해외의 많은 조직은 외부에서 관리되는 긴급 직통전화를 사용한다.

합법적인 제보에 대하여 직원에게 보상하는 데까지 이른 조직도 많다. 긴급 직통전화가 우수한 부정 탐지 도구가 됨을 암시하는 증거나 경험이 축적되고 있다. 직원들의 제보에 보상을 주는 것은 아주 좋은 방법이다. 한편 해외기업 중에는 직원들에게 제보에 대한 보상을 제공하고, 회사의 보상이 특별한 몫으로 지급된다는 신뢰를 심어주는 기업도 있다.

- P회사는 유용한 제보에 대해 직원들에게 2,500달러를 보상한다.
- K회사는 유용한 제보에 대해 1,000달러를 직원에게 준다.
- K회사는 유용한 제보에 대해 해외왕복비행기표의 추첨에 참여하는 기회를 1년간 제공한다.
- M회사는 250달러에서 500달러로 보상금을 두 배로 인상했다. 신고 건수의 70% 정도씩 보상금을 지급했다. 도난금액이 연간 500달러 이상인 금액에 대하여 보상금을 지급하며, 재고자산 절취사건의 경우 3.3%에서 2.1%까지 보상하였다.

2. 행동의 변화

심리학연구에 의하면 특히 범죄자가 초범인 경우, 범죄횟수가 늘어남에 따라 범인은 두려움과 죄의식에 빠져들게 된다고 한다. 이러한 감정들로 인하여 이들은 스트레스라고 부르는 극히 불편한 심적 상태에 처하게 된다.

개인은 이러한 심리적 압력에 대처하기 위해 이상한 행태와 식별 가능한 행동 패턴을 보인다. 주위에서 알아차릴 수 있는 행동 변화들을 몇 가지 보면 다음과 같다.

음주의 증가, 약의 복용, 이상할 정도의 조급함과 의구심, 긴장을 풀지 못함, 보통 사람들이 즐기는 일상적인 일에 대해 즐거움을 느끼지 못함, 공포에 사로잡힘, 다른 사람의 눈을 똑바로 보지 못함, 친구, 동료들과 가족들에게 당혹감을 나타냄, 방어기제 또는 논쟁을 좋아하게 됨, 의견을 말하면서 이상하게 경계하는 모습, 상담 또는 고백하려고 종교인 또는 심리학자 또는 다른 전문가를 찾아감, 가능한 결과들을 두고 지나치게 심사숙고함, 용서를 구하거나 속죄양들에 대해 생각함, 서서 일하는 모습, 땀을 흘리는 모습, 그리고 흡연이 늘어남 등이 있다.

부정의 신호는 전혀 특별한 행위가 아니다. 오히려 그것은 행위 상태의 변화이다. 원래 성격이 좋은 사람이 부정행위로 인해 협박당한 후 호전적으로 바뀔 수 있다. 혹은 원래 호전적인 사람이 갑자기 멋있는 사람으로 변할 수도 있다.

때때로 부정행위 또는 범죄를 저지르고도 스트레스를 느끼지 않는 사람도 있다. 그런 사람들을 반사회적 이상성격자 또는 정신병자라고 부른다. 그들은 양심이 없기 때문에 죄의식도 없다. 다행히 그러한 정신병자들은 드물다.

3. 분에 넘치는 생활양식

대부분의 사람은 금전적인 스트레스에 노출되어 있다. 실제로 스트레스는 존재한다. 단순하게 탐욕심(greedy)을 표출하는 사람도 종종 있다.

재무적 곤궁에 처한 사람들이 자신의 금전적인 필요성(money)을 충족시키기 위해 범죄에 발을 들여놓는 경우가 있다. 그 경우 대개 절도행위를 계속하며, 그들 자신의 라이프 스타일을 개선하기 위해 훔친 자금을 소비한다.

흔히 새 차를 구입하거나, 값비싼 도구(골프채 등)를 사거나, 해외여행을 즐기거나, 집을 개축하거나, 더 값비싼 집으로 이사하거나, 값비싼 보석류 또는 옷들을 구매하기도 한다. 더 많은 돈을 음식 등 일상생활비에 쓰기 시작할지도 모른다.

훔친 자산을 절약하는 범죄자들은 거의 없다고 한다. 사실 이들은 훔치는 즉시 모든 것을 소비해버리기도 한다. 이들이 부정행위의 기도에 자신이 생기면 생길수록 더욱 더 큰 금액을 훔쳐서 더 많이 소비하게 된다. 그 결과 이들은 곧 비합리적이고 분에 넘치는 라이프 스타일 행태를 노출시킨다. 사람들의 라이프 스타일이 어떻게 바뀌는가를 예시하면 다음과 같다.

〈사례: K(여)〉

K(여)는 거의 300만 달러를 그녀의 고용주로부터 횡령했다. 그녀와 그녀의 남편은 절취계획을 완성하는 7년 동안 함께 일을 했다. 그들은 언젠가 붙잡힐 수도 있다는 사실을 알았기 때문에 일부러 아이를 가지지 않았다. 훔친 돈으로 새로운 비싼 주택(시가 500,000달러의 가치가 있음)과 다섯 대의 고급자동차 마세라티, 롤스로이스, 지프 체로키, 그리고 두 대의 아우디를 샀다. 그리고 집안을 값비싼 예술품과 유리 수집품으로 채웠다. 그들은 배와 값비싼 몇 대의 컴퓨터를 샀고 정원 꾸미는 데도 돈을 지불했다. K는 동료들을 수시로 파티에 초대하여, 랍스터 등 값비싼 음식들을 베풀었다. 하지만 직원들 누구도 그녀의 라이프 스타일상의 변화를 주목하지 않았다. 예를 들면, 동료 직원들은 그녀가 매주 값비싼 다른 차를 몰고 오는 것을 예사로 보았던 것이다.

〈사례: K(남)〉

R은 600,000달러 이상을 그가 일을 했던 중소기업에서 훔쳤다. 그 회사는 그의 친구 소유의 회사이다. 회사는 끊임없이 현금흐름상의 문제에 직면해 있었다. 그렇지만 R은 고가의 포르셰 자동차를 운전하며, 고급 별장을 사고, 값비싼 휴가를 즐겼다. 그는 심지어 자신의 친구(고용주)에게 사업을 계속하도록 16,000달러를 빌려주기까지 하였다. 사장은 비록 R이 1년에 25,000달러도 안 되는 연봉을 번다고 해도 한 번도 그 돈이 어디에서 나왔는지 묻지 않았다.

〈사례: J(여)〉

J는 퍼스트 국립 은행에서 37년 동안 새로운 계좌 점원으로 일했다. 첫 33년 동안, 그녀는 정직한 직원이었다. 그런데 알 수 없는 어떤 것이 그녀의 인생을 바꾸어 놓았다. 그녀는 두 명의 귀여운 아이들의 할머니가 되었다. J는 그녀의 두 손자에게 선물을 사주려는 욕심에 빠지게 되었다. 그녀는 손자들에게 모든 것을 사 주기 시작했다. 그녀는 TV 홈 쇼핑에 중독이 되어 매주 수천 달러의 상품을 구입하였다. 그녀는 고객들의 예금증서(CD)를 몰래 이용하였던 것이다. 그녀는 가정용 PC를 사용하여 고객들의 CD양식을 몰래 발행했다. 4년의 기간에 걸쳐, J는 650,000달러 이상을 썼다. 그녀가 체포된 당시 그녀의 예금 구좌에는 잔액이 없었다. 그녀는 매일 모든 돈을 썼다. 오늘도 J는 교도소에 있다. 은행은 지금 그녀의 집, 그녀의 퇴직금과 심지어 그녀의 남편의 퇴직금도 압류하였다. J는 아직도 200,000달러의 빚을 은행에 지고 있다. 그녀가 1년 내에 교도소에서 나오면, 일을 해서 은행에 손해배상금 지급을 시작해야 한다. 만일 그녀가 규칙적인 지불금들을 벌지 못하면 가석방조치가 취소되고, 교도소로 되돌아갈 것이다.

영리한 범죄자라면 돈을 몇 년 동안 소비하기에 앞서 눈에 띄게 절약할 것이다. 그러나 체포된 범죄자 중 영리한 범죄자는 거의 없다고 한다. 그들로 하여금 도둑질을 하도록 부추기는 동기는 또한 그들에게 즉각적인 만족추구를 요구하는 것처럼 보인다. 저축은 현재의 소비를 포기한 대가로 이자수익을 제공해준다. 범죄자들은 지름길을 이용하여 성공한 것처럼 보이는 자이다. 훔쳐서 저축하는 범죄피의자가 있다면 모순되는 인간에 가깝다. 만족과 소비를 지연시킬 수 있는 사람 중 부정에 유혹되는 자는 거의 없다.

[출처: 구글]

모든 징후들은 라이프 스타일의 변화에서 찾아내기가 가장 쉽다. 만일 매니저, 동료와 주변 사람들이 주의해서 본다면, 그들은 자신의 수입으로 감당할 수 없는 라이프 스타일을 보이는 범죄자를 식별할 수 있을 것이다. 라이프 스타일 징후들이 부정의 정황적인 증거만을 제공하지만, 그것은 확증하기 쉬운 증거이다. 은행기록, 투자 기록과 소득신고 정보에 접근하기는 어렵지만, 다른 서류나 부동산 등기부 등을 입수하면 소유권 여부, 담보 여부 등을 확인할 수 있다.

4. 인구통계학적 지표

범죄 피의자들의 최종적인 범주는 인구 통계학의 징후들이다. 많은 범죄 피의자들이 초범이지만, 그중에는 요주의 대상의 범죄기록을 가진 자도 있다. 불행하게도 개인 사생활 보호법 때문에 개인의 배경에 관한 정보를 입수하는 것은 상당히 어렵다.

직원을 채용할 때, 그 사람의 과거 배경을 점검하는 일은 매우 중요하다. 직전의 고용주 한 사람에게만 신원요청을 하는 대신에 2개 회사 또는 3개 회사를 확인해야 한다. 나아가 만일 명백한 정보가 전달되지 않으면, 이를 틀림없는 부정적인 신호로 해석해야 한다. 직장 내 관리계층 사람들은 인터뷰 기술을 훈련받아야 한다. 예를 들면, 인사부서의 채용담당책임자는 신입사원 채용 면접 시 과거의 생활신조 등에 대해 물을 수 있다. 그러나 유감스럽게도 속 깊숙한 질문을 하기를 주저하는 이가 많다. 또한 시간이 소요되는 일을 꺼리기 때문에 완전한 배경(이력) 조사를 실시하지 않는다. 부정직한 사람의 수가 증가하고 있기 때문에 이런 소극적 태도는 장래에 더 큰 손실을 초래할 것이다.

많은 조직은 법정 소송 이전 단계, 즉 부정을 저지른 자를 단지 해고시키는 선에서 문제를 마무리한다. 그러니 현재 각 직장에서 근무 중인 직원 중에는 이전 직장에서 횡령범죄를 저지른 자가 있을 수 있다. 따라서 다음과 같은 데이터베이스를 통한 검증절차를 거치는 것은 유용할 것이다. 넥시스는 미국의 주요 신문사 신문 기사가 수록된 데이터베이스이다. 프랜치스 홀 법적 투자 정보 서비스 데이터베이스는 과거에 법적인 문제, 다른 일로 사건화된 사람들에 대한 인적 정보를 담고 있다. 무디스 등 신용평가회사들은 얼마나 오랫동안 회사가 존재했는지, 그리고 그 감사인이 누구인지에 대한 정보를 제공할 수 있다.

이렇게 인력 채용의 당사자나 상거래의 상대방에 대한 좋지 않은 정보를 확인할 수 있는 많은 방법이 있다. 유감스럽게도 대부분의 사람들과 회사들은 이러한 노력을 하지 않으며 이용할 수 있는 출처를 점검하지 않아서 나중에 어려운 문제에 직면하게 된다.

〈높은 재범률〉

만일 조직이 부정직한 직원들을 고용하거나, 부정직한 배경을 가지는 개인들과 사업을 하면, 그것은 언젠가는 문제를 발생시킬 것이다. 가족들과 부근의 가까운 사람으로부터 부정직을 고백할 것을 강요당하지 않거나, 정의에 살 것을 강요당하지 않는 부정 가해자들은 높은 상습적 재범행률을 보인다.

최근 어느 회사의 P사장이 자신의 친구에게 전화를 하였다. 사장은 "당신, 우리 회사의 회계직원 M을 기억하고 있지?"라고 말했다. 친구가 "알지"라고 응답했다. 그러자 사장은 말했다. "그녀는 회사 돈 1,000달러를 훔쳤네. 내가 어떻게 해야 하지?"

"그녀를 해고하고, 고발해야지." 친구의 대답이었다. "난 그렇게는 할 수 없네. 그래도 그녀는 멋진 직원이지."

"만일 사장이 그렇게 하지 않으면, 그녀는 다시 회사 돈을 훔칠 것이네."라고 친구가 사장에게 이야기했다.

말할 필요도 없이, P사장은 M을 계속 고용했다. 3개월 이후 그녀는 다시 도둑질을 했다. 그러나 이번에는 1,000달러가 아니라 22,000달러였다.

〈어느 노인의 일화〉

어떤 사람이 친구에게 다음과 같은 이야기를 들려 주었다.

"옛날 어느 소도시에 유복한 노인이 살고 있었다네. 이 노인은 돈을 지나치게 좋아하다 보니 친구는 거의 없었고, 실제로 노인에게 친구 내지 지인(知人)이라고 말할 만한 사람은 단 3명 정도 있었지."

지인 중 한 사람은 그 노인이 다른 사람들을 이용하도록 도왔던 변호사였다. 두 번째 지인은 목사였다. 노인은 목사에게 가서 자신이 다른 사람들을 이용했었다고 고백한 적이 있었다. 세 번째 지인은 자금의 기록과 관리업무를 도와준 그의 회계사였다. 노인은 자신이 곧 죽을 것이라는 것을 알고 세 사람의 지인들에게 동시에 전화를 했다. "잘 들어, 나는 늙었어. 나는 곧 죽게 될 거요. 나는 평생 유복하게 살았으니, 무덤에 들어갈 때도 약간의 돈은 필요하네. 나는 자네들에게 각각 50,000달러 봉투를 줄 것이네. 자네들이 장례

식에 와서 이 봉투를 나의 관에 넣어주기 바라네. 나는 무덤에서도 약간의 돈을 가지고 가고 싶네."

이 세 사람은 그 유복한 노인의 말을 따르기로 동의했다. 얼마 후 그는 죽었다. 그들은 관에다 각자 봉투를 넣었다. 관은 봉해졌고, 그의 시체는 땅에 묻혔다.

잠시 후에, 목사는 다른 두 사람을 불렀다. "우리들 함께 이야기를 좀 합시다." 그는 말했다. "저는 양심에 가책을 느낍니다."

"저는 저희 교회의 가난한 신도들에 대해 생각했습니다. 그리고 저는 묘지 속에서 부패하고 있는 그 돈에 대해서도 생각했습니다. 그래서 저는 바로 25,000달러만을 두고, 25,000달러를 저의 가난한 교회 신도들을 위해 간수하고 있습니다"라고 목사는 말했다.

잠시 후, 변호사가 솔직하게 말했다. "잘했소", 그가 말했다.

"저 부자, 저 어리석은 사람은 수시로 저에게 공짜로 법률자문을 구했습니다. 그가 저에게 채무를 변제할 의무가 있고 해서, 저도 역시 25,000달러만 넣었습니다."

회계사는 "저는 당신들이 그렇게 했다니 도저히 믿을 수가 없군요"라고 말했다. "제가 넣은 봉투에는 수표 50,000달러 전액이 들어 있었음을 당신들이 알아주시길 바랍니다."

회계사가 자신의 부정을 숨기기 위해 거짓을 말한 것일까? 아니면 진짜 50,000달러를 모두 넣었을까? 이러한 모호성은 부정의 본질에 대한 의문을 던져준다. 때때로 우리들은 부정이 일어났는지 여부를 모르며 혹은 손실이나 다른 징후들이 정직한 사람의 실수나 비의도적 잘못으로부터 나온 것인지 여부를 모른다. 살인의 경우(거기에는 죽은 시체가 발견되고, 범죄의 발생 사실에 의문이 없다)와는 달리 부정에는 죽은 시체가 없다.

우리들이 보는 모든 것은 징후들(symptoms)이다. 우리들은 앞의 사례에서 이상한 행태를 보이는 회계사를 만날지도 모른다. 그의 라이프 스타일에 변화가 있음을 알아차릴 수 있다. 그가 값비싼 차를 구입할지도 모른다. 다른 사례에서 우리들은 또 다른 징후들을 볼 수 있을 것이다.

부정에 대한 징후들을 인식하고, 추적함으로써 부정을 적발할 수 있다. 부정의 징후들을 인식하는 것이 부정적발의 가장 중요한 부문이기 때문에 부정 징후들을 설명하는 데 많은 지면을 할애하였다. 징후들을 인식하지 못하면 부정을 찾아낼 수 없다.

징후들을 인식해야만 부정직한 행위가 발견될 최소한의 기회가 부여된다. 매니저들, 직원들, 투자자 등은 부정의 징후들을 주시하고 인식하기 위한 훈련을 받을 필요가 있다. 그렇게 하는 것이 경제사회에서 급증하고 있는 재무부정사건의 발생을 억제하는 유일한 길이다.

Chapter_ 6 요 약

부정이란 타인으로부터 부당한 이득을 얻기 위해 어떤 수단, 방법을 이용하는 것을 말한다. 조직 내부의 부정은 종업원부정과 경영자 부정(허위재무보고)의 두 종류로 세분될 수 있다. 부정이 일어나려면 부정을 유발시키는 동기 혹은 압박요인, 부정직한 행위를 저지르고 그것을 은폐할 수 있는 기회 및 합리화의 세 가지 조건이 필요하다.

어떤 상황적인, 제도적인 혹은 개별적인 힘(작용) 및 기회의 결과로 허위재무보고가 이루어지는 것이 일반적이다. 이러한 힘과 기회에 압력과 동기가 부가되면, 개인이나 조직이 허위재무보고 할 가능성이 높아진다.

기업의 재무적인 외형을 돋보이게 하기 위한 허위재무보고의 동기는 흔히 다음과 같다. 회사채나 주식의 높은 가격 유지, 투자가들의 기대충족, 재무적 위기사태의 처리 지연 및 회피, 경영자 개인의 추가 보너스, 승진 혹은 실적 미달로 인한 처벌모면 등이다.

이러한 부정발생 가능성을 줄이는 방안으로는 신중한 채용 및 해고업무, 불만을 품은 조직구성원의 관리, 조직구성원에 대한 교육 등이 제시될 수 있다. 부정발생의 억제력 증대를 위하여 강력한 내부통제 시스템이 설계·운용되어야 한다. 구체적으로 기능의 분리, 명령휴가제 및 직무순환 등이 포함된다. 가능한 한 신속하게 부정을 적발해 내기 위한 방안에는 부정의 신호징후를 조기 포착하기 위한 시스템의 가동과 수시 감사의 실시, 부정신고전화의 설치 등이 포함된다. 부정으로 인한 피해의 최소화방안의 하나로 적절한 보험에 가입한다. 더욱이 이사회 내에 설치된 감사위원회가 경영자의 의사결정을 감독하고 재무보고의 전 과정에 개입하여 재무보고서의 신뢰성이 제고될 수 있도록 세심한 주의를 기울여야 한다.

Chapter_ 7

자산절취행위의 조사

Chapter_ 7

자산절취행위의 조사

제1절 절취부정의 유형

부정은 보통 그 존재를 은폐하기 위하여 특별히 고안된 행위가 동반되므로 보통 오류(error)를 발견할 개연성이 부정(fraud)을 발견할 개연성보다 높다. 부정으로부터 발생되는 중요한 왜곡표시를 발견하지 못할 위험은 오류로부터 발생되는 중요한 왜곡표시를 발견하지 못할 위험보다 높다. 그 이유는 부정은 보통 그것을 은폐하기 위하여 고안된 행위, 예를 들면, 공모, 위조, 거래기록의 의도적인 누락 및 회계감사인에 대한 의도적이고 왜곡된 진술을 동반하기 때문이다.

반증이 없는 한 회계감사인은 피감사회사(client) 경영진의 진술이 진실하며, 기록 및 문서가 진실하다고 가정한다. 그러나 포렌식 감사인은 경영진이 성실하다고 가정하지 않는다.

조직 내부의 부정에는 크게 종업원 부정(자산의 절취)과 경영진 부정(허위재무보고)의 두 유형이 있다. 조직 내에서 일어나는 절취행위는 '종업원 부정' 또는 '자산의 횡령 및 유용'이란 용어와 동의어로 사용될 수 있다.

웰스(Wells, 2000)에 의하면 미국에서 2,608건의 자산 횡령 및 유용사건을 분석한 결과는 다음과 같다. 즉 부정에 이용된 자산은 현금과 재고자산을 포함한 그 외 자산으로 크게 구분되었고, 이 중 90%는 현금 횡령이었다.

현금은 대체가 가능하고, 특정한 가치를 갖고 있으며, 운반이 용이하다. 그러나 소비자들이 자주 사용하는 물품을 제외한 재고자산은 절취 후에 현금화시키기가 쉽지 않다. 또한 재고자산을 전혀 갖고 있지 않는 회사도 많다.

현금을 횡령하는 주요 세 가지 방법은 수입 누락(skimming), 절도(larceny) 및 부당 지출(fraudulent, disbursements) 등이다.

첫째, 수입 누락은 회계 장부에 기록하기 전에 현금을 횡령하는 것이다. 수입 누락의 유형에는 다음과 같은 것들이 있다. 매출의 누락 혹은 매출의 과소계상, 외상채권의 부당한 상각 또는 외상채권에 관련된 래핑(lapping), 매입환출 금액의 누락 등이 있다.

둘째, 절도는 장부에 회계처리를 한 후 현금을 횡령하는 수법이다. 절도는 은행계정조정표 작성이나 현금 실사를 통해서 적발되므로 부정을 저지르는 종업원들이 많이 사용하는 방법은 아니다. 연구보고에 따르면 전체 현금 횡령사건 중 단 3%만이 이 방법을 사용했다고 한다. 절도의 대상에는 시재현금, 예금 및 기타 등이 포함된다. 재고자산 및 기타자산도 절도의 대상이 되거나 부당하게 이용될 수 있다. 예를 들어, 엉터리 매출 및 발송 또는 가공의 구매 및 검수, 은밀한 절도 행위 등이 발생될 수 있다.

셋째, 부당지출의 유형이 위 세 가지의 현금횡령 방법 중 가장 다양하다. 수당 등 부당한 급여 청구, 부당한 비용 정산 등의 방법과 같이 비용계정을 이용하는 방법과 수표 변조 등의 방법이 있다.

제2절 절취, 은닉, 변환행위의 증거원천들

절취, 은닉, 변환행위의 증거원천으로 다음과 같은 것들이 있다.

- 문서
- 은행계좌, 신용카드 및 투자자산 계좌
- 인터뷰
- 밀착감시활동
- 비밀정보원 및 밀고자
- 금융정보분석원 자료
- e-메일
- 패턴인식, 데이터마이닝 및 기타의 디지털도구
- 그 밖의 물리적 증거들(서류에 묻어 있는 지문, 사진, 종이의 제작연도 등)

우선, 수집된 문서 증거(예를 들어, 송장, 계약서 권리증서, 출생증명서, 계약서, 영수증 등)는 종이와 전자적 형태 양쪽 모두 포함된다. 의뢰회사(client)의 장부기록, 공공기관 보유의 기록자료, 인터넷 검색을 통해 수집이 가능하다.

문서는 절취, 은닉 및 변환행위에 연관된 증거를 제공해줄 수 있다. 회사발행의 수표가 범인이나 공범자의 계좌로 입금되었다는 사실이 은행계산서(bank statement)상에 나타나 있다면, 이는 절취행위의 증거가 된다. 또한 은행계산서상 잔액에 수정용 액체를 뿌린 흔적이 있거나 수정금액이 기재되어있다면, 이것은 은닉행위의 증거가 될 수 있다.

공공기관, 인터넷 및 기타 원천으로부터 수집된 문서들을 이용하여 숨겨진 자산이나 탈세소득금액을 산정할 수 있다. e-메일은 메일의 내용 그 자체뿐 아니라, 사람과 거래와 활동의 연계에 대한 정보를 제공해준다. 데이터 마이닝 소프트웨어는 데이터 속에 내재된 숨겨진 패턴을 찾아내 미래 행위를 예측하는 데 유용한 정보를 제공해준다.

패턴인식은 빅데이터 분석과 컴퓨터 과학에서 중요한 관심 분야이다. 이러한 소프트웨어는 음성인식 및 필적인식 기능이 중심이지만 재무자료를 검색하여 비경상인 변동부분을 찾아내는 데도 이용될 수 있다. 이러한 관점에서 패턴인식 탐색과 데이터 마이닝 소프트웨어는 범행주체, 시기, 내용, 수법 및 동기에 관련된 추가증거를 제공해 줄 수 있을 것이다.

〈데이터 창고〉

데이터 창고(data warehouse)는 조직 전체의 데이터를 통합하여 모아둔 것을 말한다. 예를 들어, 5년 내지 10년간의 비휘발성 통합데이터는 경영계획 수립과 의사결정 업무를 지원할 수 있다.

경영자는 데이터 창고를 이용하여 데이터 마이닝(data mining)을 할 수 있다. 이것은 데이터창고 내에 있는 데이터를 검색하는 프로세스이다. 예컨대, 경영자는 소비자의 미래 행동을 예측하는 데 이용하려고 식별 가능한 어떤 패턴을 찾아내려고 한다. 최근 몇 년간 기온변화에 따른 아이스크림 판매량의 패턴을 통해 다가올 여름의 판매계획을 수립할 수 있을 것이다.

제3절 절취행위의 조사절차

어떤 조사방법을 적용해야만 부정의 존재가능성을 가장 강력하게 입증해주는 증거를 입수할 수 있는가? 이러한 점을 고려하여 조사기법을 선택해야 한다. 조사기법에는 절취행위 조사법, 은닉행위 조사법, 심문(질문) 조사법 등이 있다. 또한 조사대상 부정의 특성과 입수할 증거의 유형을 고려해야 한다.

절취행위 조사법으로는 밀착감시, 시험적인 감시활동, 물리적 증거 확보 등이 있다. 은닉행위 조사법으로는 문서검사, 감사, 컴퓨터 검색 · 조회, 물리적 자산에 대한 실사 등이 있다. 심문(질문) 조사법은 인터뷰, 필적확인 · 거짓말 탐지기 검사 등 다양한 형태의 진실성 테스트 등이 있다.

예를 들어, 재고자산 관련 부정은 훔친 물건의 운송을 살펴보아야 한다. 따라서 절취행위 조사법을 사용하는 것이 가장 쉬운 경우가 많다. 한편 가공의 인물을 급여대장에 끼워 넣기, 엉터리 초과근무 시간카드 등 급여관련 부정의 조사에는 은닉행위 조사법이 적합하다. 이러한 부정들은 조직의 기록이나 장부에 은폐된 경우가 많을 것이며, 따라서 문서적인 증거를 수집하는 것이 일반적으로 가장 쉽다.

그러나 공모나 가로채기 같은 부정의 경우 일반적으로 문서적인 증거를 남기지 않는다. 물론 구매가격의 상승 또는 특정 납품업체와의 거래증가 등을 보여주는 구매기록이 남아 있을 수는 있다. 그러므로 절취행위조사법과 은닉행위조사법을 가로채기 부정의 조사에 적용하는 것은 일반적으로 비효과적이다.

그러한 부정의 경우, 먼저 혐의자가 직장에서 받는 소득금액수준을 파악한다. 그러한 소득수준을 넘어서는 라이프 스타일상의 변화가 있는가? 있다면 그에 대한 정황적인 기록 증거를 외부에서 수집할 필요가 있다.

심문(질문) 조사법은 모든 유형의 부정을 조사하는 데 일반적으로 도움이 된다. 그러나 부정을 조사하는 과정에서 무고한 사람들이 범죄인 취급을 받는 잘못된 일이 일어나지 않도록 해야 하며, 아울러 범인이 눈치 채지 못하게 하는 조사기법을 적용하는 것이 중요하다. 따라서 조사의 초기단계에서는 가능한 한 적은 사람을 포함시키고, '수사'와 같은 단어 사용을 피하고, 눈치 채지 못할 것 같은 기법을 사용하여 조사를 시작하는 것이 가장 최선이다.

조사가 계속 진행됨에 따라 최종적으로는 주요 혐의자와의 인터뷰 단계에 도달하게 된다. 이제까지 논의된 조사절차들은 주요 혐의자와 관련하여 은밀히 진행될 것이다.

인터뷰(interview)의 목적은 혐의자에 대한 개략적 지식을 얻는 데 있다. 예를 들어, 만약 어떤 종업원이 가로채기를 했다고 의심된다면 조사는 다음과 같은 단계로 진행될 것이다.

[인터뷰, 출처: 구글]

① 봉급의 부분적인 압류, 재정보증, 기타 경제적인 문제 등 종업원 개인의 신상 기록(인사기록부)을 검토한다.
② 여러 공급업체들로부터 제시된 구매량과 가격의 변동 · 동향을 조사하기 위해 구매부서에 대한 특별 감사를 실시한다.
③ 혐의자의 라이프 스타일에 관한 증거를 수집하기 위해 외부기관에

서 입수한 공공 기록물과 기타 자료 원천을 검색한다.
④ 밀착감시나 기타 은밀한 작전을 개시한다.
⑤ 전에 구매부서에 근무했던 직원들과 납품에 성공하지 못한 공급업체들을 만나본다.
⑥ 혐의자의 관리자를 포함하여 현재의 구매부서 담당자들과 면담한다. 관리자와 담당자가 공모했을 가능성이 없는 경우에만 면담을 한다.
⑦ 의심이 가는 구매부서 임직원과 의심이 가는 공급업체를 동시에 면담한다.

이러한 단계 중 몇 가지는 혐의자가 눈치 채지 못하도록 조용히 수행될 수 있다. 예를 들면, 보안책임자, 감사인 및 부정조사관은 통상적으로 정규감사과정에서 인사기록들을 검토한다. 또한 구매기록과 공공기록의 검색도 일반적으로 의심을 불러일으키지 않는다. 왜냐하면 그것들은 정규적인 감사절차의 일환으로서 또는 감사현장의 바깥에서도 수행될 수 있기 때문이다.

밀착감시는 적절하게 수행되어야만 용의자 몰래 진행될 수 있다. 인터뷰가 시작되면 비로소 자신이 조사받고 있음을 눈치 채게 될 것이다. 그 때조차도 면담은 먼저 혐의자와 관련되지 않은 사람들과 해야 하고 마지막으로 혐의자와 면담할 때까지 은밀하게 진행해야 한다. 먼저 혐의자와 관련 없는 사람들과 접촉하기 시작하여 점차 내부로 접근하도록 한다.

이렇게 하는 이유는 다음과 같다. 혐의자가 조사의 초기단계부터 너무 빨리 눈치채고 경계심을 나타내면 조사가 어려워진다. 또한 다른 직원들 사이에서 야기될 수 있는 의심이나 과도한 스트레스의 생성을 방지해야 한다. 추가적으로 이러한 절차는 조사대상이 된 사람을 가장 최선으로 보호하는 것인데, 특히 그 사람이 개입되지 않은 사실이 나중에 밝혀질 경우에 대비하여 그렇다.

이제 절취행위 조사기법에 대해 보다 자세히 고찰해 보겠다. 부정비리 조사업무를 시작할 때 범죄 혐의자일 가능성이 가장 높은 자들을 명시적으로 고려하는 하나의 도구가 있다. 즉 점검표(check list)를 준비하는 것이 종종 도움이 되며, 사전에 조사사항을 성문화함으로써 누락이나 중복을 피할 수 있다. 내부통제평가에도 자주 사용되는 이 점검표는 일어날 수 있는 부정의 다양한 요소들을 질서정연하게 정리 · 조정해준다.

점검표는 ① 분실된 자산 또는 도둑이 훔쳐간 자산, ② 절취의 기회가 부여된 개인들, ③ 절취수법, ④ 은폐가능성, ⑤ 변환가능성, ⑥ 관찰된 징후, ⑦ 범인이 직면한 심리적 · 경제적 압박감, ⑧ 범인의 합리화, ⑨ 부정범죄를 방지 · 적발하기 위한 핵심적인 내부 통제절차를 포함한다.

어떤 은행고객이 지난달 맡긴 예금이 자기 계좌에 예치되어 있지 않음을 항의한다고 가정해보자. 이 경우 직원에 의한 부정일 가능성이 있다고 판단된다면 점검표를 작성할 수 있다. 부정의 여러 가지 측면을 보여주는 이 표를 이용하여 조사관은 부정에 관련된 모든 요소를 고려할 수 있게 된다.

절취된 자산은 고객의 예금이다. 절취의 기회는 입금거래를 처리한 창구직원, 창구직원을 감독한 담당대리 혹은 고객계좌에 입금 처리를 한 기타 오퍼레이터에게 주어졌을 것이다.

이 자산을 옮겨놓는 것은 어렵지 않다. 엉터리 계좌에 입금거래 입력을 하거나 고객이 예금한 수표를 현금보관 서랍에 넣고 현금을 인출한 후 횡령하거나 혹은 수표배서를 허위로 하는 수법이 동원될 수 있다. 고객의 입금전표 없애기, 새로운 입금전표의 작성, 서명의 위조 등이 은닉수법에 포함된다. 사라진 것이 현금이므로, 변환의 기회는 무궁무진하다.

이런 경우 범죄 혐의자의 행동의 변화, 전보다 부유해진 라이프 스타일 혹은 또 다른 고객의 항의 등 부정의 징후를 발견할 수 있다. 창구직원 소유의 부동산이 국세청에 압류됨, 대리가 최근 고급아파트를 구입, 직원이 최근 이혼한 사실 등이 부정을 유발시키는 압박감으로 작용했을 수 있다. 자신이 하는 일에 비하여 보수가 형편없이 적거나 부당한 대우를 받고 있다는 생각이 범죄행위에 대한 합리화 근거가 될 수도 있을 것이다.

은행 컴퓨터시스템의 접근제한 기능, 암호입력, 은행원 자신의 계좌에 직접 입력금지 등 중요한 내부통제기능이 제대로 작동되지 못하여 이러한 부정이 발생했을 가능성이 있다. 재고자산의 도난사건이나 물품구입액을 초과한 과다지급액 사건 등에도 이러한 점검표를 작성할 수 있다. 조사관이 부정의 모든 국면을 명시적으로 고려할 수 있도록 해주는 것이 점검표이다.

1. 밀착감시 활동

밀착감시 활동은 특히 청각과 시각과 같은 감각기관에 의존하는 절취행위 조사기법이다. 기술적으로 세 가지 유형의 감시가 있다. 소정의 훈련과 경험을 구비한 사설탐정이나 수사경찰이 비밀리에 이러한 유형의 활동을 수행한다. 그래서 포렌식 감사인이나 조사관이 적절한 훈련 없이 행할 경우 위험에 노출될 수 있다.

① 고정된 지점에서의 관찰
② 이동식 관찰이나 미행
③ 전자적인 감시

은밀하게 움직이는 조사관은 용의자에게 노출되지 않도록 유의하면서 비밀임무를 수행한다. 우리나라 헌법과 사생활 보호 관련 법규는 타인의 프라이버시를 침해하지 않도록 규정되어 있다. 이러한 법 취지를 위배하지 않는 한 은밀한 감시활동은 합법적이다.

단순히 어떤 장소에 주둔하거나 고정된 장소에서의 관찰은 손쉽게 수행할 수 있으며 효과적이다. 관찰은 부정의 한 부분을 형성하는 물리적 사실, 행동, 움직임들을 목격 · 기록함을 의미한다. 기록을 위하여 종이 · 사진 · 필름 또는 디지털기기 등이 동원된다.

고정된 장소에서 관찰하는 조사자는 관찰할 위치를 정해야 한다. 그리고 그곳에서 가장 일어날 가능성이 높은 행동을 예상해야 한다. 그리고 용의자와 관련된 모든 행동들을 자세하게 적거나 디지털기기로 녹화해야 한다. 세밀한 기록은 혐의자의 모든 움직임과 활동에 대한 세부적인 시간 기록과 함께 관찰한 날짜와 요일, 관찰자의 이름, 같이 일한 목격자의 이름, 관찰된 장소, 현장으로부터의 거리, 관찰시작과 종료 시간을 포함해야 한다. 이동식 관찰이나 미행은 고정된 지점에서의 관찰보다 훨씬 더 위험하다.

우리는 영화를 통해 혐의자를 추적하는 과정에서 내부감사인이 총탄 공격을 받는 장면을 종종 본 적이 있다. 이러한 유형의 감시(이동식 관찰이나 미행)에 대한 잠재적인 보상은 높다. 훔친 물건의 취득자나 뇌물의 제공자를 밝혀내는 경우도 있기 때문이다. 반면에 실패가능성이 높다는 단점도 있고, 프로만이 미행을 제대로 수행할 수 있다.

[사진: 위키피디아]

CCTV(폐쇄회로카메라)로 종업원을 전자적으로 감시하는 것은 자주 사용되는 감시의 또 다른 형태이다. 그것은 종종 부정이나 화이트칼라 범죄 조사에서 제한된 가치를 가진다. 그리고 이것은 직장에서든 혹은 직장 밖에서든 간에 프라이버시 침해의 소지가 있다. 회사가 영상녹화장치, 전자메일 프라이버시, 그리고 PC에 대한 접근을 포함한 모든 형태의 전자적 감시에 대한 엄격한 통제를 구축하는 경우에는 이러한 통제가 법적으로 문제가 되지 않는지를 미리 점검할 필요가 있다.

내부통제가 작동되고 있는지를 확인하기 위하여 어떤 형태의 모니터링(감시) 활동을 하는 경우 모든 회사와 조직은 모니터링에 대한 엄격한 지침들을 제정 · 실시해야 한다. 모니터링의 순가치는 부적절한 활동으로 유발된 종업원 감정문제들로 인하여 상쇄되거나 오히려 마이너스 효과를 가져올 수도 있다. 조사자의 진정한 역할은 혐의자에게 발각되지 않는 것이다. 이러한 은밀한 활동은 합법적이고 타당한 범위 내에서 이루어져야 한다.

비밀활동은 비용 · 시간이 많이 들며 극도로 신중해야 한다. 다음과 같은 경우에만 비밀조사 활동이 수행될 수 있을 것이다.

- 대규모의 공모 부정이나 범죄가 발생했을 가능성이 있는 경우
- 다른 방법의 부정조사활동이 실패했을 경우
- 조사활동을 면밀하게 모니터할 수 있을 때
- 부정이 발생하고 있다고 믿을 만한 충분한 이유가 있을 경우
- 조사가 당해 조직의 윤리와 제반 법규에 엄격하게 따를 때
- 조사과정과 결과를 비밀상태로 유지할 수 있을 때
- 법집행당국에 가능한 한 신속하게 통지해 줄 수 있을 때

만일 어떤 화학물품을 제조하는 공장 구내에서 엑스터시로 의심되는 향정신성 마약거래가 일어나고 있다면 어떠한 회사도 이를 용납할 수 없을 것이다. 종업원 중 누군가가 이 약을 구입하여 작업장에서 복용한 후 귀가 중 자동차 사고를 냈다면 회사가 사고에 대한 법적인 책임으로부터 자유로울 수 없을 것이다. 이러한 사건을 은밀하게 조사하도록 임무를 부여받은 자가 혐의자로부터 협박을 받고 겁에 질려 조사활동을 그만두거나 혐의자에게 인간적인 동정심을 보이는 경우가 있다. 이것이 비밀활동과 관련된 한계점이라 할 수 있다.

2. 시험적인 감시활동

시험적인 감시활동은 테스트기간 동안 혐의자들에 대한 밀착 감독을 포함하는 절취행위 조사기법이다. 테스트기간 동안 일시적으로 엄격하게 통제하므로 이 기간 중에는 부정의 발생이 사실상 불가능하다.

부정이 발생되려면 세 가지 조건이 충족되어야 하며 그중 한 가지 조건이 기회이다. 통제가 엄격해서 부정을 저지를 수 있는 기회가 부여되지 않은 경우, 부정으로부터 자유로운 상황이 조성된다. 그러한 상황에 대한 자료가 수집될 수 있다.

시험적인 감시활동 전, 감시활동 중, 그리고 감시활동 종료 후 상세한 기록들이 유지된다면, 부정사건이 일어나고 있는지에 대한 증거가 확보될 수 있다. 시험적인 감시활동은 대기업의 재고자산 도난 사건이나 중소기업의 현금도난 사건에 적용할 수 있다. 시험적인 감시활동은 많은 비용이 소요되는 부정조사방법이다. 따라서 이 기법은 최고 경영자의 동의하에서 사용되어야 한다.

이 기법의 적용은 연속적이 아닌 단속적으로 이루어지는 비즈니스 업무에 한정하는 것이 중요하다. 일반적으로 이것은 고가의 재고자산 등 고위험 영역, 물품의 수령과 적재에 대한 통제가 약한 부문, 회계기록에 대한 통제가 취약한 영역에 사용된다.

시험적인 감시활동을 할 때, 부정의 기회를 제거하는 데 필요한 통제강화의 엄밀한 특성을 결정하는 것이 중요하다. 관찰대상 단위에 대한 운영 프로파일을 구축하기 위해 과거의 기록들을 분석하는 것 또한 중요하다. 이 프로파일은 하루의 거래의 성격과 건수, 예외적인 거래의 유형과 건수, 공장으로부터 나오고 들어가는 자동차의 수와 같은 것을 포함해야 한다. 정확을 기하기 위하여 시험적 감시활동기간은 적어도 15일은 되어야 한다. 최적의 기간은 거래의 빈도와 성격에 의존할 것이다.

시험적 감시활동은 때때로 실패하기도 한다. 예를 들어, A 회사의 제조공장에서 작업용구가 매일 상당량 분실되고 있었다고 가정해보자. 회사는 훔친 자를 찾아내기 위하여 퇴근시간에 공장을 나서는 모든 종업원들의 도시락 통을 검사하였다. 검사를 받은 종업원들의 감정은 너무나 황당하고 착잡하였다. 도시락 통 검사에 대한 종업원들의 반응은 작업태만과 불량품의 증가로 나타났던 것이다.

3. 물리적인 증거

부정이나 범죄에 관련된 증거의 유형은 직접증거, 간접증거(정황적 증거), 물리적 증거 및 문서적 증거 등으로 분류될 수 있다. 물리적 증거는 현금, 상품, 제품, 토지, 건물 등 실재하는 자산에 관한 증거이다. 이것은 실물조사 · 입회 등으로 수집될 수 있는 증거이다. 조사관이나 감사인이 실제로 그 물리적 실재(physical existence)를 확인하여 입증하는 것이다.

따라서 물리적 증거는 각종 감사증거 중에서 가장 강력한 증거능력을 가지게 된다. 감사인은 물리적 증거를 검토할 때 자산이 물리적으로 실재한다는 것과 자산의 소유권이 피감사회사에 있다는 것을 분리하여 생각하여야 한다. 따라서 자산의 소유권을 확인하기 위하여 추가적으로 감사증거를 수집하여야 한다.

조사관이나 감사인이 물리적으로 실재하는 자산을 검토할 때는 자산의 수량 및 품질을 확인하여야 한다. 자산의 품질을 확인할 때에는 물리적 증거 외의 다른 증거를 검토하여야 하는데, 재고자산의 품질을 확인하기 위해서는 판매기록 또는 생산기록을 조사하든지, 피감사회사의 담당자에게 질문을 하여야 한다.

귀금속이나 고가의 재고자산과 같은 경우에는 별도로 전문가로부터 조언을 얻어야 한다. 당좌예금에 포함된 수표의 경우에도 마찬가지로 물리적 실재가 존재하는 것만으로는 수표의 타당성을 확인할 수 없기 때문에 수표가 예입되고 은행 간에 결제되고 있는지를 확인하여야 한다. 당좌예금, 유가증권 및 독점판매권과 같은 자산은 물리적으로 실재하지 않고 증서의 형태를 취하고 있다. 물리적으로 실재하지 않는 감사항목에 대한 감사증거 중에서 이러한 증서가 가장 강력한 증거능력을 갖는다.

또한 물리적으로 실재하는 감사항목이라도 물리적 증거를 얻을 수 없을 경우에는 증서가 유용한 감사증거가 될 수 있다. 물리적 증거는 재무제표 감사에서 회계감사인에게 중요한 정보원이 될 뿐 아니라 포렌식 감사에서도 최상의 정보를 제공해줄 수 있다. 물리적 증거를 사용하여 절취행위를 조사할 수 있다. 부정사건의 조사를 위하여 물리적 증거를 입수할 수 있다.

그렇지만 물리적 증거는 재산 관련 범죄, 폭행, 강간, 강도와 같은 범죄유형과 관련성이 더 높다. 물리적 증거를 이용한 기법은 재고자산, 유형자산, 부서진 자물쇠와 같은 대상물에 대한 분석을 포함한다. 유지, 유체와 같은 물질, 페인트와 착색제, 지문과 같은 흔적에 대한 분석을 포함한다.

물리적 증거는 1993년 뉴욕의 세계무역센터 테러사건에 연루된 자를 수사하는 데 이용되었다. 현장의 수사책임자는 폭발물이 적재되었던 렌터카의 차축에 새겨진 차량 식별번호를 알아내었다. 렌터카 회사의 도움으로 범죄자를 추적할 수 있었다. 범인은 증거금을 되찾기 위해 렌터카 회사에 나타나서 빌린 차를 도난당했다고 주장했다. 이때 미국 연방수사국(FBI) 직원이 기다렸다가 범인을 체포하였다.

Chapter_ 7 요 약

부정적발을 위한 조사의 전반적인 목적은 진실을 밝혀내는 것이다. 보다 구체적으로 보면 조사의 목적은 누가, 왜, 어떤 방법으로 부정행위를 저질렀는가를 확인하는 것이다.

부정행위는 절취(theft act), 은닉(concealment), 변환(conversion)이라는 세 가지 형태를 포함한다. 절취행위 조사활동은 발생한 절도행위에 대한 정보수집과 횡령범죄자의 포착 등이 포함된다. 절취행위 조사기법들은 ① 밀착감시, ② 시험적인 감시활동, 그리고 ③ 물리적 증거를 포함한다.

가장 일반적인 질문조사 기법들은 ① 인터뷰, ② 필적확인·거짓말탐지기 검사를 포함하는 다양한 형태의 진실성 테스트이다. 조사자가 어떤 부정행위가 발생할 때까지 기다렸다가 조사활동을 시작한다면, 부정으로 인하여 회사가 입게 되는 손실규모를 사전에 통제할 수 없을 것이다. 또한 부정범죄에 대처하기 위한 인센티브를 마련할 수 없다. 부정범죄가 발생할 때까지 기다리는 식의 조사는 소기의 목적을 달성하기 어렵다. 그러므로 미리 부정범죄가 일어날 가능성이 있는 곳을 파악할 필요가 있다.

자산절취 행위자는 조직의 내부통제시스템상의 허점을 잘 알고 있을 것이다. 조사자도 내부통제시스템의 취약점을 잘 알고 있어야 한다. 시스템상의 취약점으로 인한 부정을 찾아내기 위한 조사활동은 사전 예방적 차원에서 이루어진다. 이러한 사전 예방적 차원의 조사는 손실금액의 통제에 극히 중요하다.

Chapter_ 8

은닉 · 변환행위와 문서 증거

Chapter_ 8

은닉 · 변환행위와 문서 증거

제1절 부정의 이론적 배경과 삼각형 모형

1. 조직 내 부정의 유형

외부감사인의 관점에서 본다면 조직 내부의 부정은 종업원 부정(자산의 절취)과 경영자 부정(허위재무보고)의 두 유형으로 세분할 수 있다.

종업원 부정(employee fraud)은 사적인 재무이익을 위해 소유주의 현금 혹은 기타자산(유가증권, 재고자산 등)을 부정한 방법을 이용하여 절취(횡령 · 유용)하는 것을 지칭한다. 일반적으로 이것은 예컨대 엉터리문서, 거짓말, 권한남용, 회사방침의 위배 등 어떤 종류의 속임수를 수반한다.

경영자 부정(managemant fraud)은 경영자가 고의적으로 재무보고서를 중대하게 왜곡표시하는 것을 의미하며, 투자가 및 채권자들이 주요 희생자가 된다. 경영자 부정을 '허위재무보고' 혹은 '분식회계'라 부르기도 한다. 대체로 경영자 부정은 자산의 절취와 직접적으로 연루되어 있지 않다.

허위재무보고(fraudulent financial reporting)란 의도적으로 혹은 무분별하게 어떤 행위를 하거나 어떤 사건 · 거래를 누락시킨 결과, 재무제표가 중대하게 왜곡표시된 것을 말한다(National Commission on Fraudulent Financial Reporting, 1987). 컴퓨터에 기초한 정보시스템에서는 정보의 오용 · 조작가능성이 배로 증대되며 이로 인하여 허위재무보고의 위험이 보다 높아질 것이다. 이러한 허위보고형태가 횡령 또는 절도행위의 은폐에 이용될 수 있겠지만 허위재무보고 자체가 회사 공금의 횡령 혹은 절도와 같은 개념은 아니다.

[출처: 구글]

경영자가 재무제표를 허위 작성하여 투자가 및 채권자를 속이고 회사의 주가를 상승시켜 현금수요의 충족 혹은 회사의 경영손실 및 문제점들을 숨길 수 있을 것이다. 허위 재무보고로 인하여 자신의 직위유지, 보유주가의 상승, 승진 및 급여인상 등 간접적 혜택을 누리는 자가 생긴다. 또한 이들은 보다 많은 힘과 영향력을 확보하는 수도 있다.

외부감사인이 부정을 제대로 적발해내지 못한다는 비판을 종종 받는다. 부정(사기)의 특성으로 인하여 피감사회사의 회계책임자 · 동료직원 · 관리자에 비하여 감사인은 부정사건을 발견할 수 있는 위치와는 상대적으로 멀리 떨어져 있는 경우가 많다. 부정이 일어날 수 있으려면 압력 · 기회 · 합리화의 세 가지 조건이 필요하다고 한다.

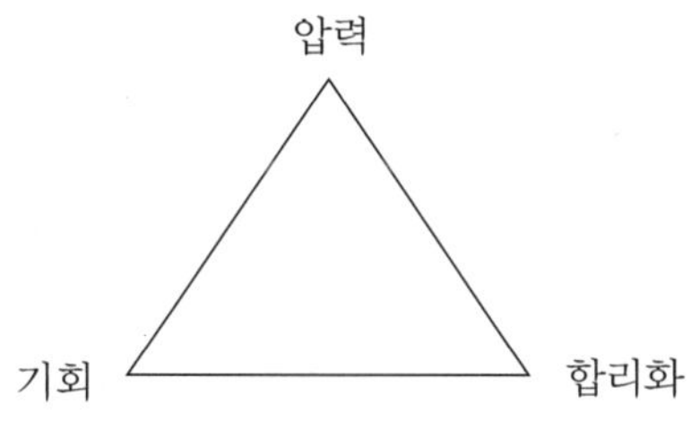

또한 부정행위는 절취(theft act), 은닉(concealment), 변환(conversion)이라는 세 가지 형태를 포함한다.

2. 부정행위의 3국면

재무부정은 회계기록의 정확성에 영향을 미치는 위험이다. 부정은 재무구조에 있어서 자산과 비용의 왜곡표시를 초래한다. 또한 주요 부정은 조직의 지속적인 운영능력을 크게 약화시킨다. 부정행위는 자산의 절취, 자산의 변환(현금화), 자산은닉, 이 세 가지 형태로 구성된다.

(1) 절취

조직은 종업원들이 그들의 의무를 수행할 수 있도록 종업원들에게 그 조직의 자산을 맡긴다. 누군가가 자산을 훔칠 때 부정행위가 발생한다. 이로 인해 회계기록에서 자산계정이 과대 표시된다. 절취자가 가장 선호하는 자산은 유동성이 가장 큰 현금이다. 대부분의 기업들은 현금의 절취나 은닉이 어렵도록 통제를 실시하고 있다. 그래서 대부분의 부정행위에서는 수표·재고자산·비품과 같은 기타 자산이 그 표적이 된다. 이들 자산에 대해서는 자산의 변환이라고 하는 제2의 부정행위가 필요하게 된다.

(2) 변환

[출처: 구글]

어떤 범죄자가 현금이외의 자산을 훔치는 경우, 자산 그 자체는 범죄자에게 가치가 별로 없다. 그래서 그 범죄자는 훔친 자산을 현금으로 바꾸려고 시도한다. 변환은 회계기록의 정확성에 영향을 미치지는 않지만 절취행위를 적발할 기회를 제공한다. 더구나 변환(현금화)을 어렵게 하는 것은 절취행위를 심리적으로 억제시키는 효과적인 방안이다.

(3) 은닉

조직과 지속적인 관계를 유지하고 있는 절취자(종업원 혹은 사업상의 접촉자)는 대개 절취행위를 숨기려고 노력한다. 은닉행위는 절취행위의 적발을 방해하거나 연기시키려 하며 절취자의 식별을 방해한다. 은닉은 절취의 추가적 기회를 제공하여 지속적인 부정행위로 귀결될 수 있다.

절취사실을 은닉하기 위해서 절취자들은 훔친 자산에 대한 기록을 변경해야만 한다. 예를 들면, 재고자산을 훔친 경우 절취자는 재고자산 기록을 반드시 변경해야만 한다. 그렇지 않으면 감사인이나 감독관의 정기적 재고조사 과정에서 절취행위가 적발될 수 있다. 기록을 변조하기 위해서는 엉터리 회계거래를 기입하여 계정잔액이 허위로 되도록 해야 한다. 컴퓨터에 기반을 둔 시스템에서 절취자들은 데이터접근 통제를 회피하려고 한다. 부정의 형태 중 잘 알려진 것은 래핑(lapping)이다. 이것은 외상매출금에 대한 적절한 업무분장이 이루어지지 않을 때 발생한다.

래핑의 예를 들어 보자. 외상매출금 담당자는 고객으로부터 송부되어 온 수표를 가로채서 현금으로 교환하여 착복한다. 그러면 대금 지급한 고객계정이 미결제 상태로 되어 있기 때문에 종국적으로 그 고객이 이의를 제기하면 감독자는 회수대금의 도난사건이 발생했다는 것을 발견하게 된다. 따라서 이러한 절취행위를 은닉하기 위해서 담당자는 두 번째 고객의 수표를 가로채서 첫 번째 고객의 계정을 결재한다. 두 번째 절취(횡령)사실을 은닉하기 위해서 세 번째 수표를 가로채서 두 번째 고객계정을 결재해야 한다. 담당자는 고객의 지급수표를 계속해서 가로채야 하며, 절취행위를 숨기기 위해서 허위기록을 계속해야 한다. 현금수령과 외상매출금 기록 유지에 대한 책임을 분리시킴으로써 래핑을 막을 수 있다.

제2절 은닉행위에 대한 증거원천

은닉은 의도와 가장 밀접하게 연관된 활동이다. 은닉은 타인의 부주의 또는 범죄자의 직접 개입을 통해 발생할 수 있다.

의구심을 야기하지 않도록 횡령범죄 조사가 이루어져야 한다. 조사관은 용의자와는 가능한 한 멀리서 시작할 것이며 조사가 진행됨에 따라 서서히 접근해감이 바람직하다. 조사는 공공기록자료 검색에서 시작할 수 있을 것이다. 일단 배경자료가 수집되면, 회사 직원 명부와 회사 장부 및 기록을 비롯한 서류검토를 진행해야 한다. 증거흔적을 찾아가면서 단서를 모으고, 이전에 근무했던 종업원들을 인터뷰할 것이다. 증거를 토대로 내부목격자와의 인터뷰도 고려될 것이다. 모든 가능한 증거들이 수합되면, 혐의자를 지칭하는 증거들이 결정적인 것으로 보일 때 조사관은 혐의자 및 기타의 조사대상의 목표물과 인터뷰를 진행할 것이다.

이와 대조적으로, 재무제표부정과 조세포탈의 경우 재무제표 작성책임자는 재무제표가 기업의 경제적 성과를 합리적으로 반영하고 있음을, 그리고 납세의무자는 자신이 제출한 세금신고서가 과세표준과 내야 할 세액을 정당하게 반영하고 있음을 이미 표명한 상황이다.

이런 상황하에서 재무제표와 세금신고서가 은닉활동의 일부가 되기도 한다. 이들 당사자(경영자 및 납세의무자)는 외부감사인, 포렌식 감사인, 세무조사관이 허위표명에 연관된 경고신호를 식별해내지 못할 것이며 더욱이 경고신호가 식별된다고 해도 부정발생사실을 확인하지는 못할 것이라고 생각한다. 이러한 경우 조사관은 이들로 하여금 재무제표와 납세신고서가 정확하다는 주장에 대해 스스로 입증하도록 해야 할 것이다. 재무제표 및 세금신고서가 소정의 기준과 법률에 따라 타당하게 표시하고 있다는 표명은 부정, 특히 은닉행위의 중요부분이다. 그러한 주장을 문서화한 다음 문서 증거와 기타증거를 통해 그 주장의 타당성을 테스트해야 한다.

변조문서 감별의 전문가는 아니지만, 포렌식 감사인은 조사과정에서 변조가능성을 식별할 수 있는 첫 번째 방어선 역할을 한다. 자산과 비용계정의 차변 기입사항은 은닉행위의 보편적인 수법의 하나이다. 분개장 기입사항은 총계정원장과 밀접하게 연관 지어져 있는 관계로 부정 은닉행위의 잠재적 원천이 되기도 한다.

세금신고서는 은행계정의 입출내역과 회사 장부기록과 연계되어 있을 수 있다. 또 재무제표상의 당기순이익을 이용한 세무조정을 통해 세금신고서상의 과세소득이 산출된다. 두 서류를 대조해보면 이치에 맞지 않는 경비 공제항목이나 영세기업의 컨설팅 수수료 지급항목을 찾아낼 수 있다. 이것은 추가적 조사를 요하는 단서가 될 수 있다.

제3절 변환행위에 대한 증거원천

1. 의의

자금을 횡령한 사람들의 생활상은 극단적으로 바뀐다. 일반적으로 그들은 훔친 돈을 결코 저축하지 않는 경향이 있다. 이들은 대부분 처음에는 절박한 상황 때문에 절도나 횡령을 시작하게 되지만(범죄자들은 채무관계를 정리하려고 처음에는 시작하지만), 필요한 정도가 충족된 후에도 횡령범죄를 계속하는 경우도 많다. 이후에 이들은 좀 더 윤택한 생활을 위하여 횡령한 돈을 지출하게 된다.

〈사기범죄자들의 생활〉

어떤 범인이 3.2백만 달러 횡령범죄를 자백한 사건이 있었다. 미국 민사재판 법정 증언대에 선 그녀는 공판과정에서 다음과 같은 질문을 받았다.

"사기범죄를 저지른 후 당신의 라이프 스타일은 어떻게 변하였습니까?"

그녀의 답변은 다음과 같다. "상당히 사치스러운 생활을 했습니다. 본인은 아주 고가의 차들만 소유하였습니다. 아우디, 벤츠, 볼보, 차 지붕 덮개가 있는 마세라티, 체로키 지프와 롤스 로이스 등을 소유하였습니다. 우리 부부는 값비싼 그림, 예술작품과 유리 세공작품을 구입하였으며, 또한 스테이크와 가재요리만 나오는 비싼 파티를 열었습니다. 부모님께 콘도미니엄을 사주었으며 휴가때 유람선이나 값비싼 휴가를 즐겼습니다. 또한 저는 고급 의류와 모피코트, 다이아몬드나 금으로 치장된 보석을 구입하고 치장하였습니다."

가장 일반적인 조사방법의 하나는 어떻게 범죄자가 절도나 횡령한 자금을 변환시키거나 사용하는지를 파악하는 것이다. 라이프 스타일의 변화에 초점을 맞추어 자금의 변환의 흔적을 보면 쉽게 간파할 수 있다. 변환이란 부정의 삼각형의 세 번째 요소이다.

대부분 변환조사기법은 일반 공공기관의 데이터기록이나 자산구입거래를 추적하거나, 채무변제, 라이프 스타일의 변화나 전반적인 변화 등에 중점을 둔다. 이러한 조사는 일반적으로 두 가지 이유에서 수행된다.

첫째, 횡령한 규모를 결정하기 위해서 조사를 한다.

둘째, 자백을 받기 위한 심문에 사용될 증거를 수집하기 위해서 조사를 한다.

라이프 스타일의 증거나 수입만으로는 충당될 수 없는 지출들에 관한 증거를 제시함으로써, 심문자는 용의자에게 아리송한 수입처에 대한 해명을 어렵게 만들 수 있다. 해명할 수 없는 상황에 처한 용의자들은 때때로 자포자기 상태로 자백을 하게 된다.

변환조사기법에 숙련이 되기 위해서 포렌식 감사인 또는 범죄조사관은 다음과 같은 정보의 존재와 분석기법을 숙지해야 한다.

① 중앙정부, 지방자치단체 그리고 조사를 가능하게 할 수 있는 정보를 보유하고 있는 공공기관들에 접근할 수 있는 능력
② 각기 다른 정보의 유형들은 각기 다른 출처에서 획득할 수 있다는 사실
③ 순자산법을 이용하여 획득한 정보들로부터 횡령한 자금을 추정하는 방법

2. 공공기관에서의 정보의 획득

우리나라의 경우 개인의 신상이나 금융 부동산 관련 정보들은 행정자치부, 법무부, 국토교통부, 금융감독원, 금융기관, 국세청, 법원, 민간신용정보회사 등이 보유하고 있다.

미국의 경우 연방정부, 주 정부 그리고 지방사무소들은 다양한 법률에 근거한 공공기록물을 보유하고 있다. 이 중 많은 정보는 누구나 요청하면 쉽게 접근할 수 있고 이들의 일부분은 공공에 노출되는 것을 막은 개인보호법에 보호되고 있는 것도 있다. 범죄조사에 있어서 연방정부기록은 주정부나 지방사무소의 정보만큼 유용하지 않은 경우가 많지만, 이들 기록들이 유용할 때도 있다. 관청이 관할하기 때문에 연방정부의 기록을 얻는 것은 시간과 비용이 많이 들 수도 있다. 또한 개인의 신용도를 조사하는 사설기관이나 컴퓨터에 데이터베이스(database)를 수집, 보관하고 있는 민간조직들은 개인의 생활상과 돈을 쓰는 습관들에 대한 중요한 정보를 제공할 수 있다. 주식브로커들, 은행투자자들, 교사, 웨이트리스(음식물 취급이 허락된)와 교통에 관계되는 사람들에 대한 정보도 보유하고 있다.

국내의 구청, 주민센터, 기타 행정기관 등에서는 개인에 대한 여러 기록을 보관하고 있다. 예를 들면, 투표에 관한 기록에는 개인의 성명, 현주소, 과거주소, 생년월일, 주민등록번호, 개인사인, 전화번호 등에 관한 모든 정보가 있다.

개인이 투표를 하지 않더라도 아들, 딸, 배우자와 같은 가족구성원이 투표를 하는 경우, 투표등록 기재명부는 위와 같은 중요한 정보를 제공할 수 있다. 결혼기록은 결혼 당시 거주한 주민센터 등에서 보유하고 있다. 이들은 부부간의 법적 이름, 생년월일, 주민등록번호, 결혼 당시 거주지에 대한 정보, 운전면허번호, 여권번호, 과거결혼경력 등의 정보를 가지고 있다. 일단 이들 정보를 획득하면 다른 데이터베이스(database)나 정보의 출처를 통해 보다 많은 정보를 얻을 수 있다.

개인정보를 파악하고자 하는 사람들에게는 수많은 개인정보출처가 있을 수 있다. 가스, 전기, 수도, 쓰레기 등의 공공요금 청구서에는 가입자 개인의 이름이 기재되어 있다. 또한 개인이 이 지역에서 거주하는지 아니면 거주지역에서 재산을 소유하고 있는지 그리고 사업목적으로 사용된 공공기록의 종류 등을 확인할 수 있다.

- 주소, 나이, 가족사항 그리고 수입에 대한 소비자의 정보
- 지급일시, 구입한 목록 그리고 구매 선호도와 같은 구매정보
- 나이, 성별 그리고 수입수준과 같은 소비자들의 세부사항과 같은 시장성 정보
- 현재나 과거의 피고용자에 대한 정보

제4절 문서 증거의 특성

조직의 활동과정에서 발생 · 입수되는 원시증빙서류에는 구매송장, 매출송장, 예금입금증, 수표, 검수보고서, 선화증권, 신용장, 리스계약서, 권리증서, 대금지시서, 보험증권 등 여러 가지가 있다. 상당수의 부정은 이러한 원시증빙서류의 조작을 통하여 은폐되어 있을 것이다. 은폐된 부정을 적발하기 위한 기법 중에는 이러한 서류(문서)를 입수하는 것도 포함된다. 문서 증거의 수집에 이용되는 조사기법 다섯 가지는 뒤에서 논의된다. 우연 및 귀띔, 감사, 입수가 곤란한 사적인 서류에의 접근, 서류검증 전문가, 공적인 원천의 탐색 등이 있다.

포렌식 조사관은 조사과정에서 서류의 가치를 결코 과소평가해서는 안 된다. 눈으로 본 것과 양호한 서류의 두 가지 중 어느 것을 증거로 채택할 것인가의 문제에 직면할 수 있을 것이다. 이 경우 대부분의 포렌식 조사관들은 서류를 택할 것이다. 서류는 증인과는 달리, 변호인의 반대심문 혹은 변호인에 의한 혼란상태 초래가 없기 때문이다. 또한 서류는 위증을 할 수 없을 뿐 아니라 두 가지 상이한 상황에서 모순된 얘기를 하지 못한다. 부정사건의 조사에 필요한 극히 귀중한 정보들이 서류에 들어있는 수가 많다.

비리사건의 수사에서는 흔히 지급필 수표의 추적이 등장한다. 국내에서 심지어 10만 원권 수표까지 수사대상이 된 사건도 있다고 한다. 수표의 앞뒷면에 여러 가지 정보(심지어 지문도 채취가능)가 수록되어 있다.

이러한 정보가 조사과정에서 중요한 단서로 활용될 수 있다. 예를 들어, 여러분이 회사 직원의 자금 횡령사건을 조사한다고 가정해보자. 거래처리를 한 금전출납계직원이 누구인지를 수표에 의하여 알 수 있다. 그는 혐의자에 대한 가치 있는 정보를 기억해 낼 수도 있다. 또한 수표를 이용하여 거래 전체에 대한 서면증적을 완성시킬 수 있을 것이다.

수표 이외의 여러 서류들도 이와 유사한 정보를 담을 수 있다. 일반적으로 부정사건에서 증거의 상당 부분은 문서로 구성되어 있기 때문에 문서취급의 관리적 측면과 법적인 측면에 대한 지식이 조사관에게 반드시 필요하다.

조사관들은 특히 문서적 증거의 다음과 같은 성질을 이해해야 할 것이다. 문서보존, 문서에 대한 식별표시 부여, 문서 증거의 편성, 원본서류와 사본에 대한 규칙 등에 대한 이해가 요구된다.

1. 문서보존

문서 증거의 입수시점부터 당해 문서가 법정(court)에서 채택될 수 있도록 일련의 보존활동이 행해져야 한다. 일련의 보존활동이란 문서의 입수시점 및 입수된 이래 문서에 관련되어 일어난 일들의 기록이 유지되어야 함을 의미한다.

문서가 조사관의 통제 혹은 주의를 벗어날 때는 언제든지 기록을 조심스럽게 유지해야 한다. 서로 대립하는 변호인들은 문서가 조사자의 손에 들어간 이래 문서가 훼손 내지 손상되었을 가능성을 주장하기 위해 온갖 시도를 다 할 것이다. 문서가 조사자의 수중에 들어간 시점에 대한 메모 그리고 문서의 상태에 대한 어떤 변경사항이 발생하면 항상 그것에 관한 추가메모가 작성되어 있어야 한다.

2. 증거에 대한 식별표시

입수된 문서 증거에 대해서는 나중에 쉽게 찾아낼 수 있도록 고유 식별표시를 해두는 것이 바람직하다. 가능하면 투명한 봉투에 보관하되 입수일자와 조사관의 머리글자를 기재해둔다.

문서사본을 준비한 후 원본은 안전한 곳에 봉투에 넣어 보관해둔다. 조사과정에서 문서사본이 이용되어야 하며 원본이 보관되어 있는 경우에 동일한 파일에 유지되어야 한다. 재판이 진행되는 동안 안전한 보관 장소로부터 원본을 반출하여 사용할 수 있을 것이다.

3. 증거의 편성

부정사건은 엄청난 양의 문서 증거를 발생시킬 수 있다. 그러므로 다량의 문서 증거를 일관성 있게 편성하는 것은 대단히 중요하다. 포렌식 조사관들 사이에 문서편성 방법에 관한 견해가 일치되는 것은 아니다.

문서를 증인별로 편성하는 방법, 문서입수의 일시별 편성방법, 거래별 편성하는 방법 등이 가능하다. 어떤 방법을 적용하든지 간에 다음과 같은 내용들이 데이터베이스에 유지되어야 한다. 문서의 일자, 문서의 출처, 문서 입수일, 문서내용의 적요, 문서의 주제, 문서의 식별번호 등이 그것이다.

4. 원문서와 사진복사

사진을 복사한 것보다는 원문서가 항상 증거로서 선호된다. 재판관할 법원에 따라 차이는 있겠지만 일반적으로 사진을 복사한 것이 이차적 증거로 허용되는 경우는 다음의 네 가지 상황이다.

① 이차적 증거로 제시하길 원하는 당사자의 고의나 과실 없이 원문서가 분실 혹은 멸실되었을 때
② 상대당사자가 원 문서를 소지하고 있지만, 서면통지를 받고도 문제의 문서를 제출하지 않을 때 혹은 원문서의 소지자가 법원의 권한 밖에 있을 때
③ 문서 혹은 기록이 공공기관에 보관되어 있을 때
④ 원문서의 분량이 너무 방대하여 면밀한 조사가 어렵고, 그 내용의 요약판을 이용할 만한 경우

이렇게 사진 복사가 증거로 허용되는 경우에는 원문서의 실제성 및

이차적 증거사본이 원본의 진짜 사본임을 확인하는 것이 필요하다. 이러한 확인 없이 감사인이나 조사관이 원본 문서가 아닌 사진 복사판에 만족했기 때문에, 발생된 부정사건들이 계속 미적발 상태로 방치되는 경우가 있다.

외국의 어떤 사건의 경우 원고 중의 한 사람 K는 복사기계의 전문가였다고 한다. K는 바이올린의 전설, 야샤 하이페츠(Jascha Heifetz)의 바이올린 연주 솜씨에 비견될 만큼 복사기계를 능숙하게 조작할 줄 알았다고 한다. 그렇기 때문에 사진 복사판 증빙이 제시되는 경우에 조사관은 항상 그 증거자료의 진위성에 의구심을 가져야 한다.

제5절 문서 증거의 입수방안

재무제표 감사의 경우, 감사증거는 재무제표의 기초가 되는 중요 원시 증빙서류(source documents) 및 회계기록(accounting records underlying the financial statements)과 기타경로로 수집된 확인적 정보자료(corroborating information)로 구성되는데 이를 요약하면 다음 [표 8-1]과 같다.

주요 회계기록은 감사대상회사가 작성한 것으로 회계감사기준에 따라 검증되지 않으면 신뢰할 수 있는 증거가 되지 못한다. 따라서 이들 재무제표를 뒷받침하고 있는 회계기록을 신뢰할 수 있는 증거로 입증하기 위하여 감사인은 확인적 정보를 입수하여야 한다. 이와 같은 확인적 정보에는 ① 분석적 증거(analytical evidence), ② 조회서(confirmations), ③ 확인서(written representations), ④ 수학적 계산증거(mathematical evidence), ⑤ 구두증거(oral evidence), ⑥ 실물증거(physical evidence), ⑦ 문서 증거(documentary evidence) 등이 있다.

[표 8-1] 감사증거의 구성

증거의 성격	감사기준
1. 주요회계기록 ① 분개장 ② 총계정원장 · 보조원장 ③ 관련회계규정 ④ 정산표, 제 계산서, 조정표 등 비공식적 기록 2. 확인적 증거 ① 수표부본, 송품장, 계약서 등 서류 ② 조회회답서, 기타 확인서 ③ 질문, 관찰, 검사, 실사 등으로부터 얻어진 정보 ④ 감사인이 수집 · 작성한 기타 정보	적합하고 충분한 감사증거

1. 분석적 증거(analytical evidence)

분석적 절차기법을 적용하여 수집된 증거를 말한다. 감사대상회사의 회계자료를 동 회사의 전년도 실적이나 금년도 예산 또는 업계 평균수치와 비교하여 얻는 정보로서 이는 높은 감사위험이 존재하는 분야를 효율적으로 발견하여 기타의 적절한 감사절차를 적용할 수 있도록 해 준다.

2. 조회서(confirmations)

특정 계정과목에 대해 사실 여부를 제3자에게 문서로 요청하여 받은 문서 증거로서 감사인이 직접 회신받은 경우 매우 신뢰성이 높은 정보로 간주된다.

3. 확인서(written representations)

특수형태의 문서 증거로서 재무제표의 어떤 항목에 대해 전문적 지식과 책임을 갖고 있는 사람이 서명 날인한 확인서를 의미한다. 회계감사기준에서는 감사인으로 하여금 경영자로부터 경영자확인서를 징구하도록 요구받고 있으며 필요한 경우에는 변호사조회서도 요청하도록 하고 있다.

4. 수학적 계산증거(mathematical evidence)

감사인이 직접적으로 실시해본 계산과 검증으로 얻어지는 증거이다.

5. 구두증거(oral evidence)

감사업무 수행 중 감사대상회사의 임직원에게 질문하고 대답함으로써 얻어지는 증거를 말한다. 증거의 성격상 그 신뢰성은 매우 낮으나 감사인이 추가적인 조사와 증거수집을 필요로 하는 분야를 찾아내는 수단으로 곧잘 이용된다.

6. 실물증거(physical evidence)

유형자산에 대한 실물조사 · 입회 등으로 얻어지는 증거로서 이는 자산의 상태 또는 질에 대한 정보를 제공하므로 자산의 평가와 측정의 적정성에 관한 경영자의 주장을 평가하는 데 유용하다.

7. 문서 증거(documentary evidence)

각종 회의록, 계약서, 수표부본 및 송품장 등 문서로 되어 있는 증거를 말한다. 문서 증거는 증거의 원천에 따라 서로 다른 신뢰성을 가진다. 일반적으로 감사대상회사의 외부로부터 입수한 증거는 내부로부터 입수한 증거보다 신뢰성이 높다.

감사인은 감사의 목적에 따라 다음과 같은 감사증거의 수집방법을 적절히 사용하여 감사증거를 수집하여야 한다. 감사증거의 수집방법으로는 실물확인, 입회확인, 조회확인, 문서검증, 질문, 계산검증, 재수행, 개관, 분석적 검토 등이 있다.

8. 컴퓨터의 활용

컴퓨터를 동원하면 수표 전체를 검사대상으로 할 수 있다. 감사인은 우선 관심대상의 속성을 정한다. 예를 들어, 수취인의 주소, 우체국 사서함으로 우송된 수표 혹은 특정 의사에 대한 지급 등이 속성이 된다. 부정의 존재를 시사해주는 속성이 식별된다면 컴퓨터 활용방식은 부정의 존재 유무를 확인하는 데 대단히 효과적일 수 있다.

다음의 사례에서 보험금 청구부서의 A부장은 5년 이상 동안 22명의 가공 의사에 대한 지급을 통하여 약 15억 원을 횡령하였다. 보험금이란 환자진료비 중 환자 본인 부담금을 제외한 부분을 의사(의원)가 국민건강보험 공단에 청구하면 심사하여 의사에게 지급해주는 공단부담금을 의미한다. A부장이 사용한 대금지급지는 두 군데였다. 즉 인근 도시에 소재한 A부장 남편의 사업체의 주소 및 A부장이 빌린 우체국 사서함이었다.

이 경우 색출표본조사법을 적용하든 또는 컴퓨터감사를 하든 간에 부정을 적발해 낼 수 있을 것이다. 색출표본조사법의 경우 감사인은 표본을 선택한 다음 지급받은 의사의 적법타당성을 확인할 수 있다. 적법타당성의 확인을 위하여 전화번호부에 수록된 의사명단의 조사, 지역 의사회에 의료면허증 조회, 의료계에 문의하기 등의 방법이 동원된다. 이렇게 해서 감사인이 가짜 의사를 단 한 명이라도 발견하면 표본조사를 중지하고 모집단 전체를 검사하여 부정의 규모를 결정할 수 있다.

컴퓨터 방식의 경우 감사인은 의사의 주소를 대조하여 22명 의사에 대한 지급이 두 개의 공통적 주소에 집중되고 있음을 발견할 수 있다. 주소에 대한 확인 결과, 하나는 부장 남편 소유의 사업체이고 다른 하나는 부장의 우체국 사서함임을 발견할 것이다. 속성표본조사법의 경우, 모집단에 대한 대표성을 결여한 표본이 추출될 가능성(표본위험)과 부정에 연루된 수표를 검사했지만 감사인이 그 사실을 알아차리지 못했을 가능성(비표본위험)이 있다. 컴퓨터방식의 경우, 적합한 속성을 선택하지 못할 위험은 존재한다. 그렇지만 비리행위조사 시에 효용성이 높은 감사도구는 컴퓨터를 이용한 탐색이다. 컴퓨터탐색은 부정 조사에서 앞으로 가장 가치 있는 감사도구가 될 것으로 보인다.

〈공단의 관리부장 K여사〉

국민건강보험공단의 관리부장 K여사는 의료보험금 청구서의 처리 및 보험금지급 부서를 관리하고 있었다. 재무담당 부사장의 말에 의하면, K여사는 공단에서 최고로 유능한 사람 중의 한 명이라고 했다. 그녀는 10년 동안 단 하루도 결근한 적이 없었다. 대단히 양심적인 사람이었고 그녀의 부서는 공단 전체에서 최고로 능률을 올리는 부서 중의 하나였다.

이 회사의 감사인은 K여사가 고급외제차인 BMW7을 소유하고 있음을 우연히 알게 되었다. BMW(라이프 스타일의 징후), 하루도 결근하지 않음(행동상의 징후), 기타 내부통제상의 약점을 주목했다. 감사인은 보험금 청구부서의 관리자가 어떤 부정을 저지르고 있지 않는지를 의심하여 조사에 착수했다. 가장 손쉬운 범행방식은 가공의 의사(의원)를 설정한 다음 공단에 의료보험금을 청구하는 것이라고 추론했다. 감사인은 여러 의사들에게 지급된 수표

양식의 문서 증거를 입수하여 의사와 보험청구가 가짜가 아니고 적법한지를 확인하기로 했다. 모든 수표를 검사하지 않는 한 부정이 계속 일어나고 있는지 여부를 단언할 수는 없음을 감사인은 알고 있었다. 또한 감사인은 부정에 대한 확증이 없는 상태에서 의심만으로 수표 전체에 대한 검사를 정당화시킬 수는 없었다. 수표 모집단은 6,500매이며 1001부터 7500까지의 연번호가 부여되어 있었다. 모든 수표를 검사해보고 싶지만 한정된 시간으로 인하여, 감사인은 세 가지 감사대안을 고려해 보았다.

첫째, 감사인이 주관적으로 수표를 몇 매 선택하여 감사할 수 있다.

둘째, 감사인이 무작위표본을 추출한 다음 통계적 표본조사 기법을 적용하여 수표를 검사할 수 있다.

셋째, 컴퓨터를 이용하여 수표 전체의 어떤 속성을 검사할 수 있다.

만일 감사인이 첫 번째 방안을 채택하여 예를 들어, 정밀검사를 위하여 수표 50매를 뽑았다고 해보자. 수표표본 중에서 한 매 혹은 그 이상이 가짜 의사에게 지급되었다면 관리자가 부정을 저지르고 있다는 결론을 내릴 수 있을 것이다. 그렇지만 50매 수표의 표본에서 가공의 의사에게 지급된 것이 하나도 없다면, 50매의 수표표본에는 부정이 없다는 결론만 내릴 수 있을 것이다. 둘째 방안, 즉 무작위표본의 사용과 적절한 표본조사방법을 적용하면 모집단 전체에 대한 설득력 있는 결론을 도출할 수도 있다. 이때 감사인이 우연하게 부정을 발견한다면 운이 좋아서 그런 것이다. 부정을 발견하지 못한 경우라도, 이는 감사인이 운이 좋지 않아서이거나 혹은 부정이 실제로 없기 때문에 그러할 것이다.

9. 입수 곤란한 문서 증거

문서 중에는 귀중한 가치가 있지만 입수하기 곤란한 것이 있다. 개인의 금융거래기록, 과세표준신고서, 중개거래기록 등이 여기에 속한다. 그러한 문서 증거를 입수하는 길은 일반적으로 다음의 세 가지가 있다.

① 법원의 제출명령서

② 수색영장

③ 자발적인 동의

제출명령서는 법원이 특정인에게 문서를 제출하도록 발부한 지시서이다. 그러한 명령에 불응하면 처벌을 받는다. 재판의 대리인만이 제출명령서에 의한 문서의 입수가 가능하므로, 제출명령서의 필요성은 부정사건에 대한 조사업무와 법집행관리의 공조에 대한 한 가지 근거가 된다. 입수 곤란한 문서 증거를 구하는 또 하나의 길은 수색영장을 이용하는 것이다. 이것은 문서가 범행에 이용되어 왔다는 상당한 개연성이 있을 때 법원의 판사에 의하여 발부된다. 법집행 공무원만이 수색영장에 의거 수색을 하며 일반적으로 범죄사건에 국한된다.

개인의 사적인 서류를 입수하기 위한 가장 보편적인 방법은 구두 혹은 서면의 자발적 동의를 통해서이다. 흔히 범죄혐의자와 첫 대면에서 조사자가 의도하는 것은 자백이 아니라 금융거래나 중개거래기록에 대한 접근허용을 받아내는 것이다.

10. 문서검사자

때로는 문서의 진본 여부를 결정할 필요가 있다. 문서 중에는 엉터리, 모조, 날조, 의심스러운 것도 있다. 범죄과학적 지식, 현미경 검사, 사진촬영술 등을 적용하여 문서에 대한 어떤 결정을 하는 특수형태의 조사를 문서검사라고 한다. 문서검사자는 다음과 같은 결정을 내린다.

- 문서상에 표시된 서명자가 그 문서를 작성했는가?
- 위조된 문서인지 여부
- 문서에 첨가 · 삭제 · 지움 · 사진복사 등에 의한 변조여부

• 둘 이상의 문서들이 실질적으로 동일한지 혹은 상당히 다른지 여부
• 문서에 표시된 페이지가 교체된 것인지 여부

출처불명의 서류 혹은 분쟁의 대상이 된 서류에 관련된 질문 사항 몇 가지를 아래에 제시한다.

• 필적

① 서명이 진짜인가?
② 필적에 위장은 없는가?
③ 필적 혹은 서명이 서류 작성일과 상치되지 않는가?

• 인쇄

① 사용된 프린트기의 기종이 무엇인가?
② 손으로 작성하고 서명하기 전 혹은 서명한 후에 인쇄를 했는가?
③ 프린트를 누가 했는가?

• 변경 및 첨가

① 변경 혹은 첨가시킨 당초 일자 및 사항은?
② 변경 혹은 첨가시킨 자는?

• 경과시간

① 서류가 작성된 지 얼마의 시간이 경과했는가?
② 서류의 보관 위치 혹은 방식에 대한 증거가 있는가?

• 사본

① 누가 복사했는지 확인되는가?
② 사본의 어느 부분이 원본서류에 없는가?

• 기타

① 봉투가 한번 개봉된 후 다시 봉인되었는가?

② 스테이플러, 풀, 클립, 핀 등이 부착되어 있는가?

소위 '의심스러운' 서류를 능숙하게 검사하기 위해서는 전문적이고 강도 높은 훈련이 요구된다. 대부분의 포렌식 조사관들은 숙련된 문서검사자가 아니지만 의심스러운 서류를 검사할 때 다음 두 가지 요소를 알고 있어야 할 것이다.

① 전문가에 의한 당해 문서의 검사시기

② 당해 문서에 대한 조사자의 책임

검사받을 시기와 관련하여, 다음과 같은 경고신호가 내포된 서류는 검사대상서류로서 제출되어야 할 것이다.

- 고무 지우개 혹은 화공약품으로 지운 자국이 있는 것
- 변조 혹은 대체 필적을 위장하거나 필적이 부자연스러운 것
- 잉크 색깔이 두 가지 이상인 것
- 내용의 계속성이 깨어지거나 일관성이 결여된 것
- 문장의 선에 연필이나 카본 마크가 나타나 있음

의심스러운 문제의 서류를 다루는 포렌식 조사관은 다음과 같은 조치를 취할 책임이 있다.

- 서류를 수합하여 적절한 비교대조가 되도록 그 출처를 문서조사관에게 입증할 수 있게 함
- 문제의 서류와 비교 목적용 서류 둘 다 문서조사관에게 제출함

미국의 경우 문서조사관으로 구성된 조직이 연방수사국(FBI) 내에 있는 것으로 알려져 있다. 사정문서검사인 미국협회(ABFDE)가 민간기관으로서 문서검사업무를 전문적으로 수행하고 있는 것으로 알려져 있다. 우리나라의 경우 국립과학수사연구소가 그러한 기능을 수행하고 있다. 또한 국세청 첨단탈세방지센터(2011년 발족)는 '문서감정팀'을 조직하여 문서위조를 통한 탈세행위에 대응하고 있다. 이러한 조직은 포렌식 조사관에게 전문적인 도움을 제공해 줄 수 있을 것이다.

Chapter_8 요 약

먼저 제1절에서 부정의 이론적 배경-부정발생의 3요인 및 부정행위의 3국면-을 두 개의 삼각형 모형으로 소개하고 있다.

부정이 일어날 수 있으려면 압력·기회·합리화의 세 가지 조건이 필요하다.

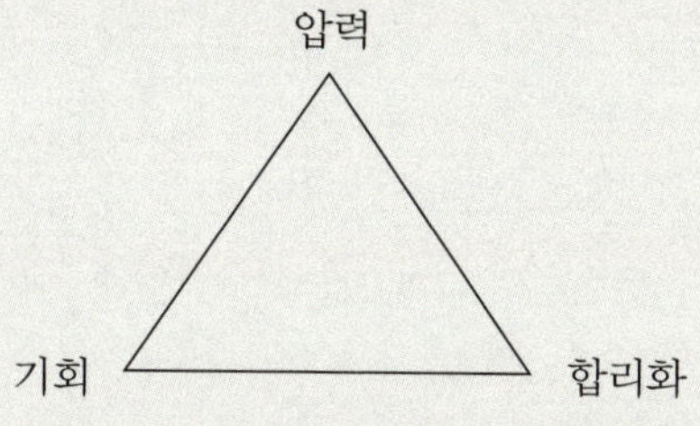

또한 부정행위는 절취(theft act), 은닉(concealment), 변환(conversion)이라는 세 가지 형태를 포함한다.

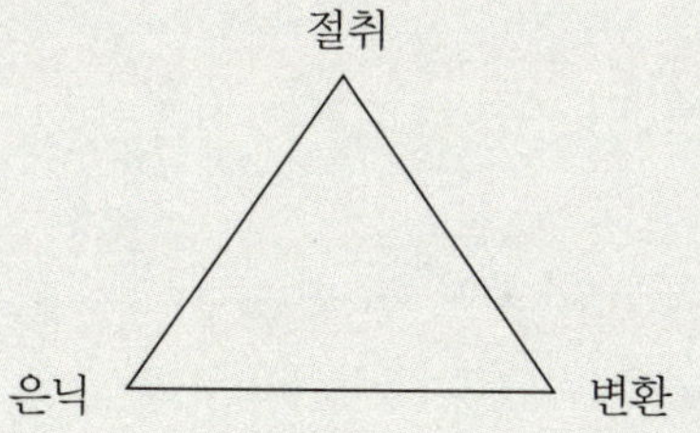

이어서 제2절 및 3절에서는 은닉·변환 행위의 증거원천들을 제시하였다. 끝으로 제4절 및 5절에서는 여러 형태의 증거들 중에서 주로 문서형태의 증거특성, 문서 증거의 입수 및 조사방법을 논의하였다.

Chapter_ 9

은닉자산 및 탈세소득의 적발전략

Chapter_ 9

은닉자산 및 탈세소득의 적발전략

제1절 자산과 소득의 은닉형태

1. 변환행위에 대한 조사범위

포렌식 감사인이나 부정조사관이 범인의 은행계정까지 돈의 흐름을 추적하면 되는가, 아니면 불법취득자금의 사용처까지 확인해야 하는가의 문제는 전문가들 사이에서도 견해가 엇갈린다. 미국 법원의 판례는 범인의 수중에까지 또는 범인의 은행계정에까지 추적하는 것으로 충분하다고 한다.

2. 자산 숨기기

자산을 숨기는 방법으로는 은밀한 은행계좌나 투자계좌, 허수아비나 전위조직을 앞세워 자산을 구입하기, 적발이 곤란한 개인이나 계좌로 자산을 옮겨놓기 등이 있다. 부동산이나 사업체의 소유권을 숨기는 가장 보편적인 수법은 이들 자산을 제3자에게 이전시켜놓고 어느 정도의 통제권을 행사하는 것이다.

자식이나 배우자 같은 가족구성원은 그러한 소유권 은닉에 이용되는 일반적 수법의 하나이다. 약혼녀나 내연녀 앞으로 자산을 이전시켜 숨기기도 하므로 조사자는 이런 경우를 탐색에 고려해야 한다.

변환이 일어났을 수도 있는 자산을 어떻게 식별해낼 것인가? 조사관은 혐의자의 세금신고서, 사업체와 개인의 재무기록을 자세하게 검토하여 변환활동의 흔적을 찾아낼 필요가 있다. 기준년도에 존재했던 자산이 그 다음 연도에 사라졌다면, 자산의 변환을 시사하는 단서가 될 수 있다.

3. 소득 숨기기

[출처: 구글]

조사관은 알려진 계좌와 이전에 식별된 적이 없는 계좌 사이의 거래활동을 검색해볼 필요가 있다. 조사 중 수집된 수표대장, 지급필수표, 계좌명세서 및 기타 기록들을 추적해보면 은닉자산 또는 소득변환을 시사하는 의심쩍은 활동을 찾아낼 수 있다. 미성년자 명의의 신탁계좌, 대출금 지급, 보험증권, 선불카드, 무기명채권구입, 여행자수표 구입, 우편환구입은 일상적인 계좌명세서상에 나타나지 않는 항목들이다.

금융기관의 비밀대여금고에 자금을 숨기기도 한다. 조사관이 대여금고의 존재에 대한 적절한 질문과 탐색을 하지 않는다면, 은닉자산과 숨겨진 소득원천에 관한 조사행위가 헛수고에 그칠 수도 있다. 은행에서 고객에게 매월 발송해주는 은행계산서상에 연간수수료 항목이 있다면, 비밀대여금고의 존재를 나타내는 단서가 될 수 있다.

[참고] 대여금고… '검은 돈' 피난처로 변질

대여금고는 고객이 돈이나 유가증권, 집문서 등 귀중품을 안전하게 보관하기 위해 은행에서 빌려 쓰는 소형 금고다. 은행권에 따르면 대여금고는 손바닥보다 조금 큰 수준부터 지하철 코인로커 크기까지 그 형태가 다양하다. 가장 일반적으로 이용되는 대여금고의 사이즈는 폭 25㎝, 길이 60㎝, 높이 20㎝ 정도이다. 5만 원권 기준으로 11억~12억 원 정도가 들어가는 크기다. 시중은행 대부분 지점에 설치돼 있으며 이용에는 크게 제한이 없다. 5만~30만 원의 보증금과 연간 2만~3만 원의 수수료만 내면 된다. 은행들은 'VIP 고객'에게 서비스 차원에서 무료로 대여금고를 내주기도 한다.

대여금고의 가장 큰 장점은 비밀이 보장된다는 것이다. 은행 직원은 금고 방문만 열어줄 뿐이어서 어떤 물건이 보관돼있는지는 이용자만 알 수 있다. 열쇠를 잃어버리면 새 열쇠를 맞추는 게 불가능해 대여금고 자체를 뜯어내야 할 정도로 보안성도 높다. 이 때문에 대여금고가 악용되는 사례는 끊이지 않았다. 금융거래 정보가 남지 않아 뇌물 등으로 받은 '검은 돈'을 숨겨두는 용도로 쓰이곤 한다.

보관할 때는 신원과 물건이 철저히 비밀에 부쳐지지만 범죄에 이용된 것으로 의심되면 사법당국의 추적을 피하지 못한다. 압수수색 영장을 받은 경찰이나 검찰은 본인의 동의가 없더라도 대여금고를 열어볼 수 있다. 금융거래 흔적을 남기지 않는다는 점도 실제 수사에서는 큰 장애가 되지 않는다. 재경지검의 한 검사는 "대여금고를 압수수색할 때에는 피의자가 어느 은행 지점에 물품을 보관했는지 수사를 통해 특정하고서 진행하는 경우가 많다. 이를 확인하는 작업이 그리 어려운 일은 아니다"라고 말했다.

대여금고는 사법당국 수사보다는 국세청의 세무조사 때 장애가 되는 경우가 많다. 국세청은 검찰처럼 압수수색을 할 수 없다. 어디까지나 피조사자의 동의를 얻어야 조사에 관련한 회계·세무자료를 예치받을 수 있다. 서류 조사에서 대여금고의 존재가 드러나지 않는다면 탈세의 '피난처'로 남을 수 있는 것이다. 국세청 관계자는 "솔직히 대여금고가 없어지거나 일정 금액 이상의 현금은 은행이 파악해야 하도록 제도가 바뀌었으면 좋겠다"면서 "그러나 그렇게 되면 비밀 보장이 안 돼 대여금고의 존재 이유가 사라지는 셈이다. 현실적으로 불가능하다고 본다"고 말했다.

(출처: 세정일보, 2016. 05. 25.)

[참고] 5만 원권 덕분에… 몸값 오른 은행 대여금고

영화에서나 볼 수 있었던 은행 대여금고를 찾는 자산가들이 부쩍 늘어나고 있다. 자신이 가진 재산 가운데 가치가 크게 변할 것 같지 않은 이른바 '안전자산'을 대여금고에 묻어두는 자산가들이 최근 늘고 있다는 얘기다. 서울 강남소재 시중은행 지점장은 29일 "아들이나 며느리도 모르게 현금 뭉치를 넣어두고 노후를 대비하는 이들이 있는가 하면, 탈세를 목적으로 조금씩 현금화한 돈을 넣어두는 경우도 있다"고 전했다.

"사업을 하다 보면 수백만~수천만 원씩 현금을 써야 할 경우가 많은데 이때마다 은행 계좌를 이용할 경우 개인 자금 흐름이 당국에 모두 노출될 수 있다."

"집에 금고를 사둘 수도 있지만 이 경우 자녀들이 부모의 자산 수준을 알고 너무 젊었을 때 상속을 원하는 경우가 있어 아무도 모르게 은행을 찾는다."

"5만 원권 발행 후 대여금고 이용 고객뿐 아니라 현금을 금고에 넣어두는 이들이 눈에 띄게 늘었다"며 "계좌추적을 피할 수도 있고 현금을 안전한 은행 금고에 맡긴다는 생각을 가진 분들이 많은 것 같다. 자산가들의 경우 세금 문제 등을 고려해 현금을 넣어뒀다가 자녀들에게 용돈 수준으로 조금씩 주는 이들도 있는 것 같다."

탈세나 자금세탁을 막기 위해 고액 현금인출이나 거래는 모두 금융정보분석원(FIU)에 보고되면서 이를 꺼리는 부자들이 대여금고를 이용해 현금 챙기기에 나서고 있다.

업계 관계자들은 2009년 5만 원권이 처음 발행되면서 말 그대로 금액 대비 돈다발 부피가 줄어든 것도 대여금고 내 현금 증가의 주요 원인이라고 말한다. 대여금고에는 통장이나 계약서 등 중요 문서로 취급되는 물품도 있다. 또 다른 시중은행 PB팀장은 "연세가 많은 자산가들은 보통 현재 거래 중이거나 거래가 끝난 100~200개 정도의 통장을 보유하고 있는데 현시점에서는 별 쓸모가 없지만 나중에 상속 · 증여 과정에서 돈 출처를 밝혀야 할 때 요긴해 소중하게 보관하는 것"이라고 말했다.

(출처: 매일경제, 2016. 01. 29.)

4. 역외 금융계좌거래 및 차입

좀 더 지능적인 자들은 해외 은행계좌를 이용하여 대규모 자산이나 소득원천을 은닉하기도 한다. 역외금융기관을 선호하는 이유는 조세피난처로서의 역할 및 비밀유지에 유리하기 때문이다. 현재 조세피난처를 운영하는 곳은 전 세계 30여 개 이상이며, 이에 관한 정보는 웹사이트에서 입수할 수 있다.

[참고] "폭로 타깃은 글로벌 기업"… 조세피난처와 전쟁 시즌2

"폭로는 분노를 낳고 분노는 변화로 이어진다." '탐사보도의 어머니'인 아이더 타벨(1857~1944)의 말이다. 그는 '석유왕' 존 D 록펠러의 불법과 탈법을 1902년 폭로했다. 그의 폭로는 미국 경제사에서 의미 있는 분수령이 됐다. 거대 기업의 불공정 거래에 대한 견제가 시작돼서다.

타벨의 폭로 이후 114년이 흘렀다. 요즘 그의 후예들이 긴박하게 움직이고 있다. 국제탐사보도언론인협회(ICIJ)다. 이들이 최근 '파나마 페이퍼스(Panama Papers)'를 폭로했다. 페이퍼스는 조세피난처(tax haven)인 파나마에 세운 페이퍼 컴퍼니(Paper Company · 유령 법인)의 약칭이다. 조세피난처란 법인의 실제 소득 전부 또는 일부에 대해 세금을 부과하지 않거나 낮은 세율을 적용하는 국가나 지역을 말한다. 기업이나 개인이 조세피난처에 유령법인 등을 세우는 이유는 세금을 덜 내기 위해서다.

주요 국가는 2000년 이후 조세피난처와 전쟁 중이었다. 경제협력개발기구(OECD)가 선봉에 섰다. 그해 OECD가 처음으로 조세피난처 리스트를 공개했다. OECD가 리스트를 공개한 계기는 주요국 재정난이었다. 미국 등이 각종 감세 정책 때문에 세수가 줄자 조세피난처의 돈에 관심을 갖기 시작했다. 이 돈을 포착해 세금을 물리면 세수를 늘릴 수 있다는 생각에서다.

조세피난처는 오랜 세월 성역이나 다름없었다. 전문가들이 꼽은 최초의 조세피난처는 현재 그리스와 이스라엘 사이 지중해에 자리 잡은 섬 델로스다. 기원전 166년 델로스는 중개무역을 장려하기 위해 비과세 정책을 채택했다. 조세피난처는 이후 2000여 년 동안 다양한 곳에 존재했다. 18세기 말 프랑스 대혁명 때 왕족과 귀족의 자금이 피난했던 스위스와 벨기에, 제2차 세계대전 이후엔 나치 잔당이나 다국적기업이 자금 추적을 피해 즐겨 찾은 버뮤다와 파나마 등이 대표적이다.

OECD의 조세피난처 리스트 공개는 2001년 9 · 11테러를 계기로 활발해졌다. 각국의 금융감독기관과 정보기관까지 가세했다. 미국 중앙정보국(CIA)은 스위스 · 리히텐슈타인 등의 금융회사 임직원을 압박하거나 회유했다. 테러와 마약조직뿐 아니라 탈세자의 금융정보를 빼내기 위해서였다.

조세피난처 자금은 계속 늘어났다. 2000년 국제통화기금(IMF)이 금융데이터를 바탕으로 추정한 조세피난처 금융자산은 4조 6,000억 달러(약 5,300조 원)였다. 하지만 미국 UC버클리대 게이브리얼 저크먼 교수가 지난해 공개한 조세피난처 금융자산은 7조 6,000억 달러 정도다. 10여 년 새

65% 넘게 늘었다.

OECD 압박 등은 일부 효과가 있었다. 조세피난처 80여 곳 중 60곳 이상이 금융정보를 공개하겠다고 약속했다. 정보공개가 됐으니 다음 과제는 돈 흐름 차단이다. 저크먼 교수의 조사에 따르면 국경을 넘나드는 자금 중 일부가 금융감독당국의 추적에서 사라지는 것으로 드러났다. 저크먼 교수는 그 돈을 '숨겨진 자산(hidden wealth)'이라고 불렀다.

금융 전문매체인 글로벌파이낸스는 "조세피난처에 저장된 자금이 세계 금융자산의 6% 정도라는 게 일반적 추정"이라며 "한 해 탈루되는 세금만도 1,900억 달러(약 220조 원)"라고 최근 보도했다. 한국 올해 예산의 57%쯤 되는 세금이 탈루되는 셈이다.

조세피난처 핵심 고객은 누구일까. 영국 자선단체인 옥스팜은 "제3세계 독재자나 마약왕이 조세피난처에 숨겨 놓은 자금은 많지 않다"고 전했다. 대신 "애플 · 월마트 · GE 등 거대 글로벌 기업이 조세피난처의 주 고객"이라고 지적했다.

옥스팜이 14일(한국시간) 파나마 페이퍼스를 분석한 결과 미국 거대 기업이 조세피난처에 세운 페이퍼컴퍼니는 1,600곳이 넘었다. 이들이 보유한 자산만도 1조 4,000억 달러에 달했다. 법인세율이 높은 영국 등에서 번 돈을 다양한 방법으로 조세피난처 유령 법인으로 이전시켜 놓은 것이다.

OECD가 2000년 시작한 조세피난처와의 전쟁은 이제 시즌 2 국면으로 들어가고 있다. 세(稅)테크로 세금을 줄이려는 글로벌 기업과 자금흐름을 밝혀내 세금을 물리려는 'OECD+ 각국 정부' 연합군 간의 한판 승부가 시즌 2에 흥미롭게 전개될 것이다.

(출처: 중앙일보, 2016. 04. 15.)

제2절 순자산의 측정법

공공기관의 기록들이나 기타 출처에서 개인의 소비와 라이프 스타일에 대한 정보를 확인한 후, 포렌식 조사관들은 유용한 자금의 정도를 결정해야 한다. 가장 일반적인 방법은 순가치법(net worth method)을 이용하는 것이다. 순가치법은 순재산법 또는 순자산법이라고도 하며, 개인의 자산(소유하고 있는 것), 부채(채무), 생활비 그리고 소득에 기초하여 순가치(순재산 또는 순자산)를 계산하는 방법이다.

공공기록들뿐만 아니라 다른 출처에서 얻은 정보를 통해 개인의 부동산, 자동차 그리고 다른 자산의 구매 여부를 판단할 수 있다. 또한 설정된 저당권이 말소되었다면 대출금이 변제되었다는 증거가 되며 등기부등본상에서 확인할 수 있다. 공공기록을 통한 정보 이외에 가구나 자동차판매원 그리고 관계된 사람들로부터의 기타 정보도 있다.

[표 9-1] 순가치(순재산 또는 순자산) 계산

	자산 - 부채 = 순자산
-	직전연도 순자산
=	순자산 증가
+	생활비
=	소득
-	알려진 원천으로부터의 자금
=	알려지지 않은 원천으로부터의 자금

수입이 생기면 개인은 부가적인 자산취득이나 부채 상환, 생활비의 지출확대를 통하여 라이프 스타일을 보다 윤택하게 하려는 경향을 보인다.

최근 들어 순자산법이 횡령자금을 조사하는 데 많이 사용되고 있다. 미국의 연방수사국(FBI)은 정기적으로 이 방법을 사용하고 있다. 미국의 마약단속기관(DEA)도 용의선상에 있는 자들의 불법 마약거래로 인한 수입을 계산하는 데 이 방법을 사용하고 있다. 또한 미국 국세청(IRS)은 납세자의 과세표준신고서에 탈루된 소득금액을 추정하는 데 순자산법을 활용하고 있다.

순자산의 계산과정에 입력된 자료는 공공 출처에서 입수된 자산 및 부채의 감소분만 해당되기 때문에 순자산법을 이용하여 횡령 자금을 추정해보면 대단히 보수적인 추정치가 계산되어 나온다.

횡령 범죄자들은 음식, 보석, 여가 등 사치스러운 것에 대한 지출을 증가시키지만 그 금액을 가늠하기는 어렵다. 그래서 순자산법 계산에 이러한 요소들을 반영할 수는 없다. 순자산법에 의한 수치는 보수적 추정치이므로 법원은 이 방법으로 결정된 수치를 대개 증거로 채택한다.

해명할 수 없는 지출행위와 라이프 스타일에 관한 정확한 정보를 제시하는 것이 용의자를 심문하는 데 가장 좋은 방법이다. 순자산법이 어떻게 횡령사건조사에 활용될 수 있는지를 다음에 예시한다.

1. 순자산법을 이용한 횡령사건 조사

헬렌 윅스(Helen Weeks)라는 미국 여성은 10여 년 동안 보스턴 컨설팅그룹(BCG)의 업무담당이사의 비서로 근무해왔다. 그녀의 정직성과 일에 대한 헌신이 그녀를 왕 비서의 지위로 올려놓았다. 그녀가 채용된 후 5년 동안 BCG회사는 Jackson & Co.에게 마케팅에 관련된 모든 일들을 하청주었다. 하지만 이런 관계는 Jackson & Co.가 어느 큰 회사에 흡수 합병됨에 따라 결국 종료되었다.

관계 청산 후, 헬렌과 그녀의 상사는 BCG의 마케팅 연구를 수행하기 위하여 새로운 회사를 물색하고 있었다. 그러나 헬렌은 Jackson & Co.회사가 폐쇄되었다는 사실을 회계부서에 알려주지 않았다. 그녀의 상사는 완전히 그녀를 믿었다. 그래서 10,000달러 이하의 모든 보증수표에 대한 서명권한을 그녀에게 위임하였던 것이다. 헬렌은 계속적으로 Jackson의 계좌에 돈을 입금하도록 했으며, 헬렌은 대금지급업무에 대한 권한을 행사하고 있었다. 그녀는 Jackson & Co. 명의의 은행계좌를 개설하였으며, 모든 수표를 이 계좌에 입금하도록 하였다. 그녀는 이 계좌를 통해서 모든 개인적인 비용을 결제하였다.

헬렌의 횡령범죄를 조사한다고 가정해보자. 조사과정의 일환으로, 공공기록들과 다른 기록원천들을 수집할 것이다. 그리고 헬렌의 재무현황에 관한 정보를 수집할 것이다.

[표 9-2] 헬렌 윅스의 재무 자료

	1차 연도	2차 연도	3차 연도
자산			
주택	$100,000	$100,000	$100,000
주식 및 채권	30,000	30,000	42,000
자동차	20,000	20,000	40,000
CD	50,000	50,000	50,000
현금	6,000	12,000	14,000
부채			
주택담보대출	90,000	50,000	− 0 −
자동차대출	10,000	− 0 −	− 0 −
수입			
급여		34,000	36,000
기타		6,000	6,000
지출			
주택담보대출 상환		6,000	6,000
자동차할부구입대금 상환		4,800	4,800
기타 생활비		20,000	22,000

이런 정보를 이용하여, 포렌식 조사관은 헬렌이 횡령한 금액에 대한 추정을 하기 위하여 순자산법을 적용할 수 있다. 순자산 계산은 [표 9-3]과 같다. 이 계산에 의하면, 조사관은 헬렌이 2년 동안에 46,800달러의 아

리송한 수입과 3년 동안에 74,800달러의 출처불명의 수입이 있다고 판단할 것이다. 이 정보가 헬렌에 대한 손해배상청구용도로 법정에서 사용될 수 있으며, 이 자료들은 자백을 받는 데 사용될 수도 있다.

이들 데이터 무기를 활용하여, 유능한 조사관들은 헬렌으로부터 자백을 받아 낼 수 있을 것이다. 헬렌은 조사관이 이런 정보를 가지고 있다는 것을 모르는 채 그녀의 수입과 다른 자금 출처에 대한 진술을 요구받을 것이다. 그녀가 모든 수입처에 대한 진술을 하고 난 후, 조사관들은 그녀의 라이프 스타일이라든지 부가적인 수입 없이는 부채를 상환하지 못한다는 정보를 보여줄 수 있다. 그렇게 되면 그녀는 제대로 해명할 수 없을 것이다. 위증하지 않는다면 헬렌은 아마도 자백을 할 것이다.

[표 9-3] 순자산법: 연도별 비교표

	1차 연도	2차 연도	3차 연도
자산			
주택	$100,000	$100,000	$100,000
주식 및 채권	30,000	30,000	42,000
자동차	20,000	20,000	40,000
CD	50,000	50,000	50,000
현금	6,000	12,000	14,000
자산합계	$206,000	$212,000	$246,000
부채			
부동산담보대출	$90,000	50,000	$– 0 –
자동차대출	10,000	– 0 –	– 0 –
부채합계	$100,000	$50,000	$– 0 –
순자산	$106,000	$162,000	$246,000
순자산변화		56,000	84,000
총비용 가산		30,800	32,800
합계		$86,800	$116,800
알려진 소득 차감		40,000	42,000
알려지지 않은 원천 소득		$46,800	$74,800

부정한 수입을 상황적으로 증명하기 위하여 순자산법을 사용할 수 있다. 포렌식 조사관은 다른 방법을 이용하여 증빙을 전혀 확보할 수 없을 때 외에는 순자산법을 사용하지 않는 것이 좋다.

즉 회계장부가 전혀 존재하지 않거나 다른 자료가 존재하더라도 너무 미비하여 자료를 전혀 신뢰할 수 없을 때 이용하는 방법이다. 이 방법은 부정한 자금을 현금으로 수령하여 자금의 흐름을 직접 추적할 수 없을 때 유용하다. 특히 이러한 자금이 전체 자산에서 차지하는 비중이 높을수록 그 유용성은 커진다. 또한 이 방법은 다른 경로로 확보된 데이터를 보조하는 역할을 한다.

순자산법에는 자산법(asset method)과 지출법(expenditure method)이 있다.[11] 부정한 자금을 재산을 형성하는 데 주로 이용하였다면 포렌식 조사관은 자산법을 적용하여 매년도의 순자산 증가액을 계산해낸다. 지출법은 자금의 원천과 사용을 구분한다. 부정한 자금을 주로 개인의 여흥과 생활수준의 유지에 사용하였다면 이 방법을 적용한다.

순자산 금액을 계산할 때에는 다음과 같은 요소를 고려해야 한다.

- 자산: 취득일과 무관하게 취득원가로 평가한다. 공정한 시장가치 또는 감가상각은 고려하지 않는다.
- 정당한 자금의 총액: 문서, 기록 또는 추정에 의하여 정당한 출처에서의 수입금액을 결정한다. 이 금액은 약간 후하게 계산한다.
- 생활비: 음식, 주거비 등 생활에 꼭 필요한 금액을 추정한다. 불확실한 항목은 반드시 해결하여야 한다. 가능하면 부정의 의혹을 받는 자금수령인에게 유리하도록 해석한다.

---

11) 도상호, 부정적발회계, 계명대학교 산업경영연구소, 회계정보리뷰(제5호), 2000, 63-84.

• 인터뷰: 부정의 의혹 당사자를 반드시 면담한다. 인터뷰의 목적은 의혹이 있는 자금수령을 확인하고, 후에 제기될지도 모를 당사자 측의 반박을 미리 차단하는 데 있다.

(1) 자산법을 이용한 상대적 순자산의 계산

순자산을 계산하기 위해서는 작성시점을 먼저 확정한다. 만일 의혹의 당사자가 부정한 활동을 시작한 시간을 합리적으로 추정할 수 있다면, 그 시점으로부터 1년 전을 순자산 계산의 출발시점으로 삼는다. 따라서 부정한 활동추정기간의 1년 전을 원년(元年)으로 본다. 수집된 자료를 바탕으로 원년 말의 순자산을 결정한다. 이 순자산은 보유하고 있는 모든 자산의 취득원가이다. 예를 들면, 다음과 같다.

자산(취득원가)		부채	
은행예금	₩10,000,000	자동차할부금 미지급	₩22,000,000
주식과 채권	30,000,000	주택구입 대출금	90,000,000
별장	160,000,000		
자동차	35,000,000		
합계	₩235,000,000		₩112,000,000
자산	₩235,000,000		
차감: 부채	112,000,000		
순자산	₩123,000,000		

둘째 해의 순자산을 같은 방법으로 결정한다.

자산(취득원가)		부채	
은행예금	₩25,000,000	자동차할부금 미지급	₩10,000,000
주식과 채권	60,000,000	주택구입 대출금	66,000,000
별장	160,000,000		
자동차	35,000,000		
합계	₩280,000,000		₩76,000,000
자산	₩280,000,000		
차감: 부채	76,000,000		
순자산	₩204,000,000		

다음 둘째 해의 수입과 비용을 비교하여 순자산의 증가액을 계산한다.

수입		비용	
급여	₩52,000,000	자동차할부금의 지급	₩13,000,000
	10,000,000	주택구입 대출금의 상환	27,000,000
		생활비	5,000,000
	₩62,000,000		₩45,000,000

합계	
수익	₩62,000,000
차감: 비용	45,000,000
순자산 증가	₩17,000,000

둘째 해의 수입과 비용에서 결정된 순자산의 증가액을 원년 말의 순자산액에 더한다.

원년 말의 순자산액(A)	₩123,000,000
둘째 해의 순자산 증가액(B)	17,000,000
둘째 해 말의 순자산 계산액(A+B)	₩140,000,000

둘째 해 말의 순자산 계산액과, 실제 수집한 자료를 바탕으로 결정된 순자산액을 비교한다.

둘째 해 말의 순자산 결정액(A)	₩204,000,000
둘째 해 말의 순자산 계산액(B)	140,000,000
설명되지 않은 순자산의 증가액(A−B)	₩64,000,000

설명되지 않은 순자산의 증가액은 추가적인 조사와 소명을 통하여 밝혀야 한다. 이와 같은 과정을 반복하여야 한다. 어떤 경우에는 매년 말이 아닌 반기별, 분기별, 월별로 증가액을 확인하여야 한다.

(2) 지출법을 이용한 상대적 순자산의 계산

수집된 데이터를 바탕으로 1년 이하의 특정한 기간 동안 지출된 내역을 정리한다. 이 지출내역에는 자산의 매각을 통한 자금의 사용, 예금의 인출 · 사용 등 목적을 불문하고 모든 지출이 포함되어야 한다.

따라서 은행입금, 자산의 구입, 부채의 상환, 신용카드 사용대금의 결제, 생활비, 여비 · 교통비, 유흥비 등을 모두 포함한다. 가능한 한 자금의 모든 출처를 파악하고 초기의 현금잔액을 합하면 사용가능한 자금총액이 된다. 알려진 수입총액과 포렌식 감사를 통해 파악한 지출액과의 차이는 아직 설명되지 않은 수입에서 비롯된 것이다.

데이터를 이용하여 수입과 지출에 관한 요약표를 만들 때에는 자금의 출처를 파악하기 전에 자금의 사용을 먼저 파악하는 것이 일반적이다. 수입과 지출의 차이는 작은 것일지라도 밝혀야 한다. 2년에 걸친 수입과 지출의 비교를 예시하면 다음과 같다.

자금의 지출	첫째 해	둘째 해
은행예금의 증가	₩9,700,000	₩32,000,000
주택구입자금: 계약금의 지급	12,000,000	
세금, 중개수수료 등	3,000,000	
자동차 구입	12,000,000	
월세지급(5개월분)	4,000,000	
주택구입 중도금 지급	6,300,000	10,800,000
신용카드 사용대금 결제	9,000,000	33,000,000
생활비 등	12,000,000	36,200,000
합계(A)	₩68,000,000	₩112,000,000
자금의 알려진 출처		
현금	₩4,000,000	₩ –
급여	52,000,000	54,000,000
상여금	10,000,000	10,000,000
이자 및 배당금 수입	2,000,000	3,000,000
대여금 회수	–	8,000,000
합계(B)	₩68,000,000	₩75,000,000
미확인 또는 부정한 출처로부터의 자금(A–B)	₩ 0	₩37,000,000

제3절 간접입증법: 탈세소득의 추정방식

[출처: 구글]

국세청은 재산 취득자의 직업, 연령, 소득 및 재산상태 등으로 볼 때 자기능력으로 취득했다고 객관적으로 인정하기 어려운 경우에 해당 취득 자금에 대한 자금출처조사를 통해 탈세여부를 검증하고 있다. 그러나 현금거래 및 제3자의 이름을 빌려 차명으로 사업하는 등 지능적 탈세에 대응하는 데는 한계가 있다. 그래서 소득-지출 분석시스템(PCI) 등의 도구를 새로 개발해 자금출처조사 및 고소득 자영업자 세무조사 대상자 선정 시에 활용하는 것으로 알려져 있다.

탈세소득을 추정하는 방식인 간접입증법은 직접증거가 아닌 상황증거에 의존하는 방식이다. 상황증거는 개인이 직접 얻은 지식이나 직접관찰이 아닌 추론(inference)에 토대를 둔다. 신뢰성 있는 장부와 증빙서류가 없는 경우에 대부분 간접입증법을 적용한다. 간접입증법을 적용하는 포렌식 조사관은 논리, 상식, 비판적 사고, 연역적 추론을 동원한다. 다음과 같은 상황에서 그 적용이 정당화된다.

- 회계처리의 비일관성
- 신고서에 누락된 순자산액의 현저한 증가
- 총이익률의 비일관성: 연도별 비교 및 산업평균치 비교
- 출처가 설명되지 않은 은행예금
- 특이한 용도로의 현금사용
- 신고소득을 초과한 소비행태

직접입증법은 주로 문서 증거(세금신고서, 장부기록, 은행계산서, 송장, 계약서 등)와 직접 얻은 정보를 가지고 행한 증인의 증언에 의존한다. 세 가지 간접입증법(순가치법, 라이프 스타일 탐사법, 은행예입법)을 아래에 소개하기로 한다.

참고로 우리나라 국세청은 비정상적 탈세 · 체납 근절을 통한 공평한 세정 구현을 위해 국세청 조직 및 인프라를 확충하고, 고의적 · 지능적 탈세와 체납을 빈틈없이 적발하고 강력히 추징하기로 하는 국세행정 운영 방향을 발표하였다.

먼저, 과세 사각지대 해소를 위한 인프라 확충을 위하여 해외금융정보 교환분석시스템을 본격적으로 가동하고, 자동 교환되는 금융정보 등을 정밀 분석하여 역외탈세 추적을 강화하기로 하였다. 또한 효율적인 관리시스템을 기반으로 고의 · 상습체납의 은닉한 재산을 분석시스템에 기반하여 끝까지 추적 · 환수한다는 계획을 수립하였다. 빅데이터를 이용한 체계적 통합 · 분석 등을 통해 지능 · 변칙적으로 진화하는 첨단탈세에 엄정 대응하기로 하였다(2016년 국세청 보도자료).

[참고] 국세청의 '2016년 국세행정 운영방향'

- 'Tax Gap 측정'을 통해 탈세위험이 큰 분야 · 업종 등을 정교하게 분석해 조사대상 선정에 반영하는 등의 지하경제 양성화를 위한 체계적인 추진기반의 구축
- 지능적인 탈세에 대응하기 위해 첨단탈세방지 조직 확충, '빅데이터 체계적 통합 · 분석' 등의 시행
- 전산분석 · 문서감정 기법의 고도화, 대량자료 자동분석 프로그램 구축 등 포렌식 역량을 강화하고, 유관기관의 정보공조 강화 통해 온라인도박, 대포통장 등 사이버탈세에 적극 대응

(출처: 2016년 국세청 보도자료)

1. 순가치법

개인이나 기업의 순가치(순자산)금액은 소유자산에서 갚아야 할 부채나 채무를 차감한 차액을 말한다. 국세청은 소득금액의 추정을 어떻게 하는가? 국세청은 특정기간의 기초와 기말 현재의 순가치금액(자산-부채)을 우선 계산해야 한다. 그 다음에 개인의 경우 비공제 생활비항목을 순가치 증가액에 가산한다.

만약 신고소득과 순가치 증가액 사이에 차이가 존재한다면, 국세청 조사요원은 ① 비과세 소득 ② 확인 안 된 차이, 둘 중 어느 쪽인지를 규명하려 할 것이다. 확인 안 된 차이금액은 절취, 신고누락소득 혹은 배임횡령액의 근사치일 수도 있다. 즉 이것은 신고누락소득에 대한 일종의 추론이다.

이 기법의 적용이 정당화되는 조건은 연도별 순가치금액의 증가 현상이 있지만, 과세소득산정을 위한 적절한 장부기록이 없거나, 탈세혐의가

농후한 때이다. 1954년 미국 대법원은 이 방식의 남용을 막기 위한 안전망을 설정하였다.

국세청 요원은 '상당히' 정확하게 기초 순가치액을 결정해야 하며, 미신고소득의 원천을 설명하기 위해 납세자가 제시한 모든 실마리들을 추적할 것이며, 또한 누락소득에 대한 합당한 원천을 마련해야만 한다. 여기서 '상당히'란 외부감사에 나오는 합리적인 확신(reasonable assurance)개념과 유사한 매우 높은 수준의 정확성을 의미한다.

만약 개인의 순자산증가액(국세청 계산액)이 신고된 과세소득금액을 초과하는 경우, 초과액이 신고누락소득(증여받은 금액, 집이나 대여금고에 몰래 보관중인 현금)일 가능성이 있는 것이다. 그렇다면 제2장에 등장했던 포렌식 탐정 윌슨이 갱단 두목 알 카포네의 탈세소득금액을 어떤 방식으로 산정했는가를 여기서 구체적으로 살펴보자.

(1) 사건개요

1931년 3월 알 카포네는 1924년부터 1928년까지 5년간의 조세회피 혐의로 기소되었다. 미국의 국세청은 도박 · 매춘 · 주류밀매 등으로 벌어들이는 그의 연간 총수입액을 100만 달러 이상일 것으로 추정하였다. 알 카포네는 은행계좌가 없으며, 활동에 대한 아무런 기록도 없고, 자신 명의로 구입한 부동산도 전무하며, 모든 금융거래를 현금으로 처리했었다.

(2) 입증방법

알 카포네 소득에 대한 직접적인 증거는 없었고, 특히 문서형태의 증거가 부재하였다. 윌슨은 순가치법과 지출법을 개발하여 두 가지를 동시에 적용해 보았다. 이 방법의 기저에 흐르는 논리는 지극히 간단하다. 즉 '그대가 가진 것이 없다면 소비는 어떻게 할 수 있나요?'

월슨의 분석을 예시하면 [표 9-4]와 같다. 월슨의 분석은 카포네의 라이프 스타일과 자산축적(타인 명의의 사업체와 재산 소유)에 관한 목격자 증언으로 뒷받침되었다.

이러한 간접입증법으로 검찰은 배심원들에게 복잡한 회계 및 조세문제를 설득력 있고 방어가능하게 설명할 수 있었던 것이다. 순가치법의 강점은 직관적인 호소력을 지닌다는 것이다. 즉 이치에도 맞다. 그런데 근거이론은 직설적이지만, 지지해 줄 증거수집이 실무상 만만치가 않다.

용의자의 자산, 부채, 지출금액 및 자금의 원천 등 모든 재무이력을 완전히 재구성해야만 이 순가치법을 성공적으로 적용할 수 있다. 특히 신빙성 높은 기초 순가치액의 산정이 중요하다. 순가치증가액을 제대로 식별해낼 수 있는 출발점이 되기 때문이다.

[표 9-4] 순가치액의 계산

단계	실시	예시(단위: 100만$)
1	기말 순가치를 결정한다.	2,500
2	기초 순가치를 결정한다.	1,125
3	기간 동안의 순가치변동분을 결정한다.	1,375
4	당해 기간 동안 지출(소비)액을 산정한다.	600
5	자산 취득과 소비에 사용한 자금총액을 산정한다.	1,975
6	신고소득금액과 기타 합법적인 자금원천을 집계한다.	0
7	자금의 합법적인 원천 및 이용 사이의 차액을 계산한다(알려진 원천에서 나온 소득금액을 차감). 차액(알려지지 않은 원천에서 나온 소득)을 미신고소득금액으로 추정한다.	1,975

2. 라이프 스타일 탐지법

자금의 원천 및 사용 분석법이라고 부를 수도 있는 라이프 스타일 탐지법은 일정기간 동안의 자금흐름에 주의를 집중한다. 만약 알려진 소득원천 및 기타 알려진 현금흐름보다 더 많은 알려진 지출이 존재한다면 이는 알려지지 않은 자금원천임에 틀림없을 것이다. 이리하여 용의자(범행의심이 가는 임직원)의 라이프 스타일이 탈세소득의 단서가 될 수 있다.

탈세소득과 부정을 시사해주는 라이프 스타일의 확연한 변화를 예시하면 아래와 같다.

- 호화 주택
- 고가의 승용차
- 고급 콘도
- 외국 사립학교에 다니는 자녀
- 호화유람선 관광 등 사치스러운 휴가 즐기기

라이프 스타일 탐지를 통한 미신고소득금액의 계산 순서는 다음과 같다.

① 기준년도 및 다음 각 년도 동안 소비한 금액에 관한 정보를 수집한다.
② 각 년도의 알려진 소득을 결정한다.
③ 알려진 총지출액(자금의 운용)을 계산한다.
④ 알려진 총 소득을 차감(자금의 원천)한다.
⑤ 차액은 알려지지 않은 소득금액이 된다.

3. 은행예입법

순가치법은 기타 자산 및 부채는 물론이고, 연도말 예금잔액에 초점을 두는 데 반해, 은행예입법은 당해 연도 동안에 예금된 돈을 들여다보는 방식이다. 이 방법은 수정된 소득금액보다는 총수입금액을 재구성하는 데 관심을 둔다. 이 방법은 대부분의 소득을 은행에 예금하고 대부분의 지출은 수표발행으로 이루어지는 경우에 적합하다.

이 방법의 가정은 들어온 돈은 은행에 예금하거나 아니면 소비해버린다는 것이다. 이 방법의 기본 형태는 다음과 같다. 일반적으로 환자와 보험회사로부터 수표 또는 온라인 통장입금 등으로 대금을 지급받는 대형 병원/의원 등의 세무조사에 이 기법을 적용할 수 있을 것이다.

① 알려진 모든 계좌에 예금액을 확인한다.
② 은행계좌 수표, ATM 또는 전자자금이체(EFT)로 지급되지 않은 알려진 현금지급액을 가산한다.
③ 모든 원천에서 나온 총 소비액을 합산한다.
④ 알려진 원천에서 나온 소득을 차감한다.
⑤ 알려지지 않은 원천에서 나온 자금이 차액이 된다.

Chapter_9 요 약

자산과 소득의 은닉 형태나 수법은 다양하다. 타인 명의, 또는 은행 대여금고, 심지어 해외 조세피난처가 이용되기도 한다. 직접증거나 간접증거(상황증거)에 의거 은닉자산 및 탈세소득을 적발해낼 수 있다. 본 장의 제1절은 은닉자산과 은닉소득을 어떻게 찾아낼 수 있는지를 논의하였다.

은닉자산이나 횡령자금 추정에 이용되는 순자산법을 제2절에서 다루었다. 최근 들어 순자산법은 탈세나 횡령자금을 조사하는 데 아주 많이 사용되고 있으며 간접증거에 의존한다. 미국의 연방수사국(FBI)은 정기적으로 이 방법을 사용하고 있다. 미국의 마약단속기관(DEA)도 용의선상에 있는 불법 마약거래자들의 불법 마약거래로 인한 수입을 계산하는 데 이 방법을 사용하고 있다. 또한 미국의 국세청(IRS)은 순자산법을 활용하여 과세표준신고에서 누락된 소득을 추정하고 있다.

제3절은 탈세소득의 추정법 3가지(순가치법, 라이프스타일 탐지법, 은행예입법)를 소개하였다.

Chapter_ 10

포렌식 탐정의 재무부정 분석법

Chapter_ 10

포렌식 탐정의 재무부정 분석법

재무제표는 당해 실체의 경영성과 · 재무상태 · 현금흐름 등에 대한 정보를 제공해주는 주요 회계보고서이다. 재무제표에 담겨진 정보는 재무에 관련된 일종의 스토리이다. 이치에 맞지 않는 스토리는 그 내용에 거짓말이 숨겨져 있음을 의미한다.

모든 재무분석에는 수치가 동원된다. 수치는 거짓말을 하지 않는다. 수치는 모든 것을 말한다고도 한다. 그렇지만 감사인(auditor)은 재무수치를 넘어 피감사회사(client)의 실상을 제대로 포착해야만, 재무제표 부정(fraud)의 신호를 발견해낼 수 있을 것이다. 즉 수치의 이면을 읽어내는 힘이 요구된다.

재무상태표, 손익계산서 그리고 현금흐름표상의 재무수치들은 상호 연관되어 있다. 수치들 사이의 관계성이 어색하거나 비논리적인 경우, 부정의 신호음이 발산되어 나올 수 있다. 국내외에서 발생한 악명 높은 분식회계 사건들에서 보는 것처럼, 자산이나 수익의 과대계상은 피할 수 없는 회계등식의 논리에 의하여 대부분은 시간의 경과에 따라 수면 위로 드러나게 마련이다.

적절한 주의를 게을리하였거나 또는 최소한의 재무분석조차 없이 재무상의 거래를 하였다가 손실을 입음으로써 치욕적인 고통을 받은 사람들도 있다. 실패한 거래의 고통은 오랫동안 지속된다. 가령 잘 훈련된, 경륜이 높은 것으로 보이는 사업가들조차도 거래 관련 당사자들에 대해 많이 알지 못한다거나, 기초자료의 수치도 이해하지 못한 채 거래에 나서는 경우가 있다.

경제사회의 발전과 변화에 따라 회계감사의 제도적 환경도 계속 변하고 있다. 예를 들어, 미국의 경우 2001년 말 엔론(Enron), 2002년 월드컴(Worldcom) 등의 대규모 분식회계 사건으로 인하여 사베인스-옥슬리법(Sarbanes Oxley Act: SOX법)이 2002년 7월 발효되었다. 이 법은 자본시장에 대한 공공의 신뢰성 제고라는 목표하에 기업의 지배구조 및 재무보고통제와 관련하여 기업들에게 많은 변화를 요구한 바 있다. 엔론, 월드컴 등 최근에 발생한 수십억 달러의 재무제표 부정사건에도 불구하고, 여전히 그것이 의미하는 것이 무엇인지, 분석의 가장 기초가 되는 것을 잘 이해하지 못하는 사람이 있다고 한다.

[Getty Images: 2002. 07. 30. 조지 부시 대통령이 SOX법에 서명하는 장면]

어떤 재무적 약정을 하기에 앞서, 재무분석을 통하여 관련 정보를 미리 파악하고 이해하는 것은 성공적 거래의 필수조건이다. 재무분석은 어떤 형태나 방식으로 이루어지든 간에 분명히 수치를 포함한다. 그러나 분석하는 사람의 필요에 따라 단순히 수치를 음미 검토하는 그 이상을 포함할 수도 있을 것이다. 무엇보다도, 당해 기업의 시장에서의 위치, 자산가치의 산정, 숨겨진 부채의 발견, 장기 전략의 검토 등 보다 심층적 분석이 추가될 수 있을 것이다. 그러나 안타깝게도 가장 기본적인 분석조차도 재무제표가 작성된 이후에나 수행 가능하다. 재무제표가 작성되기 이전에는 그 어떤 분석도 불가능하다. 부정이나 조사 중인 사기사건의 희생자로 피해를 본 사람들은 우리들에게 이렇게 말할 것이다.

"일의 초기부터 경보기는 위험징후에 대한 경보음을 내보내 주지만, 잘 훈련된 사람만이 위험신호를 감지할 수 있는 법이지요."

이하에서는 재무분석의 세 가지 기본 형태를 살펴본 후 재무부정 사례를 통한 재무분석의 적용과정을 제시하기로 한다.

제1절 재무제표 분석 방법

손익계산서와 재무상태표 항목을 직접 이용한 재무분석법에는 수직형 분석(공통형 재무제표 분석), 수평형 분석(추세분석) 및 비율분석의 세 가지가 있다.

1. 수직형 분석

수직형 분석 또는 공통형 재무제표 분석(common-size financial statements analysis)은 재무제표의 각 항목을 총액에 대한 구성비율 형태로 표시한 공통형 재무제표를 이용하여 재무제표의 내부구조를 검토하는 분석기법이다. 일종의 구성비율 분석이다.

공통형 재무상태표는 재무상태표의 각 항목을 총자산으로 나누어 작성하며 공통형 재무상태표를 통해 자산구성 및 재무구조를 파악할 수 있다. 공통형 손익계산서는 손익계산서의 각 항목을 매출액으로 나누어 작성하며 공통형 손익계산서를 통해 손익구성을 파악할 수 있다.

2. 수평형 분석

수평형 분석 또는 추세분석(trend analysis)은 재무제표 항목이나 재무비율을 기간적으로 비교하여 그 변화추이를 파악하는 분석기법이다. 비교재무제표 분석은 3년 이내의 단기간 비교 시에는 유용하나 3년 이상 장기간 비교를 할 때는 추세분석을 사용하는 것이 적절하다. 재무제표항목의 추세분석을 위해서는 기준연도를 정하여 기준연도의 금액을 100으로 놓은 다음 비교연도의 금액을 기준연도의 금액으로 나눈 지수(index)를 표시하는 지수형 재무제표를 사용한다.

공동형 재무제표를 여러 기간에 대해 작성하면 재무상태표와 손익계산서의 주요 구성비율들이 기간이 경과함에 따라 어떻게 변화해 왔는가를 파악할 수 있다. 재무비율의 장기간 변화추세를 볼 수 있는 재무비율에 대한 추세분석도 유용한 정보를 제공한다.

3. 재무비율분석

재무비율분석(financial ratio analysis)은 재무제표상의 관련 항목들을 대응시켜 비율을 산정하고, 산정된 비율을 통하여 기업의 수익성을 평가하거나 재무위험의 정도를 평가하는 분석기법이다. 예를 들면, 재무상태표에서 부채와 자기자본을 대응시켜 부채비율을 산정하면 기업의 자본구조가 어떻게 되어 있는지를 파악할 수 있으며 손익계산서에서 당기순이익과 매출액을 대응시켜 매출액순이익률을 산정하면 기업의 수익성을 파악할 수 있다.

재무비율분석에는 주로 현재 및 과거의 재무제표 자료가 사용되며 비율분석의 결과는 기업가치 평가, 투자종목 선정, 신용평가, 대출결정 등과 같이 다양한 의사결정의 기초자료로 사용된다.

앞에서 설명한 바와 같이, 추세분석은 여러 기간 동안의 계정잔액상의 변화추이를 검토하는 기법이다. 예를 들어, 과거 3년 동안 매출을 검토해 본 결과 매출성장률이 매년 약 3% 정도 지속적으로 유지되어 왔다고 한다면, 금년도 매출예상액을 도출하는 데 이러한 정보가 이용될 수 있을 것이다. 비율분석 시 둘 이상의 재무제표 계정 사이의 관계를 비교하거나, 계정잔액과 비재무적 자료를 비교한다. 전통적인 재무비율은 다음과 같다.

(1) 유동성비율

(가) 유동비율

단기의 채무를 변제하기 위하여 단기간 내에 현금화될 수 있는 자산의 정도를 나타내며, 채무자의 단기지급능력을 측정하는 데 이용된다. 1908년 미국의 은행가들에 의해 사용되었으므로 은행가비율(banker's ratio)이라고도 한다. 비율이 높을수록 지급능력이 양호하며 일반적으로 200% 이상이면 건전한 상태라고 보고 있다.

$$\text{유동비율} = \frac{\text{유동자산}}{\text{유동부채}} \times 100$$

(나) 당좌비율

유동자산 중 현금화 속도가 빠른 당좌자산에 대한 유동부채의 비율로서 산성시험비율(Acid test ratio)이라고도 한다. 채무자의 즉각적인 지급능력을 파악할 수 있으며 100% 이상이면 양호하다고 보며 유동비율과 상호보완적으로 사용된다.

$$당좌비율 = \frac{당좌자산}{유동부채} \times 100$$

(2) 레버리지비율

(가) 부채비율

자본구성의 균형을 측정하는 지표로서, 타인자본 및 자기자본의 규모에 의해 채권자의 위험부담 정도와 고정적인 금융비용 발행에 의한 손익확대효과(leverage effect)의 가능성을 나타내는 비율이다. 낮을수록 양호하며 일반적으로 200% 이하면 적정하다고 본다.

$$부채비율 = \frac{부채}{자기자본} \times 100$$

(나) 유동부채비율

자본구성의 안전성 및 단기성 부채에 대한 위험부담 정도를 측정하는 지표이며 표준비율은 100% 이하이다. 부채비율이 200% 이상이고 이 비율마저 100%를 초과하는 경우 재무유동성이 불안한 상태로 판단되므로 안전성에 대한 정밀한 검토를 요한다. 대부분의 유동성 위험은 상환기간이 단기이면서 금리가 비교적 높은 유동부채에서 발생하기 때문이다.

$$유동부채비율 = \frac{유동부채}{자기자본} \times 100$$

(3) 수익성비율

(가) 총자산(총자본)순이익률

자본구성의 여하를 불문하고 기업에 의하여 달성된 총체적인 경영성과를 투하된 총자본(자기자본+타인자본)에 대비한 비율로서 경영효율성을 측정하는 대표적인 지표이며 투자수익률(return on investment: ROI)이라고도 한다. 투자수익률은 매출액순이익률과 총자산회전율로 분해될 수 있다.

$$\text{총자산(총자본)순이익률} = \frac{\text{당기순이익}}{\text{총자산}} = \frac{\text{당기순이익}}{\text{매출액}} \times \frac{\text{매출액}}{\text{총자산}} = \text{매출순이익률} \times \text{총자산회전율}$$

일정한 투자수익률을 갖는 기업이라 할지라도 업종별로 많은 차이가 있을 수 있다. 일반적으로 비유동자산에 고액을 투자하는 장치산업의 경우 낮은 총자산회전율과 높은 매출액순이익률을, 제품의 수명주기가 짧은 기업은 높은 총자산회전율과 낮은 매출액순이익률 구조를 갖게 된다.

(나) 매출액총이익률

매출액에서 매출원가를 차감하여 구한 매출총이익과 매출액을 대비하는 비율이다. 매출액이 기본적인 활동능력을 반영한 것이나, 매출원가가 높을 경우에 매출의 증가가 반드시 이익의 증가를 수반하는 것은 아니다. 따라서 이 비율은 기업의 구매능력, 생산효율 등 기본적인 활동의 능력을 측정하는 지표이다.

$$\text{매출액총이익률} = \frac{\text{매출총이익}}{\text{매출액}} \times 100$$

(다) 자기자본순이익률

기업에 의하여 달성된 총체적인 경영성과를 투하된 자기자본에 대비한 비율로서 자기자본 투자효율성을 측정하는 지표이며 ROE(return on equity)라고도 한다. 자기자본순이익률은 출자자의 입장에서 자기자본 이용효율성 분석, 배당정책, 주가형성에 영향을 미치는 비율이다. 이 비율은 높을수록 양호하나 너무 높을 경우 자기자본의 부족에 의한 재무구조의 안정성과 유동성을 해칠 수 있다.

$$\text{자기자본순이익률} = \frac{\text{당기순이익}}{\text{자기자본}} \times 100$$

(4) 회전율

(가) 총자산(총자본)회전율

기업의 총자산(총자본)이 일정기간에 몇 번 회전하였는가, 즉 총자산(총자본)이 몇 배의 매출액을 실현하였는가를 나타냄으로써 총자산(총자본)의 효율성을 총괄적으로 측정하는 지표이다. 경영활동에 투하된 총자산(총자본) 활용의 효율성을 총괄적으로 측정하는 지표이다. 총자산(총자본)회전율이 높을수록 효율적인 것으로 판단되나 대규모 장치산업 등은 비교적 낮고, 경공업 등은 상대적으로 높아 산업별로 차이가 있으므로 매출규모, 자산규모 등을 상호 비교 · 분석하여야 한다.

$$\text{총자산(총자본)회전율} = \frac{\text{매출액}}{\text{총자산(총자본)}}$$

(나) 재고자산회전율

제품 등의 재고자산이 일정기간에 몇 번이나 현금, 매출채권 등 당좌자산으로 전환하였는가 하는 재고자산의 회전속도를 나타내는 지표이다. 재고자산회전율이 낮아지게 되면 그만큼 재고보유기간이 길어진다는 것을 의미하고 따라서 보관유지비, 이자, 보험료, 재고품감모 등의 부담이 증가하여 결국 유동성과 수익성이 낮아지게 된다. 일반적으로 재고자산회전율은 연 9회 이상을 양호한 것으로 간주하고 있다. 이는 업종과 경기

상황, 계절적 요인과 재고의 종류에 따라 차이가 있기는 하나 일반적으로 약 40일분의 매출액에 해당하는 재고를 적정 수준으로 하고 있는 데에 근거한 것이다.

$$재고자산회전율 = \frac{매출액}{재고자산}$$

(다) 매출채권회전율

정상적인 영업활동의 순환과정에서 매출채권이 현금화되는 속도를 나타내는 지표이며 소요운전자금의 계획이나 신용정책의 결정 등에 사용된다. 이 비율이 높을수록 유동성이 양호한 것으로 판단되고 매출채권의 관리가 효율적인 것으로 볼 수 있다. 이 회전율은 업종과 경기상태, 기업의 신용정책과 상관습 등에 따라 차이가 있으나, 일반적으로 10회전~12회전 이상을 양호한 것으로 간주하고 있다. 이것은 매출채권의 결제기간을 평균 1개월 이내로 하는 것이 정상적 상거래라는 데에 근거하고 있다. 경쟁력이 있는 상품은 결제기일이 짧아 회전율이 높고 경쟁이 치열할수록 회전율이 낮은 편이다.

$$매출채권회전율 = \frac{매출액}{매출채권}$$

4. 세 가지 분석방법의 결합표

비율분석의 경우, 둘 혹은 그 이상의 변수들 상호관계를 검토할 뿐 아니라 산업자료도 활용한다. 따라서 일반적으로 비율분석이 추세분석에 비하여 내용 면에서 보다 충실하다.

비율분석의 적용은 기본적으로 수평형 분석과 구성비율 분석의 두 가지로 나누어진다. 수평형 분석은 특정 기간 동안의 비율과 추세를 검토하는 것이고, 구성비율 분석은 일정한 시점에서 동종기업의 비율이나 산업평균 비율을 분석대상 기업의 비율과 비교하는 것이다.

[표 10-1]은 K회사의 손익계산서에 대한 수평형(추세) 분석과 구성비율 분석을 예시한 것이다. 모든 수익과 비용을 순매출액에 대한 비율로 표시한 공통형 손익계산서도 [표 10-1]에 포함되어 있다. 매출원가를 비롯한 많은 비용항목들이 순매출액과 예측 가능한 어떤 관계성을 지니고 있으리라 예상되므로 공통형 손익계산서는 특히 유용하다. 공통형 재무상태표는 모든 자산 · 부채 · 소유주 지분금액을 총자산에서 차지하는 비중, 즉 비율로 나타낸 것이다. 이러한 공통형 재무제표를 이용하여 구성비율 분석 또는 백분율 분석을 행할 수 있다.

[표 10-1] 수평형 분석과 구성비율 분석

	(단위: 천 원)					공통비율 재무제표			산업평균
	20×6	20×7	변동비율	20×8	변동비율	20×6	20×7	20×8	20×7
총매출	78,428	82,212	4.8	88,236	7.3	103%	105%	103%	104%
매출환입	2,284	4,235	85.4	2,644	−37.6	3%	5%	3%	4%
순매출	76,144	77,977	2.4	85,592	9.8	100%	100%	100%	100%
매출원가	46,213	46,478	0.6	51,234	10.2	61%	60%	60%	58%
매출총이익	29,931	31,499	5.2	34,358	9.1	39%	40%	40%	42%
판매비와 관리비	20,105	22,487	11.8	21,834	−2.9	26%	29%	26%	28%
영업이익	9,826	9,012	−8.3	12,524	39.0	13%	12%	15%	14%
이자비용	1,930	1,584	−17.9	3,189	101.3	3%	2%	4%	3%
세차감전순이익	7,896	7,428	−5.9	9,335	25.7	10%	10%	11%	11%
법인세	3,807	6,189	62.6	7,761	25.4	5%	8%	9%	4%
순이익	4,089	1,239	−69.7	1,574	27.0	5%	2%	2%	7%
EPS	0.78	0.24	−69.2	0.30	25.0				
비율									
유동비율	1.7	1.9		1.9					2.1
당좌비율	1.0	1.1		1.1					1.3

매출채권회전율	5.3	5.6		4.7					5.1
매출채권회수기간	68.1	64.3		76.6					65.6
재고자산회전율	4.7	3.2		1.7					3.5
재고자산회전기간	76.0	75.0		112.5					74.4
이자비용/부채	0.11	0.08		0.08					0.09
	수평형(추세) 분석					구성비율 분석			교차분석

[표 10-1]을 분석해 보면, 순매출과 매출원가가 전기 대비 각각 9.8%, 10.2% 증가하였다. 순매출 대비 매출원가 구성비가 60%로 산업평균치인 58%보다 2%p 높게 나타났다.

매출채권회수기간이 전기 64.3일에서 당기 76.6일로 증가하였다. 이는 신용조건 완화로 인해 매출은 증대하였으나 매출채권의 실현가능성이 낮아졌다는 신호일 수 있다. 즉 부실외상채권이 발생할 우려가 증가하였으므로 신용정책과 매출원가계정에 대한 검토가 필요하다.

이자비용 변동비가 전기 대비 101.3% 증가하였다. 지급이자의 구성 내용을 검토하여 신규 차입금이 많이 발생하였는지 혹은 변호사비용 등과 같이 이자비용으로 포함되지 않아야 될 항목들이 이자비용에 포함되어 있지는 않은지 확인하여야 한다.

법인세가 매출액에서 차지하는 비중이 9%로 이는 산업평균인 4%의 두 배가 넘는다. 이는 유동성 문제로 세금을 제때에 납부하지 못하여 가산세가 발생했을 가능성이 존재한다. 따라서 이에 대한 검토가 필요하다. 유동성 지표인 유동비율과 당좌비율이 1.9와 1.1로 산업평균인 2.1과 1.3에 비해 약간 낮은 수준을 보이고 있다.

매출채권의 현금화 속도를 나타내는 매출채권회전율 및 회수기간이 산업평균치보다 느린 것으로 나타났다. 외상매출은 증가되었지만 대금 회수속도가 느린 이유에 대해 검토가 필요하다.

재고자산의 당좌자산화 속도를 나타내는 재고자산회전율은 산업평균의 절반에 불과하다. 재고자산 보유수준이 과잉이거나 진부화되었는지에 대한 검토가 필요하다.

[참고] 숨어있는 '부실징후'…재무제표 보면 다 나온다

건설사 정기 신용위험평가 발표를 앞두고 누가 퇴출 대상이 될 것인지가 초미의 관심사로 떠오르고 있다. 채권은행단은 비경상적 요인과 함께 신용위험을 가늠하는 재무지표로 부채비율 · 차입금의존도 등을 점검하고 있다. 올 초 개정된 대기업그룹 재무구조평가 기준엔 금융비용 차감 전 영업이익(EBITDA) 대비 총차입금비율 등이 새롭게 추가됐다.

재무안정성을 판단하는 이들 지표는 기업들이 매분기 또는 매년 내놓는 감사보고서와 재무제표를 통해 일반인도 쉽게 확인할 수 있다. 금융위기 여파로 한동안 구조조정 이슈가 지속될 것으로 예상되는 만큼 부실 징후가 될 수 있는 재무제표 상의 변화를 눈여겨볼 필요가 있다.

재무제표상 부실징후를 판단할 수 있는 주요 지표

항목	지표	내용
영업 요인	EBITDA(금융비용 차감 전 영업이익)	·영업이익에 감가상각비를 더한 값 ·이익 감소 원인이 영업 악화인지 일시적 비용상각인지 판단하는 지표
	매출채권 회전율	매출을 매출채권으로 나눈 값. 낮을수록 매출의 현금화가 부진하다는 의미
	재고자산 회전율	·매출원가를 평균 재고자산으로 나눈 값 ·재고가 현금이나 매출로 연결되는데 걸리는 시간. 낮을수록 판매 부진
비영업 요인	단기유동부채	만기 1년 이하 부채. 장기부채 감소를 동반한 유동부채 감소는 신용상의 문제로 장기차입이 어려워진다는 의미
	유동자산	·현금성자산과 지분증권 등 단기 내 현금화가 가능한 자산 ·유동자산을 넘어서는 유동부채는 경계요인
	우발채무	계열·관계사 지급보증, 백지어음 발행, 현금흐름에 영향 미치는 소송 등

▲ 영업현금의 회전속도가 중요

구조조정 중심에 서 있는 건설사들은 '선분양 후입주'가 기본인 주택건설 산업의 특성이 결국 유동성 위기로 연결된 케이스다. 건설사들은 재무제표에서 매출이 늘어도 미분양이 증가하면 미수금이 발생, 매출채권도 함께 늘어난다. 설상가상으로 매출채권이 현금으로 전환되는 시간이 길어지면(매출채권 회전율이 떨어지면) 자금 융통이 어려워지고 있다는 해석이 가능하다.

워크아웃설에 시달리고 있는 A건설사의 경우 2007년 2.73회였던 매출채권 회전율이 지난해 1.48회로 낮아졌다. 한 해 세 차례 가까이 이뤄지던 매출의 현금화가 한두 차례 정도밖에 이뤄지지 않고 있다는 의미다. B건설도 회전율이 2.34회에서 1.78회로 떨어지며 평균 143일 걸렸던 외상매출의 현금화가 205일을 기다려야 가능해졌다.

미분양이 늘수록 건설사들이 보유한 재고자산 회전율도 떨어지게 된다. A건설의 재고자산 회전율은 최근 3년 새 연 평균 15회에서 10회로 낮아졌고, B건설은 26회에서 12회로 급락했다. 국제회계기준(IFRS)이 도입되면 미분양은 물론 짓고 있는 건설물량도 모두 부채나 재고자산으로 인식하게 돼 건설사들의 재무제표 상 부담은 더 늘어날 전망이다.

▲ 갚을 수 있는 빚인지를 봐야

금호타이어는 2008년부터 이익이 줄기 시작해 지난해 적자로 돌아섰다. 현금성자산을 포함, 단기간 현금화가 가능한 유동자산도 1조 원에서 8,000억 원 미만으로 감소했다. 영업은 물론 자산매각 등을 통해 현금을 창출할 수 있는 능력이 갈수록 악화되고 있다는 얘기다.

반면 이 기간 동안 유동부채는 7,000억 원대에서 2008년 1조 5,200억 원, 지난해 2조 2,000억 원으로 꾸준히 늘었다. 유동부채는 만기가 1년 이내로 짧은 부채를 말한다. 지난해엔 특히 단기차입금과 회사채, 신주인수권부사채(BW) 등 증권화된 '빚'만 1조 357억 원으로 한 해 전에 비해 2배가량 급증했다. 결국 채권단은 금호타이어가 단기부채조차 스스로 해결할 능력이 없다고 판단, 재무구조에 메스를 대기로 결정했다.

▲ 숨어 있는 위험 요인도 꼼꼼히

지난달 현대시멘트가 워크아웃에 돌입, 투자자들을 충격에 빠트렸다. 지난해 매출 3,606억 원, 영업이익 178억 원으로 흑자전환한 데다 시멘트 업황이 턴어라운드할 것이란 기대가 높아지던 시기였다.

재무제표 상으론 이익이 개선되고 부채도 줄어드는 등 개선 가능성이 엿보였지만 계열사 성우건설의 채무에 대한 지급보증이 문제였다. 감사보고서 주석으로 확인할 수 있는 현대시멘트의 우발채무는 성우건설 지급보증액만 7,402억 원으로, 작년 매출은 물론 전체 자산규모(9,570억 원)와도 견줄 수 있을 정도다.

(출처: 한국경제, 2010. 06. 18.)

제2절 ZZZZ Best 회사의 사례

이 사례는 웰스의 연구를 중심으로 구성한 것이다.

[배리 민코우, 출처: 구글]

미국 재무부정 연구분야의 대가인 웰스(Wells)는 1980년대 중반에 100만 달러 규모의 재무제표 부정으로 투자자들과 회계감사인들을 울린 바 있는 전설적 사기꾼 배리 민코우(Barry Minkow)를 콜로라도주, 잉글우드 소재 연방교도소에서 인터뷰 녹화한 바 있었다. FBI 수사관 경력도 갖고 있는 학자 웰스는 녹화 비디오테이프를 포렌식 감사인을 위한 교육용으로 사용할 계획이었다. 인터뷰에 자발적으로 응했던 민코우는 그에게 '추적 60분'이라는 프로그램에서도 방송되지 않았던 모든 것을 말해 주었다.

웰스의 머릿속에는 민코우가 정말 멋진 놈이라는 생각이 일순간 스쳐갔다. 그런 다음 그는 애처로운 미소를 지으며 그게 아니지 하면서 이내 머리를 가로저었다. 전대미문의 최고 사기꾼 한 명이 노련한 부정 조사전문가를 순간적으로 매혹시켰던 것이다. 그러나 이런 것이 사기꾼들의 본성이 아니겠는가? 사기꾼들은 명석하고, 말을 잘하고, 진지하고, 호감이 가는 사람처럼 보인다. 배리 민코우는 확실히 그러했고 그 이상으로 비쳐졌다.

미숙한 천재소년 민코우는 13살 때, 자신의 부모 소유의 자동차차고에서 카펫 청소사업을 시작했었다. 사업 시작 5년 만에 기업공개로 ZZZZ

Best 카펫 클리닝 서비스회사의 주식이 일반 투자자들에게 거래되었다. 그렇지만 그 회사는 완전히 민코우의 거짓말로 만들어진 가짜 회사였다. 20살이 된 해에 민코우는 그가 저지른 부정이 법의 심판을 받아 25년의 징역형을 선고받았다. 그 후 그는 연방교도소에서 8년 복역 후 가석방되었다.

1. 부정을 저지를 성품은 타고난 것인가?

민코우는 정확히 이유는 모르지만 사업을 시작할 때부터 시작하여 그간 비리행위를 끊임없이 저질러 왔었다고 말했다. 사업 초창기에 그는 종업원 봉급을 줄 돈이 부족하자, 수표를 훔친 다음 자신의 은행계좌에 입금시켰다고 한다. 동일한 예금이 동시에 두 개의 별도 은행에 포함되어 회사의 예금잔액이 일시적으로 과대계상되도록 하는 소위 카이팅(kiting) 수법을 이용하거나, 당좌예금계정에서 잔고 이상으로 수표를 발행하거나, 고객들에게 실제보다 과대금액의 청구서를 보내는 등의 악행을 저질러왔다.

사람들로 하여금 민코우를 믿을 수 있는 인간으로 보이도록 만든 것은 그의 현란한 말솜씨였다고 한다. 지난 30여 년 동안 화이트칼라 범죄자들을 만나본 웰스는 수많은 범죄자들 중 민코우를 최고의 고수로 평가하였다. 그리고 의심의 여지없이 자신이 지금까지 만났던 사람 중에 말솜씨가 가장 능란한 사기꾼이라고 하였다.

민코우의 초기 비리행위들은 자신의 행위를 계속 숨기기 위하여 외부자금조달을 해야만 했던 상황으로까지 점차 확대되어갔다. 그는 부풀린 감사미필 재무제표와 조작된 세금신고서 덕택에 처음 외부자금을 차입할 수 있었다. 그 자금에 대한 대출 상환기한이 되자 그는 동일한 방법으로 다른 은행으로부터 돈을 빌렸다.

그는 다음, 그 다음 은행에도 동일한 방법을 이용하여 돈을 빌렸다. 마침내 은행을 통한 자금조달이 불가능하게 되자 민코우는 주식공개라는 아이디어를 생각해냈다. 그것은 자신의 범죄를 은폐할 수 있는 유일한 선택대안이었다. 그래서 그와 그의 부하 직원은 감사인을 속이기 위해 산더미 같은 위조문서를 만들어 냈다.

이 엄청난 부정행위는 ZZZZ Best의 매출과 매출채권에 집중되었으며 그 대부분이 가짜였다. 언변이 좋은 민코우는 감사인으로부터 별다른 지적을 받지 않고 감사기간을 그럭저럭 잘 넘겼다. 주식공개를 통해 들어온 수백만 달러 덕분에 그는 이전의 부정비리도 덮을 수 있었다.

ZZZZ Best는 점점 더 크게 성장하는 모습을 보이는 듯했다. 그 무렵 그에게 하나의 액운이 드리우기 시작했다. 카펫 클리닝에 불만을 품은 고객이 민코우의 영업을 의심하면서, LA타임즈(Los Angeles Times)의 부정폭로 보도 리포터에게 연락을 취했던 것이다. 그 리포터가 민코우의 성장 배경을 더 깊이 파고들수록 그 스토리는 점점 사악의 늪으로 빠져들어 갔다.

가판대에 놓인 신문들이 민코우의 의심스러운 과거 행적 및 수많은 카펫 클리닝 고객을 상대로 행한 이중청구와 엉터리청구 기도에 관한 기사로 일면을 장식하자, 월 스트리트는 ZZZZ Best 주식의 거래를 중지시켰다. 부정을 은폐하기 위한 자금을 더 이상 조달할 수 없어 회사는 급속히 무너졌다.

[배리 민코우, 출처: 구글]

회계법인은 민코우의 분식회계 범죄를 밝혀내는 데 실패한 대가로 백만 달러의 비용을 치렀다. 투자자들은 1억 달러의 손실을 보았다고 한다. 사건이 종료된 후 ZZZZ Best의 자산은 모두 5만 달러 미만의 금액으로 매각되었다.

수직형 분석, 수평형 분석 그리고 비율분석 등 가장 기초적이고 분석적인 기초적 기법만이라도 활용해보았더라면 감사인들은 ZZZZ Best에 대한 중요한 단서를 입수할 수 있었을 것이다. 기초적 기법을 적용하여 두 개 연도 기간의 수치의 변동을 비교해보면 중대한 차이사항을 찾아낼 수 있다. ZZZZ Best 사례에서 [표 10-2]가 보여주는 바와 같이 간단한 비율분석만으로도 유의미한 문제점을 알아낼 수 있다.

[표 10-2] ZZZZ Best 회사의 비율

	2010	2011
유동비율	36.552	0.0977
회수율	–	26.131
운전자본	0.5851	(0.0080)
자산회전율	0.144	1.041
부채비율	0.017	1.486
외상매출금회전율	–	6.984
이자보상배율	–	43.136
매출원가: 매출	0.465	0.423
매출액총이익률	53.51%	57.68%
자기자본순이익률	183.75%	46.58%

숫자는 거짓말을 하지 않는다(The Numbers don't lie). [표 10-2]와 [표 10-3]의 숫자들은 전혀 이치에 맞지 않는다. 모든 수치들이 정상적인 한도를 벗어날 뿐 아니라, 무언가 어색한 느낌을 준다. 특히 유동비율, 부채비율 및 자기자본순이익률이 그러하다. 2011년의 기록적인 매출수익에도 불구하고, 이 회사의 유동비율은 현금이 거의 없음을 보여준다. 2011년의 부채비율은 전년도 대비 8,600% 상승했다. 자기자본순이익률은 75% 이상 떨어졌다. 이런 것들은 정상적인 기업경영에서 나타날 수 없는 지표들이다.

[표 10-3] ZZZZ Best 회사의 재무제표

(단위:10$)	2010	2011
매출액	1,240,524	4,845,347
매출원가	576,694	2,050,779
외상매출금	0	693,773
유동자산(A)	107,096	1,727,973
총자산	178,036	5,045,671
유형자산	125,519	2,564,532
감가상각누계액	68,029	163,145
유형자산순액	57,490	2,401,387
일반관리비	306,016	1,125,541
감가상각비	0	95,116
현금	30,321	87,014
유동부채(B)	2,930	1,768,435
지급어음	0	780,507
미지급법인세	0	28,027
운전자본(A-B)	104,166	(40,462)

2. 새로운 접근: 베니쉬 지수

ZZZZ Best 사건 이후, 감사인의 감사업무를 보다 더 잘 지원할 수 있는 새로운 분석기법을 발전시키기 위한 시도가 진행되어왔다. 인디애나 대학교 켈리(Kelly) 경영대학의 부교수인 베니쉬는 재무제표 조작 상장기업과 재무제표 비조작 상장기업들 사이의 양적인 차이를 연구했다.

베니쉬는 회사 경영자들이 회사 재무적 성과를 유리하게 표시하기 위해 일반적으로 인정되는 회계처리기준(GAAP)을 위배한, 즉 이익조작을 탐지해낼 수 있는 다섯 가지의 유용한 비율을 제시하였다. 베니쉬의 비율은 재무제표상의 수치를 이용하여 구할 수 있다. 베니쉬의 비율은 일종의 지수이다. 다음은 베니쉬의 지수를 이용하여 ZZZZ BEST의 재무정보에 대한 분석과정과 그 결과를 제시하고 있다.

(1) 매출채권회전기간 변동지수

매출액 변수를 이용한 이 지수는 매출채권과 매출액이 연속되는 두 회계기간 동안에 균형을 이루는지 여부를 측정해준다. 베니쉬 교수의 연구에 의하면 매출채권을 조작하지 않은 회사들의 평균적인 지수는 1.031이다. 매출채권을 조작한 회사들의 지수는 평균 1.465이며, 이는 42%나 높은 수치이다. 이 지수가 현저히 높다는 것은 회사의 매출채권이 가짜임을 나타낸다. 그것은 정확히 ZZZZ BEST와 같은 상황이었다. 민코우의 부하 직원들은 가짜 문서를 작성한 다음 감쪽같이 가공의 매출채권 및 매출 거래를 발생시켰다. ZZZZ Best 사건의 경우 이 지수는 터무니없는 177,622이었다.

이 엄청난 차이에 대한 원인은 다음과 같다. 즉 첫해에 이 회사는 매출채권 금액이 없었다. 그러나 둘째 연도의 매출채권은 약 700,000달러에 달하며, 이는 완전 허구적인 수치였다. ZZZZ Best의 요약 재무제표 수치의 일부는 [표 10−3]에 나타나있다.

매출채권회전율(매출액/매출채권)은 매출채권이 현금으로 회수되는 속도를 표시해주며, 일정기간 동안 매출채권이 몇 번 현금으로 전환되었는가를 나타내는 비율이다. 이 비율이 높을수록 현금화 속도가 빨라 지급능력 면에서 유리하며 결국 기업은 그만큼 유리해진다. 이 비율의 역수는 매출채권의 회전기간(매출채권/매출액)을 표시한다. 한편 매출채권회전기간 변동지수(days' sales in receivables index) 공식은 다음과 같다.

$$\frac{\frac{t\text{기매출채권}}{t\text{기매출액}}}{\frac{t-1\text{기매출채권}}{t-1\text{기매출액}}} = \text{매출채권회전기간 변동지수}$$

당기 손익계산서와 재무상태표 항목들은 첨자 t로 표시하고, 전기 항목들은 첨자 t−1로 표시한다. 특정 연도에서 다음 연도 사이의 계정잔액 변화는 델타(△)로 표시된다. ZZZZ Best 재무제표로부터 숫자를 사용한 지수는 다음과 같이 계산된다.

$$\frac{\frac{693,773}{4,845,347}}{\frac{1}{1,240,524}} = 177,622$$

지수를 계산함에 있어서 다음의 두 가지를 고려하여야 한다. 첫째, 지수의 유의적인 현저한 증가가 있어도 그것이 매출채권 조작의 결과가 아닐 수도 있다. 오히려 특정 연도와 그 다음 년도 사이에 신용정책의 완화와 같은 합법적 요인에 의해 야기된 것일 수 있다. 둘째, 이 지수와 기타 지수들이 성공적인 측정을 확실하게 보장할 수 있는 건 아니다. 베니쉬 연구에서 지수들은 연구대상 사례의 약 1/2에서 3/4 정도로 예측을 바르게 한 것으로 나타났다.

(2) 매출총이익률 지수

회사가 실적감소로 허덕이고 있음을 나타내는 한 가지 징후는 매출총이익률과 관련이 있다. 만약 실체의 매출총이익률이 한 연도에서 다음 연도 사이에 감소했다면, 경영자가 가공의 이익을 만들거나 손실을 축소하려는 시도를 할 위험이 보다 커진다. 베니쉬 연구에서 비조작자들의 평균 지수는 1.014였고, 조작자들은 18% 높은 1.193이었다. 그러나 ZZZZ Best 경우에는 매출총이익률 지수가 비교목적상 유용하지 못했다. 매출총이익률 지수에 대한 공식은 다음과 같다.

$$\frac{\frac{\text{매출액}(t-1)-\text{매출원가}(t-1)}{\text{매출액}(t-1)}}{\frac{\text{매출액}(t)-\text{매출원가}(t)}{\text{매출액}(t)}} = \text{매출총이익률 지수}$$

이 공식에서 ZZZZ Best의 수치는 다음과 같았다.

$$\frac{\frac{1,240,524-576,694}{1,240,524}}{\frac{4,845,347-2,050,779}{4,845,347}} = 0.92781$$

이 지수는 회사의 재무제표가 부정으로 왜곡표시되어 있는지 여부를 말해주지는 않을 것이다. 그것은 매출총이익률이 떨어지면 이익조작의 위험이 더 커진다는 경고신호를 전달하도록 설계된 것이다. 그러나 만약 회사가 이미 이익을 부풀리기 위한 시도를 시작했다면 매출총이익률은 정상적인 경우보다 오히려 높게 나타날 것이다.

(3) 자산건전성 지수

자산건전성 비율은 비유동자산(설비자산 차감)을 전체자산으로 나누어 구한다. 그것은 미래 효익을 가져다줄지 여부가 덜 확실한 자산이 총자산 중 어느 정도의 비중이 되는지를 표시한다.

이익조작 여부의 평가 목적상, 자산건전성지수의 증가는 비용의 자본화 경향을 나타낸다고 볼 수 있다. 베니쉬 연구에서, 비조작자들의 평균값은 1.039이며, 조작자들은 21% 증가한 1.254였다. ZZZZ Best의 지수는 비조작자들의 평균치보다 131% 증가한 2.404이었다. 이 지수는 재무제표 부정발생 가능성에 대한 경고신호로 해석될 수 있다. 자산건전성 지수에 대한 공식은 다음과 같다.

$$\frac{1-\dfrac{\text{유동자산}(t)+\text{고정자산순액}(t)}{\text{총자산}(t)}}{1-\dfrac{\text{유동자산}(t-1)+\text{고정자산순액}(t-1)}{\text{총자산}(t-1)}}=\text{자산건전성지수}$$

ZZZZ Best의 수치는 다음과 같았다.

$$\frac{1-\dfrac{1,727,973+2,401,48\ 7}{5,045,671}}{1-\dfrac{107,096+57,490}{178,036}}=2.40359$$

(4) 매출액증가율 지수

매출액증가율은 당기매출액을 전기매출액으로 나누어 표시한다. 이 지수를 이용하여 회사가 가공매출액을 추가했는지 여부를 식별할 수 있다. 베니쉬 연구에서 비조작자들의 평균값은 1.134이고 조작자들의 평균값은 42% 높은 1.607이다. 이 지수의 증가는 매출의 증가를 반영한다. 정상적인 원인으로 매출이 증가될 수 있지만, 조작으로 인하여 매출이 증가될 수도 있다. 매출액 증가율지수 공식은 다음과 같다.

$$\frac{\text{매출액}(t)}{\text{매출액}(t-1)}=\text{매출액증가율}$$

ZZZZ Best 수치는 다음과 같았다.

$$\frac{4,845,347}{1,240,524}=3.905$$

매출액증가율 지수를 이용하는 경우 매출액이 증가할 때만 잠재적 부정을 감지할 수 있다. 단지 작년 수준의 수익에 머물기 위해서 가공의 이익을 가산하는 회사의 매출액증가율은 정상수치를 벗어났다고 해석되진 않을 것이다. ZZZZ Best의 지수는 비조작자들의 수치 1.134와 비교되는 3.905였다. 이 지수 값은 확실히 포렌식 탐정에게 경고신호로 받아들여질 것이다.

여러 재무비율은 서로 밀접한 관계가 있기 때문에 각 비율의 변화방향에 대한 일률적이고 기계적인 해석은 곤란하다. 예를 들어, 매출을 적극 확대하기 위하여 제품가격을 인하하면 총자산회전율은 높아지나 매출이익률은 낮아진다. 따라서 재무비율에 근거하여 판단을 할 때는 비율뿐 아니라 다른 요인들도 고려해야 한다. 또한 특정 기업에 대하여 기간별로 재무비율을 비교하는 데도 변화하는 전반적 경제여건(예를 들어, 이자율, 환율, 법인세율 변동, 경기상황 등)을 충분히 감안해야 한다.

(5) 총자산에 대한 총 발생액 지수

발생항목(accrual item)은 당기에 현금수입이 없었지만 실현된 수익과 당기에 현금지출이 없었지만 발생한 비용에 대하여 당기의 수익과 비용으로 기록할 필요가 있는 항목을 말한다. 현금주의와는 달리 발생주의는 현금의 수입과 지출시기에 관계없이 실제로 수익이 실현되거나 비용이 발생된 시기를 기준으로 수익과 비용을 기록하는 방법이다.

운전자본은 유동성과 지불능력에 대한 중요 측정치이다. 따라서 운전자본에 포함되는 항목의 분류가 적정한지도 평가해볼 필요가 있다. 베니쉬지수 중 운전자본에 관련된 것이 총자산에 대한 총발생액 지수이다. 총발생액은 운전자본계정(현금 제외)의 변동액에서 감가상각비를 차감한 부분으로 계산된다.

베니쉬의 연구에 의하면 비조작집단의 평균 지수는 0.018, 조작집단의 평균지수는 72% 증가된 0.031이었다. 한 기간에서 다음 기간까지의 발생액의 증가는 무엇을 의미하는가? 경영진이 발생주의 회계정책에 대한 재량권 행사를 통하여 이익조작을 시도하는 것으로 해석할 수 있을 것이다. 총자산에 대한 총발생액 지수공식은 다음과 같다.

(운전자본−현금−당기 미지급 법인세−감가상각과 감모상각)/총자산

ZZZZ Best의 지수는 다음과 같다.

(−144,628−56,693−28,027−95,116)/5,045,671=−0.064

순운전자본금액은 [표 10−2]의 수치를 이용하여 아래의 계산과정에서 도출된 것이다. 유동자산 − 유동부채 = 순운전자본의 등식을 이용하여 순운전자본의 증감을 계산한다.

- 2011년 순운전자본 = 유동자산 1,727,973 − 유동부채 1,768,435
  = −40,462
- 2010년 순운전자본 = 유동자산 107,096 − 유동부채 2,930 = 104,166
- 순운전자본의 증감 = −40,462 − 104,166 = −144,628

발생주의 관련 금액은 보다 증가했으며 그에 대응하는 현금은 감소하였다. 이 경우 경영자는 내부적으로 손실을 메우기 위해 자금조달을 시도할 수 있다. ZZZZ Best의 경우 0.064의 지수는 거의 비조작집단의 평균지수 값의 4배에 달하는 수치이다. 이는 부정에 대한 또 다른 단서가 될 수 있을 것이다.

[참고] 분식회계 미리 알려주는 '벤포드의 법칙'

기업이 회계 수치를 조작하고 있어도 개인투자자들은 알 도리가 없다. 사실을 알았을 때는 너무 늦어버리고 엄청난 손실이 발생한 뒤다. 이럴 때 미리 신호라도 알 수 있는 방법 없을까. 글로벌 투자은행 도이치뱅크가 간단한 요령을 제시했다. 비록 구체적이진 않아도 최소한의 징조를 알 수 있는 방법이다. 벤 포드의 법칙을 이용하면 된다.

물리학자 프랭크 벤 포드의 이름을 딴 이 법칙은 주가, 출생률 같은 실생활에서 수집한 데이터에서 첫번째 자리 숫자로 '1'이 가장 빈번하게 나타난다는 것이다. 또 2에서 9까지의 숫자로 시작하는 수치는 빈도수가 적으며 숫자가 커질수록 빈도수가 낮아진다.

예를 들면, 20개의 주식을 무작위로 고를 경우 벤포드의 법칙에 따르면 이 중 약 30%(6개 종목) 주가가 1(110달러, 130달러, 15달러 등)로 시작한다. 첫 번째 자리가 2, 3, 4 등의 숫자로 시작될 빈도수는 9에 이르기까지 점점 더 낮아진다. 실생활의 데이터로 확장시킬 경우 첫 번째 자리가 9일 확률은 5%도 안 된다고 비즈니스인사이더는 설명했다.

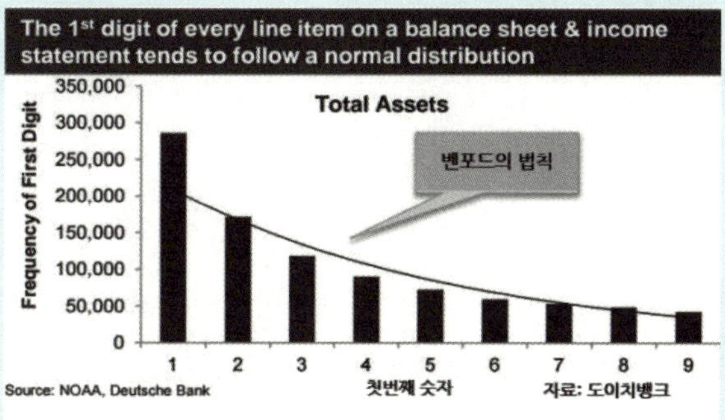

이 법칙은 다양한 데이터(주소, 사망률, 전기요금 등)에 적용한 결과 작동한다는 사실이 밝혀졌다. 수학자들도 그 이유를 완전하게 설명하지는 못하고 있다. 다만, 이 법칙을 활용함으로써 피해야 할 기업을 찾아내는 데 유용하다는 게 도이치뱅크의 주장이다.

실제 도이치뱅크는 보고서에서 벤 포드 법칙을 대차대조표와 손익계산서에 적용했더니 잘 작동했다고 밝혔다. 전체 수치 가운데 첫번째 숫자가 1인 경우가 60%를 넘거나 1에서 9의 숫자가 같은 비율로 나타날 때 분식회계의 신호로 간주할 수 있었다는 것이다.

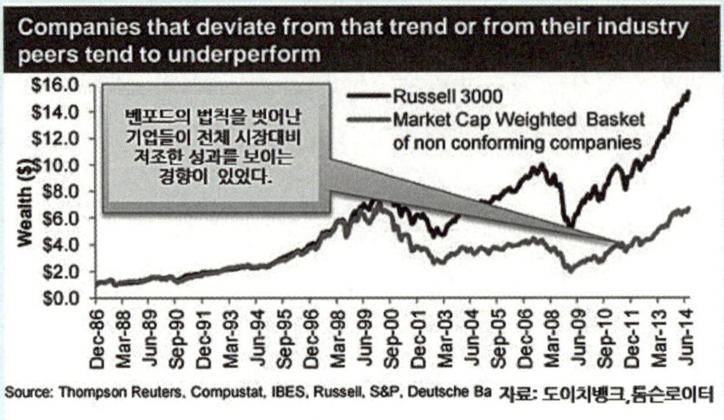

보고서는 이어 "수치들이 조작된 것이 아닐지라도 이 법칙이 적용되지 않는 기업들은 시장 대비 저조한 성과를 보이는 경향이 있다"며 "이런 기업은 멀리하는 게 좋다"고 강조했다.

(출처: 뉴스토마토, 2015. 07. 20.)

제3절 분석적 기법의 적용

1. 의의

분석적 절차(analytical procedures)란 중대한 비율 및 금액의 변동추이를 분석하는 것을 말하며, 그 결과 예측 가능한 금액과 상당한 차이를 나타내거나 관련된 다른 정보와 부합하지 않는 변동과 상관관계를 조사하는 것을 포함한다. 분석적 절차는 회계감사과정의 중요한 일부분이며, 재무적 자료 및 비재무적 자료 사이에 있을 법한 관계를 조사함으로써 재무제표 정보를 평가하는 기법이다.

분석적 절차는 회사와 동종 산업에 대한 정보에 기초하여 형성된 감사인의 기대치와 실제금액이나 비율을 비교(comparison)하고 분석하는 것과 동기간의 재무정보 상호 간 또는 재무정보와 비재무정보 간의 상호관계(relationship)를 분석하는 것을 포함한다. 이처럼 분석적 절차는 감사인의 감사의견 형성을 위해 증거를 수집하는 일반 감사절차의 하나이며 그 적용범위나 수집되는 증거의 성격, 그리고 구체적인 기법 등이 광범위하고 다양하다.

감사인은 분석적 절차의 과정에 주로 비경상적인 변동사항을 감지한 후, 그 원인에 대해 감사대상회사의 설명을 듣고, 이를 감사조서와 같은 형태의 서면으로 작성하게 된다. 분석적 검토는 기대되지 않은 이상변동을 발견하는 데 뛰어난 결과를 가져왔다는 연구도 있다. 분석적 절차가 감사인에게 직접적인 증거를 제공하는 것은 아니지만, 분석적 절차는 감사인이 감사업무를 효율적으로 혹은 효과적으로 수행할 수 있도록 돕는 역할을 한다. 또한 분석적 절차를 잘 활용한다면 다른 어떠한 감사절차보다도 훨씬 많은 정보를 감사인에게 제공할 수 있다.

2. 분석적 절차의 접근방식

과거에 통상적으로 존재하던 일정한 상관관계가 당해 연도의 재무자료에 존재하지 않는다면 그 원인으로는 통상적으로 발생하지 않는 특별한 거래가 발생하였거나, 당년도에 회계처리원칙이 변경되었거나, 영업종목이나 영업내용에 변화가 있었거나, 경기변동 등 원인에 의한 영업상의 기복이 발생하였거나, 재무제표상에 중대한 오류 또는 경영자의 의도적인 부정 등이 개재되어 있거나 하는 등의 이유를 찾을 수 있을 것이다.

분석적 절차를 수행하는 전형적인 접근방법은 다음과 같다.

- 계정잔액(혹은 비율)에 대한 기대치를 도출한다.
- 추가 조사 없이 수용할 수 있는 기대치와의 차이금액을 결정한다.

- 회사의 계정잔액(혹은 비율)과 기대치를 비교한다.
- 계정잔액(혹은 비율)에 대한 기대치와의 중요한 차이를 조사한다.

기대치를 도출할 때 감사인은 있을 법한 관계를 파악하려고 해야 한다. 기대치를 도출할 때 감사인은 다음과 같은 여러 유형의 정보를 활용할 수 있다.

- 전년도에 존재한 정보 그 자체
- 예산이나 예측치와 같은 예상 결과
- 당기 재무적 정보의 구성요소 간 관계
- 산업에 대한 정보
- 재무적 정보와 관련 비재무적 정보 사이의 관계들을 고려하여야 한다.
- 동적인 또는 불안정적인 환경에서 존재하는 관계들은 안정적인 환경에서 존재하는 관계보다 예측하기가 더 어렵다.
- 재무상태표 계정을 포함하는 관계는 손익계산서 항목 간의 관계보다 예측하기 더 어렵다. 왜냐하면 재무상태표 계정은 특정 시점에서의 잔액을 나타내기 때문이다.
- 경영자의 판단이 연루된 관계는 때때로 예측하기가 더 어렵다. 예를 들면, 설비를 대체하는 대신 수선비용을 발생시키는 의사결정은 경영자의 판단이 개입된 것으로 조사자가 예측하기는 어렵다.

3. 분석적 절차의 수행방법

(1) 기대치의 유형

분석적 절차는 회사의 재무정보와 다른 어떤 정보와의 비교를 고려하는 것도 포함한다. 여기서 다른 어떤 정보란 준거 기준 혹은 표준이 될 수 있는 것으로 '기대치'로 표현될 수 있다. 전기의 정보, 예산이나 예측치, 금융기관에서 발표하는 동종산업의 정보(예: 산업평균 비율) 등이 그 예이다.

분석적 절차 기법을 실무적으로 적용할 경우, 감사인은 추세분석(trend analysis), 비율분석(ratio analysis), 회귀분석(regression analysis), 합리성검사(reasonableness tests) 등의 기법을 이용하여 기대치를 도출해낸다.

추세분석은 수 기간 동안의 계정잔액상의 변화 추이를 검토하는 기법이다. 비율분석 시 둘 이상의 재무제표 계정 사이의 관계를 비교하거나, 계정잔액과 비재무적 자료를 비교한다. 앞에서 살펴본 바와 같이 전통적인 재무비율은 다음과 같다.

- 유동성비율(유동비율, 당좌비율)
- 레버리지비율(부채비율, 유동부채비율)
- 수익성비율(총자산순이익률, 매출액총이익률, 자기자본순이익률)
- 회전율(총자산회전율, 재고자산회전율, 매출채권회전율)

(2) 분석의 실시

(가) 비율 및 추세분석

비율분석의 경우 둘 혹은 그 이상의 변수들 상호관계를 검토할 뿐 아니라 산업 자료도 활용한다. 따라서 일반적으로 비율분석이 추세분석에 비하여 내용 면에서 보다 충실하다.

비율분석의 적용은 기본적으로 횡단형 방식과 교차 방식의 두 가지로 나누어진다. 횡단형 방식은 특정기간 동안의 비율과 추세를 검토하는 것이고, 교차 방식은 일정한 시점에서 동종기업의 비율이나 산업평균 비율과 감사대상회사의 비율을 비교하는 것이다. 감사인이 회귀분석기법을 통하여 다음의 예에서 보는 바와 같이 보다 정교한 분석을 할 수도 있다.

재무제표 금액에 대한 기대치의 정확도를 높이기 위한 또 하나의 방법으로 합리성검사가 있다. 재무자료 혹은 비재무자료를 이용하여 재무제표 항목에 대한 기대치를 계산해낸다는 점에서 회귀분석과 유사하다. 예를 들어, 감사인은 호텔 객실의 평균판매율과 객실의 평균요금을 이용하여 일정기간의 호텔수입의 평균치를 추정할 수 있다. 합리성검사는 통계모델을 이용하지 않으며 또한 비공식적인 성격이 강하다는 점에서 회귀분석과 다르다.

(나) 회귀분석

감사대상회사의 장부상 계정잔액과 발생 예상금액을 비교하여 계정잔액이 합리적 수준인가를 판단하기 위한 방법으로 통계적인 회귀분석기법을 이용할 수가 있다.

회귀분석에 의해서 산출된 예상금액과 실제금액 사이에 중대한 차이가 있다고 인정될 때 감사인은 관련 손익계정과목에 대해서 특별한 감사노력을 기울이게 된다. 회귀분석은 과거 수년간의 실적을 토대로 하여 독립변수와 종속변수를 결정한 후 독립변수가 변동함에 따라 종속변수가 변화하는 비율을 측정하고자 하는 것이다.

독립변수와 종속변수의 예로서는 ① 매출액과 운송비, ② 직접노무비와 간접노무비, ③ 기계가동시간과 수선비 등을 들 수 있는데 여기에서는 매출액과 운송비의 상관관계를 가지고 추세분석을 예시해 보자. 회귀분석을 위해서 사용되는 공식은 다음과 같다.

$$E(Y) = B_0 + B_1X$$

$E(Y)$: 예상되는 변수의 금액

B_0: 종속변수 중 고정비 부분

B_1: 독립변수 변동에 대한 종속변수의 변동비율

이러한 공식은 다음과 같은 [그림 10-1]로 나타날 수 있다. 감사인이 매출액과 운송비 사이에 일정한 상관관계가 있다고 판단하면 우선 과거의 실적자료를 수집하여야 한다. Y회사의 과거 10년간의 자료가 [표 10-4]와 같이 수집되었다고 하자.

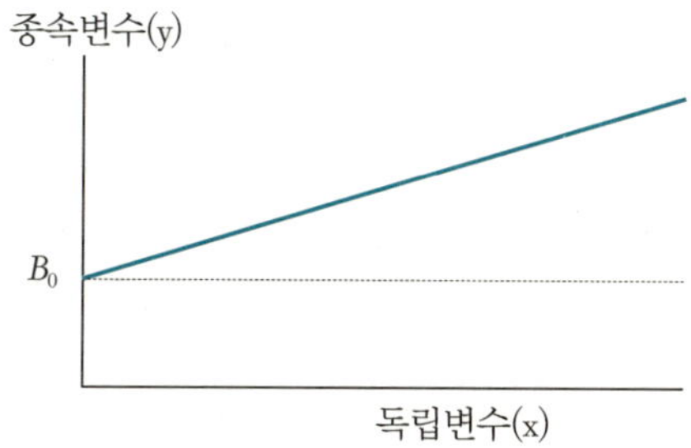

[그림 10-1] 독립변수와 종속변수

[표 10-4] K사의 10년간 자료

년도	매출액	운송비
2006	₩10,019,000	₩78,000
2007	11,904,000	94,000
2008	13,638,000	110,000
2009	15,622,000	127,000
2010	19,431,000	151,000
2011	22,774,000	175,000
2012	26,058,000	183,000
2013	31,354,000	210,000
2014	35,900,000	255,000
2015	41,895,000	317,000
2016	45,000,000	

2006년부터 2016년의 자료를 가지고 최소자승법(the least squares

method)을 이용해보자. 감사인은 운송비 중 고정비(B_0)는 10,000원이며 매출액에 대한 변동비율(B_1)은 0.007임을 찾아낼 수 있다. 따라서 $E(Y)=10{,}000+0.007(X)$가 되며, 이는 [그림 10-2]와 같이 표시된다.

이 그림을 살펴보면 매출액과 운송비와의 상관관계가 결정계수(coefficient of determination) 0.98로서 극히 높음을 알 수 있다. 감사인은 이제 위의 공식을 이용하여 2016년의 매출액 45,000,000원에 대해서 발생되리라고 예상되는 운송비를 다음과 같이 예측할 수 있다.

$E(Y)$=10,000원+0.007×45,000,000원=325,000원

산출된 예상운송비를 회사의 실제 장부상의 운송비와 비교해본다. 만약 실제 장부금액이 300,000원인 경우 감사인은 그 차액인 25,000원의 중요성 여하를 판단한다. 중요성이 인정될 경우에는 추가적인 감사절차를 수행하게 될 것이다. 감사인의 추가적인 감사결과는 회사의 운송비가 과소 계상되었거나 매출액이 과대 계상되었다는 증거를 찾아낼 수 있게 될 것이다.

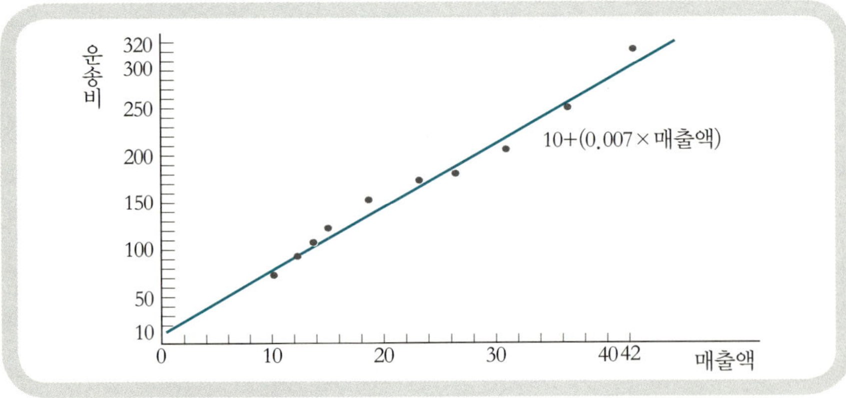

[그림 10-2] 운송비와 매출액의 관계도표

(다) 수용할 수 있는 차이금액을 결정

기대치와 재무제표 금액(혹은 비율) 사이의 차이금액에 대해서 어느 수준까지 수용할 것인지를 결정해야 한다. 이것은 중대한 왜곡표시금액(material misstatement)이며, 이 금액은 분석적 절차에서 요구되는 확신수준과 일치되어야 한다.

회귀분석의 경우 감사인이 설정한 정밀도와 신뢰도에 의거 통계모델이 조사대상 항목을 구체적으로 식별해낸다. 추세 혹은 비율분석의 경우 추가 조사를 필요로 하는 차이의 절대 금액(혹은 비율)을 전문가적 판단에 따라 결정한다.

(라) 계정금액(혹은 비율)과 기대치와의 비교

감사인이 수용할 수 있는 차이금액과 기대치를 일단 정한 다음, 중대한 차이가 어디서 발생했는지를 확인하기 위하여 비교를 실제로 해 볼 수 있다.

[표 10-5] 분석적 절차로 나타난 잠재적 문제점

분석적 절차	잠재적 문제점
금년도 재고수준을 전년도와 비교	재고자산의 왜곡표시: 재고 진부화 문제
연구개발비를 예산과 비교	연구개발비 계정분류상의 오류
금년도와 전년도의 외상채권회전율 비교	매출 혹은 외상채권의 왜곡표시: 회수불능채권에 대한 충당금의 왜곡표시
매출총이익률을 공표된 산업평균비율과 비교	매출 혹은 외상채권의 왜곡표시: 매출원가와 재고자산의 왜곡표시
단위당 생산기록을 매출과 대조	매출의 왜곡표시: 재고자산의 왜곡표시
지급이자와 부채의 평균잔액을 대조	부채의 왜곡표시: 지급이자의 왜곡표시

(마) 중대한 차이항목의 조사와 평가

감사인은 감사대상회사의 재무제표 금액(혹은 비율)과 기대치 사이에 중대한 차이를 발견한 경우 이것이 부정이나 오류로 인한 왜곡표시인지 여부를 조사해야 한다. 조사과정에서 기대치의 도출에 이용된 방법과 요소를 다시 한 번 고려해볼 수 있다.

[표 10-5]는 분석적 절차에 의거 나타난 중대한 차이를 조사해보면 발견될 수도 있을 왜곡표시사항 혹은 문제점들을 몇 가지 예시한 것이다. 감사인은 분석적 절차에 의해 중대한 변동, 다른 정보와의 불일치나 예측치와 다른 상관관계를 발견한 경우 이를 조사하고 이에 대한 적절한 설명과 이를 확인하는 증거를 입수하여야 한다. 비정상적인 변동과 상관관계에 대한 조사는 일반적으로 경영자에 대해 질문한 후 다음과 같은 절차를 수행해야 한다.

- 경영자의 응답에 대한 확인. 예를 들어, 경영자의 응답을 기업경영에 대한 감사인의 지식과 감사과정에서 얻은 기타의 증거와 비교한다.
- 경영자가 설명하지 못하거나 설명이 적절하지 않은 경우 다른 감사절차를 적용할 필요성에 대해 고려한다.

(3) 부정적발감사에의 응용

재무제표에 내재된 부정의 징후를 포착하는 데 있어서 감사인은 다양한 감사기법을 적용할 수 있는바, 미국의 한 대형회계법인 소속 파트너의 조사에 의하면 가장 효율적인 감사기법은 분석적 절차라고 한다. 부정적발 목적의 감사를 수행함에 있어서 분석적 절차의 대상이 될 수 있는 징후들 중 몇 가지 사례를 아래에 제시하였다.

- 사유가 불분명한 재고부족
- 작업폐물의 증가

- 지나치게 많은 차기 혹은 대기 메모
- 물리적인 측면에서의 비정상성
- 현금의 과부족
- 과다한 구매
- 비정상적인 비용의 발생 혹은 지출
- 재무제표상 계정과목 사이의 부자연스러운 관계(예를 들어, 재고의 증가와 수익의 증가, 외상채권의 증가와 수익의 증가, 재고의 증가와 창고 비용의 감소 등)

다음의 사례는 재무자료와 비재무자료 사이의 관련성에 주목하여 부정의 징후에 대한 분석적 절차를 적용한 것이다.

〈재고자산 허위계상〉

연간 매출액이 20조 원 규모의 P기업에 강철판 사업부가 있으며, 내부감사인이 강철판 재고를 감사 중이다. 지난해 감사보고서에는 별 지적사항이 없었다. 하지만 금년에는 무언가 이상했다. 재고자산에 대한 입회조사에서 중대한 재고부족 현상은 발견되지 않았지만, 재고자산이 극적으로 부풀려져 있을 가능성이 대두되었다. 어찌하여 1년 동안에 재고가 5배 증가되었는가? 무언가 잘못되었다고 의심한 감사인이 몰래 한밤중에 낮에 입회 시 수합한 재고실사표상의 수량을 조사해 보았다. 강철판 재고가 엄청나게 과대 계상되어 있음이 드러났다. 현지 관리자가 일부 가짜 재고실사표와 재고실사 조정표를 만들어 감사인의 서랍에 정상적 실사표와 함께 몰래 넣어 두었던 것이다. 부정의 규모를 파악하기 위해 감사인은 다음과 같이 분석적 절차를 적용했다.

첫째, 허위 계상한 것으로 보이는 300억 원 금액의 강철판 재고를 부피(용적)단위로 환산해보았다.

둘째, 그 정도의 부피를 저장할 수 있는 창고의 규모를 계산하였다. 기껏해야, 장부에 기재된 수량의 반 정도만 수용할 수 있는 규모에 불과했다.

셋째, 재고실사표를 검토해본 결과, 강철판 덩어리 중에는 그 무게가

50,000파운드에 달하는 것도 있었다. 그러나 강철판 재고의 운반 이동에 사용되는 기중기는 3,000파운드 초과 중량을 처리할 수 없었다.

최종적으로, 감사인은 재고자산 구입기록을 확인한 후 약 3,000만 파운드의 재고를 뒷받침해주는 구매주문서를 찾아내었지만, 장부상 재고자산 수량은 여전히 6,000만 파운드였다.

Chapter_ 10 요 약

부정은 숨기기는 쉽고 감지해내기는 어렵다. 부정을 단지 한 번만 저지른 기업은 그 부정을 은폐할 수 있을지도 모르겠다. 그러나 재무제표 조작행위는 대개 확대 및 심화의 단계를 거치는 연속적인 과정이다. 따라서 수평형 분석, 구성비율 분석, 그리고 비율분석이 감사인들에게 부정식별을 돕는 유용한 도구가 될 수 있는 것이다. 감사인은 매 기간 패턴들을 주의 깊게 관찰해야 한다. 숫자들을 평가하고, 큰 그림을 머릿속에 그려보아야 한다. 그리고 그것이 올바른 이야기를 하는지를 확인해야 할 것이다.

재무제표 부정은 우리의 주변에서 빈번히 발생해왔지만, 최근의 국내외 재무 부정사건은 국민경제에 큰 비중을 차지하는 기업에서조차 부정이 발생함을 보여준다. 미국에서도 엔론사건 이후에는 감사받은 재무제표 분석만으로는 부정의 확인이 불충분하다는 인식이 확산되었다. 결론적으로 부정적발을 위한 재무제표 분석 시 전통적 비율분석뿐 아니라, 베니쉬의 지수분석 등 새로운 도구의 활용이 모색될 필요가 있다.

비즈니스 거래내용의 복잡성과 엄청난 거래량 등에 대처하여 감사인은 보다 효율적인 감사방법을 모색하게 되었고 그 결과 분석적 절차가 주목받게 되었다. 분석적 절차는 재무적 또는 비재무적 자료 사이의 주요 비율이나 추세 등을 분석하거나 상호관계성을 분석하여 비경상적인 변동사항이나 이상징후가 발견될 경우 이를 조사하는 방법이며, 감사중점사항을 설정하는 데 유용한 기법으로 알려져 있다.

분석적 절차 기법을 실무적으로 적용할 경우, 감사인은 추세분석(trend analysis), 비율분석(ratio analysis), 회귀분석(regression analysis), 합리성검사(reasonableness tests) 등의 기법을 이용하여 기대치를 도출해낸다.

참고문헌

구글 이미지.

국제감사기준.

국제투명성 네트워크본부 발표자료, 2014.

국세청 홈페이지.

네이버 이미지.

뉴욕타임즈, Image from The New Yorker cartoon by Peter Steiner, 1993.

금융감독원 홈페이지.

도상호 · 최영곤, 디지털정보의 보안, 박영사, 2000.

만해 한용운 편찬 · 이원섭 역주, 대장경의 진수 불교대전, 현암사, 2005.

정건영 · 안홍복 · 지현미, IFRS 재무제표 분석(제4판), 삼영사, 2016.

지현미, New ISA를 반영한 회계감사, 삼영사, 2015.

최영곤, 회계감사이론, 법영사, 2003.

최영곤 · 도상호, 회계정보시스템, 세학사, 2012.

최영곤, 조직내 부정의 발생원인 및 대책: 내부통제 관점, 한국상장회사협의회, 상장협(제41호), 2000, 207-212.

한국공인회계사회 홈페이지.

회계감사기준.

AAA, *Studies in Accounting Research #6*, "A Statement of Basic Auditing Concepts", 1973, 1-58.

ACFE, Report to the Nation on Occupational Fraud and Abuse, 2012.

Accounting Today, 2012 Top 100Firms, 2012.

AICPA, Consideration of Fraud in a Financial Statement Audit, SAS, NO.82, 1997.

AICPA, Forensic and Valuation Services Trend Survey, 2011.

Albrecht, W. S., G. W. Wernz, and T. L. Williams, Fraud: Bringing Light to the Dark

Side of Business, Irwin, 1995.

Bologna, G. J., and R. J. Lindquist, Fraud Auditing and Forensic Accounting: New Tools and Techniques 2nd ed., John Wiley & Sons, 1995.

Bologna, G. J., R. J. Lindquist, and J. T. Wells, The Accountant's Handbook of Fraud & Commercial Crime, New York: Wiley & Sons, 1993.

Bolonga and Lindquist, Fraud auditing and Forensic Accounting, John Wiley & Son, 1987, 47–49.

Brody and Kieh, From White–Collar Crime to Red–Collar Crime, Journal of Financial Crime, 17(3), 2010.

Cerullo, M. J., V. Raval, B. Wong–On–Wing, J. W. Wilkinson, Accounting Information Systems: Essential Concepts and Applications, 4th ed., John Wiley & Sons, 1999.

Committee of Sponsoring Organizations of the Treadway Commission. Internal Control–Integrated Framework, vol.1 of 2. new york: Coopers & Lybrand, 1994.

Crumbley, D. L., Heitger, L. E., Smith, G. S., Forensic and Investigative Accounting, Seventh Edition, 2015.

Davis, H. R., P. C. Coggins, J. C. Wideman, J. T. Kastantin, Accountant's Guide to Fraud Detection and Control, Second Edition, John Wiley & Sons, 2000.

Delaney, Wiley CPA Examination Review: Auditing, Wiley, 1998, 81–85.

Romney, Steinbart, and Cushing, Accounting Information Systems, 7th ed., Addison–Wesley, 1997, 502–524.

Gelinas, U. J., S. G. Sutton, A. E. Oram, Accounting Information Systems, South–Western Publishing, 1997.

Gilbert, J. N., Criminal Investigation Fifth Edition, Prentice Hall, 2001.

Golden, Sklak, and Clayton, A guide to forensic accounting investigation, John Wiley & Sons, 2006.

Hess, A. K., and I. B. Weiner, The Handbook of Forensic Psychology, 2nd ed., John Wiley & Sons, 1999.

Manning, G. A., Financial Investigation and Forensic Accounting, CRC Press, 1999.

Krancher, Riley and Wells., Forensic Accounting, and Examination, John Wiley and Sons, Inc., 2011.

National Commission on Fraudulent Financial Reporting, Report of the National Commission on Fraudulent Financial Reporting, Washington, D. C., 1987, 2–28.

Romney, Steinbart and Cushing, Accounting Information Systems, 7th ed., Addison-Wesley, 1997, 537-552.

Rufus, Miller and Hahn, Forensic Accounting, Pearson Education Inc, 2015.

Thornhill, W. T., Forensic Accounting: How to Investigate Financial Fraud, Irwin, 1995 & 2000.

Vanasco, R., Fraud Auditing: An International Perspective, CAT Pub., 1997.

Wells, J. T., Fraud Examination: Investigative and Audit Procedures, New York: Greenwood Publishing, 1992.

찾아보기

주제색인

ㅊ

ㅋ

저/자/약/력

최 영 곤

- 계명대학교 경영대학 회계학전공 명예교수
- 연세대학교 경영학(학사 · 석사 · 박사)
  서울대행정대학원 행정학(석사)
- 공인회계사 · 세무사
- 경제과학심의회의 · 체신부 · 감사원 : 공직
- 계명대학교 경영대학 교수 : 교직
- 미국 University of Rhode Island 교환교수
- Fulbright Scholar : Senior Research Grant
- 행정고시 제19회
- 홍조 근정훈장 수상
- 학교법인 호산교육재단 감사

저서(역서)

세법개론, ISA新회계감사, 기업정보자원의 보호론, 회계정보시스템, 정보시스템, 투자 구매 협상의 심리, 포렌식 부정적발회계론, ISA회계감사, 소비와 투자의 경제심리학, 회계감사, 회계시스템감사, 범죄사정감사론, 판단과 의사결정의 행동회계학, 회계감사이론, 디지털정보의 보안, 회계정보시스템원론, 기초적 감사개념에 관한 보고서, EDP시스템 감사론, 통계적표본 회계감사론.

지 현 미

- 계명대학교 경영대학 회계학전공 부교수
- 성균관대학교 경영학(학사 · 석사 · 박사)
- 공인회계사, 세무사
- KPMG 산동회계법인 감사본부
- 금융감독원 회계제도실
- 증권선물위원회 산하 감리위원회 위원
- 기획재정부 공공기관 경영평가단 위원
- 기획재정부 국가회계제도심의위원회 위원
- 법원행정처 전문심리위원
- 한국공인회계사회 정책자문교수단 자문교수
- 한국공인회계사회 회계연구위원회 위원
- 대구광역시 재난관리기금 운용심의위원회 위원
- 대구광역시 동대구세무서 국세심사위원회 위원
- 대구광역시 지방세심의위원회 위원
- 경상북도 미래경북전략위원회 위원
- 경상북도 토지수용위원회 위원
- 한국회계학회 · 한국세무학회 ·
  한국국제회계학회 · 대한회계학회 이사

저서(역서)

지금 당장 국제회계기준(IFRS) 공부하라, K-IFRS 회계원리, IFRS 재무제표 분석, 생활 속 회계탐구, K-IFRS 실전중급회계(Ⅰ, Ⅱ), K-IFRS 중급재무회계연습, New ISA를 반영한 알기 쉬운 회계감사.

포렌식 탐정의 화이트칼라 범죄 제거전략

– 횡령 · 탈세 · 분식회계 탐지법 –

2016년 9월 10일 1판 1쇄 인쇄
2016년 9월 15일 1판 1쇄 발행

저 자: 최영곤 · 지현미
발행인: 김동규
발행처: 교육과학사

경기도 파주시 광인사길 71
전화: (031) 955–6956~8 팩스: (031) 955–6037
Home–page: www.kyoyookbook.co.kr / E–mail: kyoyook@chol.com
등록: 1970년 5월 18일 제2–73호

값 17,000원

ISBN 978-89-254-1092-0

Printed in Korea.